Michael Harner
Der Weg des Schamanen

Michael Harner

Der Weg des Schamanen

Ein praktischer Wegweiser zu innerer Heilkraft

2. Auflage

ANSATA-VERLAG
Paul A. Zemp
Rosenstrasse 24
CH-3800 INTERLAKEN

1983

Übersetzung aus dem Amerikanischen von Agnes Klein,
die Werner Zurfluh für freundliche Unterstützung dankt

Das Bild auf dem Schutzumschlag stammt von Paul Struck
Foto: Ursula Edelmann

Der schamanische Weg zur Gesundheit, wie in diesem Buch dargestellt, sollte keinesfalls ärztliche Betreuung ausschließen, sondern als eine Ergänzung zur normalen medizinischen oder psychotherapeutischen Behandlung verstanden werden, falls dagegen nicht ärztliche Bedenken erhoben werden.

Titel der Originalausgabe:
THE WAY OF THE SHAMAN
A Guide to Power and Healing
Erschienen im Verlag Harper & Row, New York
und als Taschenbuch bei Bantam Books, 1982

Deutsche Ausgabe:

Schutzumschlaggestaltung: Paul A. Zemp
Satz: Bauer & Bökeler Filmsatz GmbH, Denkendorf
Druck: May & Co., Darmstadt

ISBN 3-7157-0050-5

Inhalt

« . . . Die Medizinmänner der Eingeborenen, die keineswegs bösartige oder unwissende Scharlatane sind, stehen auf einer *hohen* Stufe; das heißt, sie sind Menschen eines hohen Ranges im geheimen Leben jenseits alles dessen, was die meisten erwachsenen Männer erreichen – eine Stufe, welche Disziplin, mentales Training, Mut und Ausdauer erfordert . . . Sie sind Menschen von ehrbarer und meist außergewöhnlicher Persönlichkeit . . . sie sind von unermeßlich großer gesellschaftlicher Bedeutung, da die psychische Gesundheit ihrer Gemeinschaften weitgehend vom Glauben an ihre Fähigkeiten abhängt . . . Die verschiedenen psychischen Kräfte, die ihnen nachgesagt werden, sollten nicht einfach nur als primitive Magie und Aberglaube abgetan werden; denn viele von ihnen haben sich auf die Arbeit mit dem menschlichen Geist spezialisiert, und auf den Einfluß von Geist auf Körper, und von Geist auf Geist . . .»

Aus: Adolphus Peter Elkin (1891–1979):
Eingeborene von hohem Rang

Vorwort

Wir stehen geistesgeschichtlich in einer Wende, die sich meines Erachtens nur mit der Ablösung des ptolemäischen Weltbildes durch das kopernikanische vergleichen läßt. Doch ist es nicht das veränderte Paradigma der Naturwissenschaft, das die Wandlung der Weltanschauung verursacht, sondern die neue Bewertung des inneren Erlebens, der inneren Erfahrung als gleichberechtigte Ergänzung der äußeren.

Den Durchbruch brachte wohl Carlos Castaneda mit der Lehre Don Juans, ihrer Unterscheidung vom Tonal, der geordneten Welt der erfahrbaren Wirklichkeit, und dem Nagual, der inneren Realität, die nicht minder geordnet erscheint, sich aber nicht mit den Mitteln der äußeren ergründen läßt, sondern eigener Kriterien bedarf. Diese ist nun am reinsten in der ältesten Überlieferung der Menschheit erfahrbar, jener der Altsteinzeit, die bis heute im schamanischen Wissen auf der ganzen Erde in mehr oder weniger gleicher Form weiterlebt.

Entscheidend für die schamanische Lehre ist ihr Bezug zur psychischen Wirklichkeit. Die WHO (Weltgesundheitsbehörde) hat auf ihrem Kongreß 1980 beschlossen, daß schamanischen Methoden die gleiche Bedeutung in der Heilung psychosomatischer Krankheiten zukomme wie der europäischen Medizin; Angehörige von Stämmen, bei denen die schamanische Tradition ungebrochen ist, ziehen letztere sogar den europäischen Methoden vor. Vor allem auf dem Gebiet der Geisteskrankheiten hat die positivistische Einstellung Schiffbruch erlitten, und immer mehr Menschen versuchen, die schamanischen Techniken zu ergründen. Eine neue Generation von Ethnologen bemüht sich, diese Techniken nicht mehr aus der Sicht des unbeteiligten Forschers zu betrachten, sondern diese existentiell zu verstehen, ja selbst Schamane zu werden. Einer der ersten Anthropologen, der diesen Weg beschritten und schamanische Praktiken in Seminaren zugänglich gemacht hat, ist nun Michael Harner, der im folgenden Buch die Methoden so einfach und verständlich beschreibt, daß der Leser sie für sich nachvollziehen kann und damit selbst jener anderen Realität gewahr wird.

Die früher zitierte Wende betrifft nun nicht die Eigenrealität der Welt des «Imaginalen», um den Ausdruck von Henry Corbin zu verwenden, der diese substantielle Sphäre von jener der ergänzenden Traumphantasie, der Vorstellung und der Einbildungskraft im Sinne der Künstler trennt: sie ist der eigentliche Zugang zur Religion, die damit aus dem kulturell-historischen Bereich in jenen der subjektiv nachprüfbaren Erfahrung tritt.

Wie der Autor bemerkt, ist die altsteinzeitliche Überlieferung der Niederschlag von Jahrtausenden, in denen die Welt des Imaginalen den einzigen Zugang zur Heilung bildet. Biologisch bedeutet der christliche Mythos vom Sündenfall den Verlust der lenkenden Instinkte durch einseitige Entwicklung der strategischen und funktionell ausgerichteten Sprache, und Religion würde heißen, diese Rückbindung auf bewußter Ebene wiederzufinden. Hier bietet sich die älteste Überlieferung der Menschheit als gemeinsamer Grund aller späteren soziokulturellen Traditionen an, und eine Kenntnis der Reisen in die Unterwelt und Oberwelt – deren Wirklichkeit schon René Desoille in seinem ‹Rêve Eveillé› erkannte und experimentell zugänglich machte – gibt dem Einzelnen die Möglichkeit, das Trauma des persönlichen Todes zu überwinden und damit eine psychische Gesundheit zu erlangen, die in der technischen Zivilisation selten geworden ist.

Wer immer mit schamanischen Kulturen Berührung gehabt hat, ist von der Vitalität, Lebensfreude und Intensität des kollektiven Daseins beeindruckt worden. Dies rührt wahrscheinlich von der größeren Kommunion, der Zuwendung her, die Harner als Zweiheit von ‹Cure and Care› bezeichnet; der Schamane wendet sich einem jeden Patienten mit der gleichen Aufmerksamkeit, ja mit dem Einsatz seines Lebens zu, die sonst nur Liebenden gemeinsam ist.

Immer mehr beginnen wir zu verstehen, daß die Liebe der allgemeine Grund menschlicher Existenz ist und die individualistische Vereinsamung des homo sapiens ein Unglück, das vielleicht aus einer Ablehnung der ‹Hälfte der Erfahrung› herrührt, wie dies Don Juan einmal kennzeichnet. Jeder Mensch lebe mit beiden Welten, sei aber nur der einen bewußt; der Schamane wisse, daß es beide gibt, und versuchte daher, den Zugang zur zweiten zu erringen, was existentiell eine Vorwegnahme des Ichtodes bedeutet.

In den prophetischen Religionen wird dieser auch verlangt, aber moralisch als eine Überwindung des Egoismus verstanden. Tatsächlich bedeutet er den Einstieg in eine andere Welt, die den Zugang zur Transzendenz, zur Macht und zu einer höheren Art von Gesundheit einschließt, welche wohl daher rührt, daß die himmlische Sphäre bis zum Großen Geist selbst durchlässig wird.

Ich habe selbst in vielen Erlebnissen die schamanische Einstellung verifizieren können, doch sind mir in diesem Buch viele Beschreibungen begegnet, die mir meine Erfahrungen besser verständlich machen konnten, und die Techniken der Reise in die Unterwelt, das Holen des Kraft-Tieres usw. sind durchaus zugänglich; wer sie einmal miterlebte, der fällt nie mehr in jene Hoffnungslosigkeit zurück, die den herrschenden Ideologien in Ost und West als unausweichliche menschliche Grundstimmung erscheint.

Der Mensch ist nicht Herr der Erde, sondern ist auf der Welt, um von Pflanzen, Tieren und Steinen zu lernen, wie dies Hyemeyohsts Storm in seinem Buch ‹Sieben Pfeile› so einleuchtend beschreibt. Das unglückliche Bewußtsein ist nicht unausweichliches Schicksal. Doch die neue Mutation, die viele Pioniere des Neuen Zeitalters erahnen, ist viel eher ein Schritt zurück in jenes Wissen der Altsteinzeit, wo der Kontakt mit der Natur noch nicht verloren war. Daß man ihn auch aus heutiger Einstellung wieder gewinnen kann, dies zu zeigen und Methoden zu weisen, ist das Verdienst von Michael Harner in seinem praktischen Führer zu innerer Kraft und Heilung.

Wien, im März 1982 — Prof. Arnold Keyserling

Einführung

Schamanen – die wir in unserer ‹zivilisierten› Welt ‹Medizinmänner› und ‹Zauberer› nennen – sind die Bewahrer einer beträchtlichen Sammlung früher Techniken, die sie anwenden, um Wohlbefinden und Gesundheit für sich selbst und ihre Gemeinschaften zu erreichen und zu bewahren. Diese schamanischen Methoden sind in der ganzen Welt überraschend ähnlich, auch bei Völkern, deren Kulturen in anderer Hinsicht sehr unterschiedlich und seit Zehntausenden von Jahren durch Ozeane und Kontinente voneinander getrennt sind.

Diesen sog. primitiven Völkern fehlte unser fortgeschrittener Stand medizinischer Technologie, so daß sie genügend Grund für die Motivation hatten, nicht-technologische Fähigkeiten des menschlichen Geistes für Gesundheit und Heilung zu entwickeln. Die grundsätzliche Übereinstimmung aller schamanischen Methoden deutet an, daß diese Menschen durch Prüfungen und Irrtümer zu denselben Schlüssen gekommen sind.

Schamanismus ist ein großes mentales und emotionales Abenteuer, worin der Patient wie auch der Schamanenheiler ihre Rolle spielen. Durch seine heroische Seelenreise und seine Bemühungen hilft der Schamane seinen Patienten, ihre normale, allgemein übliche Vorstellung von der Wirklichkeit zu übersteigen, einschließlich der Vorstellung oder Überzeugung, sie seien krank. Der Schamane zeigt seinen Patienten, daß sie emotional und spirituell in ihrem Kampf gegen Krankheit und Tod nicht allein sind. Der Schamane überträgt den Patienten seine besonderen Kräfte und überzeugt sie auf einer tieferen Bewußtseinsebene, daß ein anderes menschliches Wesen bereit ist, sein eigenes Selbst aufzuopfern, um ihnen zu helfen. Das Selbstopfer des Schamanen ruft eine entsprechende emotionale Übergabe von seiten der Patienten auf, ein Gefühl der Verpflichtung, zusammen mit dem Schamanen zu kämpfen, um sich selbst zu retten. Fürsorge und Heilung gehen Hand in Hand.

Heutzutage entdecken wir, daß sogar die Fast-Wunder der modernen westlichen Medizin als solche nicht immer ausreichen, um die Probleme derjenigen vollständig zu lösen, die krank sind oder Krankheit vermeiden wollen. Immer häufiger suchen Gesundheitsfachleute und deren Patienten zusätzliche Heilmethoden, und viele gesunde Einzelpersonen bemühen sich, auch durch persönliche Experimente, wirksame alternative Wege zu entdecken, um Wohlbefinden zu erreichen. Bei diesen Experimenten ist es für den Laien oder auch den Gesundheitsfachmann oft schwierig, das Gutscheinende vom Gutseienden zu unterscheiden. Im Gegensatz dazu sind die alten Methoden des Schamanismus bereits altbewährt; tatsächlich sind sie unermeßlich viel länger geprüft worden als beispielsweise die Psychoanalyse und verschiedene andere psychotherapeutische Techniken. Ein Ziel dieses Buches besteht darin, westlichen Zeitgenossen zum ersten Mal zu helfen, aus diesem Wissen praktischen Nutzen zu ziehen bei ihrer Suche, die Verfahren der modernen technologischen Medizin zu ergänzen.

Durch die Anwendung der in diesem Buch beschriebenen Methoden werden Sie eine Gelegenheit erhalten, die Schamanenkraft zu erfahren und sich selbst und anderen zu helfen. In meinen Training-Workshops für Schamanenkraft und Heilung in Nordamerika und Europa haben Teilnehmer immer wieder vorgeführt, daß die meisten Abendländer leicht in die Grundlagen der Schamanenpraxis eingeführt werden können. Dieser uralte Weg ist so kraftvoll und greift so tief in den menschlichen Geist ein, daß die eigenen üblichen kulturellen Glaubenssysteme und Vorstellungen der Wirklichkeit im wesentlichen belanglos sind. Mancher mag fragen, ob Schamanismus überhaupt aus einem Buch erlernt werden kann. Bis zu einem gewissen Grad ist die Frage berechtigt; letztlich kann schamanisches Wissen nur durch individuelle Erfahrung erlangt werden. Man muß jedoch die Methoden lernen, um sie anwenden zu können. Sie können auf verschiedenen Wegen gelernt werden. Zum Beispiel wird bei den Conibo vom oberen Amazonas ‹das Lernen von den Bäumen› höher geschätzt als das Lernen von einem anderen Schamanen. Bei den Ureinwohnern Sibiriens wurde oft eine Tod/Wiedergeburt-Erfahrung als die größere Quelle schamanischen Wissens angesehen. In bestimmten schriftlosen Kulturen folgen Menschen spontan dem ‹Ruf› zum Schamanismus ohne irgendein formelles Training, während sie in anderen Gemeinschaften etwa zwischen einem Tag und fünf Jahren oder mehr unter der Leitung eines praktizierenden Schamanen lernen.

In der westlichen Kultur werden die meisten Menschen niemals einen Schamanen kennenlernen, ganz zu schweigen vom Training bei ihm. Da wir jedoch eine Schriftkultur haben, brauchen Sie zum Lernen kein Lehrling zu werden; ein gedruckter Führer kann die erforderliche methodische Auskunft vermitteln. Halten Sie dennoch durch, wenn es auch zunächst töricht erscheint, die schamanischen Grundtechniken aus einem Buch zu lernen. Ihre eigenen schamanischen Erfahrungen werden deren Wert beweisen. Wie auf jedem anderen Lerngebiet ist es natürlich vorteilhaft, unmittelbar mit einem Lehrer zu arbeiten. Wer solch eine Erfahrung wünscht, wende sich an die Training-Workshops (siehe Anhang A).

Beim Schamanismus ist das Fundament des Wohlbefindens die Erhaltung der eigenen Kraft. Dieses Buch wird Sie in einige der grundlegenden schamanischen Methoden einführen, wie Sie Ihre persönliche Kraft zurückerlangen und bewahren und sie außerdem anwenden können, um anderen zu helfen, die schwach, krank oder verletzt sind. Diese Techniken sind einfach und kraftvoll. Ihre Anwendung verlangt weder ‹Glauben› noch Änderung Ihrer Vorstellungen über die Wirklichkeit, die Sie in Ihrem alltäglichen Bewußtseinszustand haben. In der Tat verlangt das System normalerweise auch keine Änderung in Ihrem Unterbewußtsein; denn es weckt nur auf, was bereits vorhanden ist. Während jedoch die Grundtechniken des Schamanismus einfach und relativ leicht zu erlernen sind, erfordert die wirkungsvolle Praxis des Schamanismus Selbstdisziplin und Hingabe.

Bei der Beschäftigung mit der schamanischen Praxis bewegt man sich zwischen dem, was ich den normalen Bewußtseinszustand und den schamanischen Bewußtseinszustand nenne. Diese beiden Bewußtseinszustände sind beispielsweise auch der Schlüssel zum Verständnis dafür, daß Carlos Castaneda[1] von einer ‹alltäglichen Wirklichkeit› und einer ‹nichtalltäglichen Wirklichkeit› sprechen kann. Der Unterschied in diesen Bewußtseinszuständen kann vielleicht durch den Vergleich mit Tieren geklärt werden. Drachen, Greife und andere Tiere, die von uns normalerweise ‹mythisch› genannt werden, sind im schamanischen Bewußtseinszustand ‹wirklich›. Die Vorstellung, daß es ‹mythische› Tiere gibt, ist eine brauchbare und gültige Auslegung im alltäglichen Leben, aber überflüssig und unwichtig bei schamanischen Erfahrungen. ‹Phantasie› kann somit als ein Begriff angesehen werden, der von einem Menschen im alltäglichen Bewußtsein für seine Erfahrung im schamanischen Bewußtseinszustand angewandt wird.

Umgekehrt kann ein Mensch im schamanischen Bewußtseinszustand die Erfahrungen des alltäglichen Bewußtseins als in schamanischen Begriffen illusorisch ansehen. Beide haben recht, von ihrem eigenen persönlichen Bewußtseinszustand aus betrachtet.

Der Schamane hat den Vorteil, sich in diesem Bewußtseinszustand nach seinem Willen bewegen zu können. Er kann den alltäglichen Bewußtseinszustand des Nichtschamanen einnehmen und mit dessen Sicht über die Natur der Wirklichkeit ehrlich übereinstimmen. Dann kann der Schamane in den schamanischen Bewußtseinszustand zurückkehren und direkte Bestätigung des Zeugnisses anderer über deren Erfahrungen in jenem Zustand erhalten.

Beobachtung mit seinen eigenen Sinnen ist die Basis für die empirische Definition von Wirklichkeit; und es gibt noch niemanden, auch nicht in den Wissenschaften der normalen Wirklichkeit, der unbestreitbar nachgewiesen hätte, es gebe nur einen Bewußtseinszustand, der für direkte Beobachtungen gültig sei. Der Mythos des schamanischen Bewußtseinszustandes ist normale Wirklichkeit; und der Mythos des alltäglichen Bewußtseinszustandes ist nichtnormale Wirklichkeit. Es ist äußerst schwierig, ein unvoreingenommenes Urteil über die Gültigkeit der Erfahrungen im entgegengesetzten Bewußtseinszustand abzugeben.

Um die tiefsitzende emotionale Feindseligkeit zu verstehen, welche in gewissen Bereichen den Werken von Castaneda entgegengebracht wurde, muß man berücksichtigen, daß diese Art Vorurteil oft mitspielt. Sie ist das Gegenstück zur Ethnozentrik bei unterschiedlichen Kulturen. Doch in diesem Fall ist es nicht die Engstirnigkeit irgendeiner *kulturellen* Erfahrung als fundamentaler Streitpunkt, sondern die Engstirnigkeit irgendeiner *bewußten* Erfahrung. Die Menschen mit den meisten Vorurteilen gegen eine Vorstellung von einer nichtnormalen Wirklichkeit sind diejenigen, die sie niemals erfahren haben. Dies könnte man *Kognizentrik* beim Bewußtsein, entsprechend *Ethnozentrik* bei den Kulturen nennen.

Ein Schritt in die Richtung der Lösung dieses Problems könnte wohl sein, daß mehr Menschen Schamanen werden, damit sie selbst den schamanischen Bewußtseinszustand erfahren, und zwar in ihren eigenen Begriffen. Solche Schamanen, wie es seit undenklicher Zeit bei anderen Kulturen geschehen ist, können dann Verständnis für jene nichtnormale Wirklichkeit derjenigen aufbringen, die sie niemals erlebt haben. Dies würde der Rolle des Anthropologen vergleichbar sein, der nach gründlicher Beobachtung einer anderen Kultur in der Lage ist, ein entsprechendes Verständnis jenen Menschen beizubringen, die es sonst für fremdartig, unbegreiflich und minderwertig halten würden.

Anthropologen lehren andere Menschen, wie die Irrtümer der Ethnozentrik vermieden werden können, indem man eine Kultur in Begriffen ihrer eigenen Vorstellungen über Wirklichkeit zu verstehen lernt. Westliche Schamanen können einen ähnlichen Dienst hinsichtlich der Kognizentrik leisten. Die Lehre der Anthropologen wird *kultureller Relativismus* genannt. Was westliche Schamanen bis zu einem gewissen Grad erreichen sollten, ist *kognitiver Relativismus*. Wenn dann später ein empirisches Wissen über die Praxis des schamanischen Bewußtseinsraums zusammengetragen ist, kann ihm entsprechende Achtung entgegengebracht werden. Dann könnte die Zeit reif sein für eine vorurteilsfreie Analyse von schamanischen Erfahrungen, wissenschaftlich wiedergegeben in alltäglichen Begriffen.

Mancher könnte hier einwerfen, der Grund dafür, daß wir Menschen den größten Teil unseres wachen Lebens im alltäglichen Bewußtseinszustand verbringen, liege darin, daß natürliche Auslese es so beabsichtigt habe, weil dies die *wirkliche* Wirklichkeit sei, und daß andere Bewußtseinszustände ausgenommen der Schlaf Verirrungen seien, die unser Überleben beeinträchtigen. Mit anderen Worten könnte man argumentieren: wir nehmen die Wirklichkeit so wahr, wie wir es tun, weil sie die beste Möglichkeit des Überlebens bietet. Aber jüngste Fortschritte in der Neurochemie zeigen, daß das menschliche Gehirn seine eigenen bewußtseinsändernden Drogen besitzt, einschließlich Halluzinogenen wie Dimethyltryptaminen.[2] In Begriffen natürlicher Auswahl scheint es unwahrscheinlich, daß sie vorhanden wären, wenn ihre Fähigkeit, den Bewußtseinszustand zu ändern, nicht irgendeinen Vorteil fürs Überleben bedeuten würde. Damit scheint die Natur selbst eine Entscheidung getroffen zu haben, daß manchmal ein veränderter Bewußtseinszustand einem normalen Bewußtsein überlegen ist.

Wir im Westen fangen erst an, den wichtigen Einfluß zu ermessen, den der Bewußtseinszustand auf dasjenige haben kann, was allzuoft voreilig als Fragen rein ‹physischer› Tauglichkeit angesehen wurde. Wenn in einem Notfall ein australischer Schamane oder ein tibetischer Lama ‹Schnellreisen› anwendet – eine Trance oder schamanische Technik, lange Strecken in großer Geschwindigkeit zu laufen –, dann ist das eindeutig eine Überlebenstechnik, die gemäß Definition im alltäglichen Bewußtseinsraum nicht möglich ist.[3]

Ähnlich müssen wir heute zugeben, daß viele unserer größten Athleten in einen veränderten Bewußtseinszustand eintreten, wenn sie ihre Höchstleistungen vollbringen. Alles in allem scheint es unangemessen, zu behaupten, daß nur ein einziger Bewußtseinszustand unter allen Umständen Vorrang habe. Der Schamane weiß seit langem, daß solch eine Annahme nicht nur falsch ist, sondern auch gefährlich für Gesundheit und Wohlbefinden. Der Schamane, der sowohl tausenderlei gesammeltes Wissen als auch seine eigenen Erfahrungen anwendet, weiß genau, wann ein Wechsel des Bewußtseinszustandes angemessen und auch notwendig ist.

Im schamanischen Bewußtseinszustand erfährt der Schamane nicht nur, was im alltäglichen Bewußtseinszustand unmöglich ist, sondern tut auch anscheinend Unmögliches. Selbst wenn bewiesen werden sollte, daß alles, was der Schamane im schamanischen Bewußtseinszustand erfährt, nur in seinem Geist ist, wäre jenes Reich für ihn dadurch keinesfalls weniger wirklich. Tatsächlich würde ein solcher Schluß bedeuten, daß die Erfahrungen und Taten des Schamanen im absoluten Sinn *nicht* unmöglich sind.

Die in diesem Buch beschriebenen Übungen sind meine eigene persönliche Darstellung unter Hinzufügung einiger der jahrtausendealten schamanischen Methoden, die ich aus erster Hand von süd- und nordamerikanischen Indianern gelernt habe, ergänzt durch Angaben aus der ethnographischen Literatur, auch von anderen Kontinenten. Ich habe diese Methoden so abgewandelt, daß westliche Leser ohne Rücksicht auf ihre religiöse oder philosophische Einstellung diese Techniken im täglichen Leben anwenden können. Diese Methoden können von denjenigen mit guter Gesundheit ebenso angewandt werden wie von ‹ent-geistigten› oder sonstwie kranken Menschen. Vom Standpunkt des Schamanismus ist die persönliche Kraft die Basis der Gesundheit unter allen Lebensbedingungen.

Um ernsthaft Nutzen aus diesem Buch zu ziehen, sollten Sie beachten, daß Sie die Übungen oder Erfahrungen genau in der Reihenfolge machen, wie sie dargestellt sind, und keine folgende Übung versuchen, bis Sie Erfolg bei der vorhergehenden gehabt haben. Manchmal kann jemand alle diese Stufen in ein paar Tagen erreichen; meistens aber dauert es Wochen oder Monate. Das wichtigste dabei ist nicht Geschwindigkeit, sondern ständige persönliche Praxis. Solange Sie diszipliniert bei der Erlernung der Methoden vorgehen, befinden Sie sich auf dem Weg zum Schamanen. Und an welchem Punkt *sind* Sie ein Schamane? Dieser Status kann Ihnen nur von denjenigen bestätigt werden, denen Sie hinsichtlich Lebenskraft und Heilung zu helfen versuchen. Mit anderen Worten: anerkannter Erfolg bei schamanischer Arbeit bestätigt, ob Sie tatsächlich ein Schamane geworden sind.

Sie werden in die Lage versetzt – und zwar absolut ohne Anwendung von Drogen –, herauszufinden, daß Sie Ihren Bewußtseinszustand auf klassischen schamanischen Wegen ändern und in die nichtnormale Wirklichkeit des Schamanismus eintreten können. Dort im schamanischen Bewußtseinszustand können Sie ein Seher werden und persönlich die berühmte schamanische Reise antreten, um Wissen aus erster Hand über ein verborgenes Universum zu erlangen. Sie können auch entdecken, wie Sie hinsichtlich Heilung und Gesundheit Nutzen aus Ihren Reisen ziehen können, indem Sie alte Methoden anwenden, die völlig neue Möglichkeiten eröffnen und dabei über die westliche Psychologie, Medizin und Spiritualität weit hinausgehen. Zusätzlich können Sie Methoden ohne Reisen lernen, durch welche man seine eigene Lebenskraft bewahrt und stärkt.

Es ist nicht ungewöhnlich, daß Abendländer schamanische Übungen beim ersten Mal mit etwas Furcht beginnen. Aber in allen mir bekannten Fällen wurden diese Ängste bald ersetzt durch Gefühle von Entdeckerfreude, positiver Erregung und Selbstvertrauen. Es ist kein Zufall, daß der Ausdruck *Ekstase* ganz allgemein sowohl für die schamanische ‹Trance› oder den schamanischen Bewußtseinsraum als auch für den Zustand der Verzückung oder leidenschaftlichen Lust verwandt wird. Die schamanische Erfahrung ist eine positive, wie sich in Tausenden von Jahren bewahrheitet hat und ich es immer wieder in meinen Training-Workshops beobachten konnte, wo sich Teilnehmer aus allen Lebensschichten zusammenfinden.

Der schamanische Bewußtseinszustand ist sicherer – so kann man sagen – als träumen. In einem Traum können Sie sich nicht willkürlich aus einer unerwünschten Erfahrung oder einem Alptraum befreien. Im Gegensatz dazu geht man willentlich in den schamanischen Bewußtseinszustand, und da es ein bewußter Wachzustand ist, kann man jederzeit selbst herauswollen, zurück in den alltäglichen Bewußtseinszustand. Anders als bei einer psychedelischen[4] Drogenerfahrung gibt es keine chemisch festgesetzte Zeitspanne, die man in einem veränderten Bewußtseinszustand bleiben muß, und keine Möglichkeit, in einem ‹bösen Trip› eingeschlossen zu bleiben. Die einzigen mir bekannten bedeutsamen Gefahren im Zusammenhang mit der Praxis des Schamanismus sind sozialer oder politischer Art. Beispielsweise war es offensichtlich gefährlich, während der Zeit der Inquisition in Europa ein Schamane zu sein, und noch heute kann es bei den Jivaro[5] gefährlich werden, wenn man beschuldigt wird, ein ‹böser› oder behexender Schamane zu sein, das heißt, der Praktikant einer Art Schamanismus, die hier nicht gelehrt wird.

Es handelt sich hier im wesentlichen um eine Darstellung der Phänomene. Ich werde nicht versuchen, schamanische Konzepte und Praktiken in den Begriffen der Psychoanalyse oder irgendeines anderen westlichen Systems kausaler Theorie hinwegzuerklären. Die Kausalität hinter Schamanismus und schamanischem Heilen ist tatsächlich eine sehr interessante Frage, welche intensiver Forschung wert ist. Aber kausalitätsbezogene wissenschaftliche Forschung ist nicht von Bedeutung, um die schamanische Praxis zu lehren – hier das Hauptanliegen. Mit anderen Worten: westliche Fragen, warum der Schamanismus funktioniert, brauchen nicht beantwortet zu werden, um die Methoden zu erfahren und anzuwenden.

Versuchen Sie, alle kritischen Vorurteile auszuschalten, wenn Sie mit der Praxis der schamanischen Methoden beginnen. Freuen Sie sich ganz einfach auf das Abenteuer, sich dem Schamanismus zu nähern; nehmen Sie auf, was Sie lesen, und üben Sie es, und sehen Sie dann, wohin Ihre Forschungen Sie bringen. Tage, Wochen und vielleicht Jahre, nachdem Sie diese Methoden angewandt haben, werden Sie reichlich Zeit haben, um über deren Bedeutung vom westlichen Standpunkt aus nachzudenken. Der erfolgreiche Weg, das System der Schamanen zu erlernen, besteht darin, dieselben Grundvorstellungen zu benutzen wie sie. Wenn ich beispielsweise von ‹Geistern› spreche, so deshalb, weil dies die Art ist, wie Schamanen in ihrem System sprechen. Um Schamanismus zu praktizieren, ist es nicht notwendig und sogar ablenkend, sich vorher um ein wissenschaftliches Verständnis zu bemühen, was ‹Geister› wirklich darstellen und warum Schamanismus funktioniert.

Die Bücher von Carlos Castaneda[1] – ohne die Fragen zu berücksichtigen, die über den Grad ihrer Erdichtung erhoben worden sind[6] – haben einen wertvollen Dienst geleistet, viele Abendländer in das Abenteuer und die Erregung des Schamanismus und in einige der damit verbundenen wohlbegründeten Prinzipien einzuführen. Auf den folgenden Seiten will ich nicht die Einzelheiten aus Castanedas Werken wiederholen und habe es mir auch nicht zur Aufgabe gemacht, Entsprechungen zwischen seinen Konzepten und den hier dargestellten herauszuarbeiten. Für die meisten Leser seiner Bücher jedoch werden viele Parallelen ziemlich offensichtlich sein. Auf eines aber sollte ich doch hinweisen, daß Castaneda in seinen Büchern das Heilen nicht betont, obwohl es im allgemeinen eine der wichtigsten Aufgaben des Schamanismus ist. Vielleicht hängt das damit zusammen, daß sein Don Juan hauptsächlich mit dem Krieger- (oder Zauberer-)Typ des Schamanismus befaßt ist.

Das Hauptthema hier ist die Erarbeitung eines Handbuches, das in die schamanische Methodik einführt, Gesundheit und Heilung zu erreichen. Es gibt noch viel mehr, worüber ich in diesem Zusammenhang schreiben könnte, und vielleicht tue ich es auch später. Hier aber sind die grundlegenden Voraussetzungen für jedermann niedergelegt, der die Fähigkeit und die Neigung hat, ein Schamane zu werden. Ein Wissen über Schamanismus – wie jedes andere Wissen – kann zu verschiedenen Zwecken angewandt werden, abhängig jeweils von der Art, wie es genutzt wird. Der Weg, den ich Ihnen anbiete, ist der des Heilers, nicht des Zauberers, und die dargebotenen Methoden führen zu Wohlergehen und Gesundheit, aber auch dazu, anderen helfen zu können.

Schließlich sollte ich noch sagen, wenn das nicht schon deutlich geworden ist, daß ich selbst Schamanismus praktiziere, nicht weil ich in Begriffen des normalen Bewußtseinszustandes verstehe, *wie* er funktioniert, sondern einfach deshalb, *weil* er funktioniert. Aber glauben Sie nicht einfach meinem Wort: wirklich wesentliches schamanisches Wissen wird *erfahren* und kann nicht von mir oder irgendeinem anderen Schamanen gelehrt werden. Schamanismus ist vor allem eine Strategie zum persönlichen Lernen und entsprechend dem Gelernten zu handeln. Ich biete Ihnen einen Teil dieser Strategie an und heiße Sie willkommen beim uralten schamanischen Abenteuer.

Kapitel I

Entdeckung des Weges

Meine erste ausgedehnte Feldforschung als Anthropologe vollzog sich vor mehr als zwei Jahrzehnten an den aufgeforsteten Ostabhängen der ecuadorianischen Anden unter den Jívaro[5] Indianern oder *Untsuri Shuar*. Die Jívaro waren zu jener Zeit berühmt wegen ihrer heute praktisch verschwundenen ‹Schrumpfköpfe› und ihrer intensiven Praxis des Schamanismus, der weiterhin betrieben wird. Während der Jahre 1956 und 1957 sammelte ich mit Erfolg einen großen Teil Informationen über ihre Kultur, blieb dabei jedoch nur äußerer Beobachter der Welt des Schamanen.

Einige Jahre später forderte mich das Amerikanische Museum für Naturgeschichte auf, eine einjährige Expedition zum peruanischen Amazonas zu machen, um die Kultur der Conibo Indianer aus dem Gebiet des Ucayali-Flusses zu studieren. Ich nahm an, weil ich froh war, eine Gelegenheit zu erhalten, weitere Forschungen in den bezaubernden Waldkulturen am oberen Amazonas durchführen zu können. Diese Feldforschung fand 1960 und 1961 statt.

Zwei besondere Erfahrungen bei den Conibo und Jívaro, die ich gern mit Ihnen teilen möchte, wurden für mich entscheidend bei der Entdeckung des Schamanenweges in beiden Kulturen. Vielleicht übermitteln sie etwas aus der unglaublichen, verborgenen Welt, die dem Erforscher des Schamanismus offensteht.

Ich hatte die günstigere Jahreszeit in einem Dorf der Conibo Indianer an einem entlegenen See in der Nähe eines Nebenflusses des Río Ucayali gelebt. Meine anthropologische Untersuchung der Conibo Kultur war gut vorangekommen, aber meine Bemühungen, Auskünfte über ihre Religion zu erhalten, hatten wenig Erfolg. Die Leute waren freundlich, aber nicht zu bewegen, von übernatürlichen Dingen zu sprechen. Schließlich sagten sie mir, wenn ich wirklich lernen wolle, müsse ich den heiligen Schamanentrunk nehmen, hergestellt aus *ayahuasca,* der ‹Liane des Todes›.[7] Ich sagte voller Neugier zu, aber gleichzeitig auch voller Furcht; denn sie warnten mich gleichzeitig, daß die Erfahrung sehr schrecklich sein würde.

Am nächsten Morgen ging mein Freund Tomás, der zuvorkommende Dorfälteste, hinaus in den Wald, um die Reben zu schneiden. Bevor er ging, riet er mir zu fasten: ein leichtes Frühstück und kein Mittagessen. Er kehrte mittags mit so viel *ayahuasca* Reben und Blättern der *cawa* Pflanze zurück, daß er damit einen knapp 60 Liter fassenden Behälter füllen konnte. Er kochte sie den ganzen Nachmittag, bis nur ein Liter einer dunklen Flüssigkeit übrigblieb. Diese goß er in eine alte Flasche und ließ sie abkühlen bis Sonnenuntergang, wann wir sie trinken wollten.

Die Indianer banden den Hunden im Dorf einen Maulkorb um, so daß sie nicht bellen konnten. Das Geräusch bellender Hunde könne einen Menschen, der *ayahuasca* getrunken habe, verrückt machen; so wurde mir gesagt. Den Kindern wurde befohlen, ruhig zu sein, und Stille legte sich bei Sonnenuntergang über die kleine Gemeinschaft.

Als Dunkelheit die kurze Äquatordämmerung verdrängt hatte, goß Tomás etwa ein Drittel der Flasche in eine Kürbisschale und gab sie mir. Alle Indianer sahen zu. Ich fühlte mich wie Sokrates unter seinen Athener Freunden, als er den Giftbecher nahm – es fiel mir ein, daß einer der anderen Namen, die die Leute vom peruanischen Amazonas dem *ayahuasca* gaben, ‹der kleine Tod› war. Ich nahm den Trank schnell zu mir. Er hatte einen seltsamen, leicht bitteren Geschmack. Dann wartete ich darauf, daß Tomás seinen Trank zu sich nehmen würde; doch er sagte, daß er sich entschlossen habe, doch nicht daran teilzunehmen.

Sie sagten mir, ich solle mich auf die Bambusterrasse unter dem großen Blätterdach des Gemeinschaftshauses hinlegen. Das Dorf war still; man hörte nur das Zirpen der Grillen und in der Ferne die Schreie eines Brüllaffen tief im Dschungel.

Als ich in die Dunkelheit hinaufsah, erschienen schwache Lichtstrahlen. Sie wurden deutlicher, verzweigter und zeigten strahlende Farben. Ein Geräusch kam aus der Ferne, wie ein Wasserfall, der immer stärker wurde, bis er meine Ohren ganz ausfüllte.

Einige Minuten vorher war ich noch enttäuscht, weil ich überzeugt war, daß *ayahuasca* auf mich keine Wirkung haben würde. Nun überflutete das Rauschen von herabstürzendem Wasser mein Gehirn. Meine Kinnbacken fühlten sich immer starrer an, und diese Starre stieg hinauf in meine Schläfen.

Die zunächst schwachen Strahlen über meinem Kopf wurden

leuchtender und verflochten sich immer mehr, bis sie einen Baldachin bildeten, der einem geometrischen Mosaik aus buntem Glas vergleichbar war. Die leuchtend violetten Farben bildeten ein sich immer weiter über mir ausdehnendes Dach. Innerhalb dieser himmlischen Höhle hörte ich das Rauschen von Wasser immer lauter werden, und ich konnte ganz schwach Gestalten erkennen, die sich schattenhaft bewegten. Als meine Augen sich an das Dunkel gewöhnt hatten, löste sich die bewegte Szene in etwas auf, was einem riesigen Amüsierbetrieb glich, einem übernatürlichen Karneval der Dämonen. Im Mittelpunkt über die Aktivitäten wachend und mich direkt anschauend befand sich ein riesiger, grinsender, krokodilartiger Kopf, aus dessen höhlengleichen Kinnladen eine Sturzflut von Wasser schoß. Langsam stiegen die Wasser und auch der Baldachin darüber, bis sich die Szene in eine bloße Zweiheit von blauem Himmel oben und Meer unten verwandelte. Alle Lebewesen waren verschwunden.

Dann sah ich aus meiner Lage neben der Wasseroberfläche zwei seltsame Schiffe sich hin und her bewegen, durch die Luft auf mich zuschwimmen, immer näher kommend. Sie vereinigten sich langsam und bildeten ein einziges Boot mit einem riesigen drachenköpfigen Bug, nicht unähnlich einem Wikingerschiff. Mittschiffs war ein viereckiges Segel gesetzt. Als das Boot langsam über mir hin und her schwamm, hörte ich immer deutlicher einen rhythmisch zischenden Laut und sah, daß es eine riesige Galeere mit mehreren hundert Ruderern war, die sich im Einklang mit dem Geräusch vor und zurück bewegten.

In mein Bewußtsein drang auch der schönste Gesang, den ich jemals in meinem Leben gehört hatte, in hoher Tonlage und ganz ätherisch, kommend aus Myriaden Stimmen an Bord der Galeere. Als ich genauer auf Deck sah, konnte ich eine große Menschenmenge erkennen mit Köpfen der blauen Tölpel und Menschenkörpern, ähnlich den vogelköpfigen Göttern auf den alten ägyptischen Grabmalereien. Gleichzeitig begann etwas Kraftsubstanz aus meiner Brust in das Boot zu fließen. Obwohl ich mich für einen Atheisten hielt, war ich absolut sicher, daß ich starb und die vogelköpfigen Wesen gekommen waren, um meine Seele auf das Boot zu bringen. Während der Seelenabfluß aus meiner Brust anhielt, merkte ich, daß meine Körperteile gefühllos wurden.

Beginnend bei meinen Armen und Beinen, spürte ich, wie mein Körper anfing, sich in festen Beton zu verwandeln. Ich konnte mich weder bewegen noch sprechen. Als die Erstarrung allmählich meine

Brust umschloß, mein Herz erfaßte, versuchte ich, mit meinem Mund um Hilfe zu rufen, die Indianer um ein Gegengift zu bitten. Wie sehr ich mich auch abmühte, ich konnte mich nicht so weit bringen, ein Wort zu bilden. Gleichzeitig schien sich mein Unterleib in Stein zu verwandeln, und ich hatte große Mühe zu erreichen, daß mein Herz weiterschlug. Ich fing an, mein Herz meinen Freund zu nennen, den liebsten Freund von allen, zu ihm zu reden, es mit der ganzen mir noch zur Verfügung stehenden Kraft zu ermutigen, weiterzuschlagen.

Ich spürte mein Gehirn. Ich fühlte physisch, daß es in vier getrennte und unterscheidbare Ebenen aufgeteilt war. An der höchsten Stelle war der Beobachter und Befehlshaber, der sich meines Körperzustandes bewußt und dafür verantwortlich war, daß mein Herz weiterschlug. Dieser erkannte, aber nur als Zuschauer, die Visionen, die aus den scheinbar darunterliegenden Gehirnteilen hervorkamen. Direkt unter der höchsten Ebene spürte ich eine erstarrte Schicht, welche durch die Droge außer Kraft gesetzt zu sein schien – sie war einfach nicht da. Die darunterliegende Ebene war die Quelle meiner Visionen, einschließlich des Seelenbootes.

Nun war ich wirklich sicher, daß ich im Sterben lag. Als ich mich bemühte, mich in mein Schicksal zu ergeben, fing ein noch tieferer Gehirnteil an, weitere Visionen und Informationen auszusenden. Mir wurde ‹gesagt›, daß dieses neue Material mir dargereicht würde, weil ich im Sterben begriffen und deshalb ‹sicher› sei, diese Offenbarungen zu empfangen. Es seien die Geheimnisse, die für die Sterbenden und die Toten aufbewahrt würden, wurde mir gesagt. Ich konnte die Bringer dieser Gedanken nur sehr schwach wahrnehmen: riesige reptilartige Geschöpfe, die träge in den hintersten Tiefen meines Gehirns ruhten, wo das Ende der Wirbelsäule das Gehirn berührt. Ich konnte sie nur schwach in den anscheinend finsteren, düsteren Tiefen sehen.

Dann projizierten sie ein sichtbares Bild vor mir. Zuerst zeigten sie mir den Planeten Erde, wie er vor Äonen war, als es noch kein Leben darauf gab. Ich sah ein Meer, ödes Land und einen strahlendblauen Himmel. Dann fielen zu Hunderten schwarze Flecken vom Himmel und landeten vor mir in der öden Landschaft. Ich konnte sehen, daß diese ‹Flecken› in Wirklichkeit große, leuchtende, schwarze Geschöpfe mit kurzen, flugsaurierähnlichen Flügeln und riesigen walfischähnlichen Körpern waren. Ihre Köpfe waren für mich unsichtbar. Sie plumpsten hinunter, äußerst erschöpft von ihrer Fahrt, um sich äonenlang auszuruhen. Sie erklärten mir in einer Art Gedankensprache, daß sie vor etwas weit draußen im Weltraum auf der Flucht seien. Sie seien auf den Planeten Erde gekommen, um ihrem Feind zu entrinnen.

Diese Geschöpfe zeigten mir dann, wie sie auf dem Planeten Leben hervorbrachten, um sich unter den vielfachen Formen zu verstecken und dadurch ihre Anwesenheit zu verschleiern. Vor mir erstand die Großartigkeit der Pflanzen- und Tierschöpfung und Artaufspaltung – Hunderte von Jahrmillionen Aktivität – in einem Maßstab und mit einer Lebendigkeit, die unmöglich zu beschreiben sind. Ich erfuhr, daß die drachenähnlichen Geschöpfe auf diese Weise innerhalb aller Lebensformen einschließlich der des Menschen sind.[8] Sie seien die wirklichen Meister der Menschheit und des ganzen Planeten, sagten sie mir. Wir Menschen seien nur die Behälter und Diener dieser Wesen. Aus diesem Grunde könnten sie zu mir aus meinem Innern sprechen.

Diese aus den Tiefen meines Geistes aufwallenden Enthüllungen wechselten mit Visionen von der schwebenden Galeere, die fast die Übernahme meiner Seele an Bord beendet hatte. Das Boot mit seiner blauen tölpelköpfigen Deckmannschaft fuhr langsam davon und zog meine Lebenskraft mit sich, wobei es auf einen großen Fjord zusteuerte, der von öden, zerfurchten Bergrücken eingefaßt war. Ich wußte, daß ich nur noch einen Augenblick lang zu leben hatte. Seltsamerweise fürchtete ich mich nicht vor den vogelköpfigen Wesen; sie durften gern meine Seele behalten, wenn sie dazu fähig waren. Doch ich fürchtete, daß meine Seele irgendwie auf der horizontalen Ebene des Fjordes nicht bleiben könne, sondern durch unbekannte, aber erspürte und erschreckliche Prozesse von den drachenähnlichen Bewohnern der Tiefen eingefangen oder wieder-eingefangen würde.

Ich fühlte plötzlich deutlich mein Menschsein, den Unterschied zwischen meiner Art und den uralten reptilförmigen Vorfahren. Ich begann, gegen meine Rückkehr zu den Urformen zu kämpfen, die anfingen, mir immer fremder und sogar bösartig zu werden. Jeder Herzschlag bedeutete eine immer größere Anstrengung. Ich wandte mich an menschliche Hilfe.

Mit unvorstellbarer letzter Kraft schaffte ich es gerade noch, den Indianern ein einziges Wort zu sagen: «Medizin!» Ich sah, wie sie umherliefen, um ein Gegengift herzustellen, und wußte doch, daß sie es nicht mehr rechtzeitig zubereiten konnten. Ich brauchte einen Beschützer, der Drachen besiegen konnte[9], und deshalb bemühte ich mich mit äußerster Kraft, ein mächtiges Wesen zu beschwören, das mich gegen die fremdartigen Reptilien beschützen könnte. Eines erschien vor mir; und in diesem Augenblick öffneten die Indianer mit Gewalt meinen Mund und gossen das Gegengift in mich hinein. Langsam verschwanden die Drachen in der Unterwelt; das Seelenboot und der Fjord waren nicht mehr. Erleichtert entspannte ich mich.

Das Gegengift verbesserte meinen Zustand gründlich, aber verhinderte nicht, daß ich noch viele zusätzliche Visionen mehr oberflächlicher Natur hatte. Sie waren erträglich und erfreulich. Ich machte willentlich märchenhafte Reisen durch entfernte Regionen, sogar hinaus in die Milchstraße; ich schuf unglaubliche Architektur und beschäftigte höhnisch grinsende Dämonen, die meine Phantasien verwirklichten. Oft lachte ich laut über die Widersinnigkeiten meiner Abenteuer.

Schließlich schlief ich ein.

Sonnenstrahlen durchdrangen die Löcher im Palmblätterdach, als ich erwachte. Ich lag noch immer auf der Bambusterrasse und hörte die normalen morgendlichen Geräusche um mich her: die Indianer schwatzten miteinander, kleine Kinder schrieen, und ein Hahn krähte. Ich war überrascht festzustellen, daß ich mich erholt und zufrieden fühlte. Als ich so dalag und zu dem schön gefügten Muster des Daches hinaufschaute, durchzogen meinen Geist die Erinnerungen an die vergangene Nacht. Sofort unterbrach ich meine Erinnerungen, um mein Tonbandgerät aus einer Segeltuchtasche zu holen. Als ich in den Sack griff, grüßten mehrere Indianer mich lächelnd. Eine alte Frau, Ehefrau von Tomás, gab mir eine Schale mit Fisch- und Wegerich-Suppe als Frühstück. Sie schmeckte außergewöhnlich gut. Dann ging ich zurück auf die Terrasse, um schnell meine nächtlichen Erfahrungen auf Band zu geben, bevor ich etwas vergaß.

Die Arbeit des Zurückrufens ging leicht vonstatten außer einem Teil der Trance, an den ich mich einfach nicht erinnern konnte. Er blieb leer, als ob ein Band gelöscht worden sei. Ich kämpfte stundenlang, um mich zu erinnern, was in jenem Teil der Erfahrung geschehen war, und ich erkämpfte das Fehlende tatsächlich zurück in mein Bewußtsein. Das widerspenstige Material stellte sich als die Mitteilung der drachenähnlichen Wesen heraus, einschließlich der Offenbarung ihrer Rolle in der Evolution des Lebens auf diesem Planeten und ihrer eingeborenen Macht über die lebendige Materie, einschließlich des Menschen. Ich war sehr erregt über die Wiederentdeckung dieses Materials und hatte deutlich das Gefühl, daß ich eigentlich nicht befugt sein sollte, es aus den unteren Regionen des Geistes herauszuholen.

Ich hatte sogar ein sonderbares Gefühl von Angst um meine Sicherheit, weil ich nun ein Geheimnis besaß, von dem diese Wesen angedeutet hatten, daß es nur für die Sterbenden bestimmt sei. Ich beschloß, dieses Wissen sofort mit anderen zu teilen, damit das ‹Geheimnis› nicht nur in mir wohne und mein Leben nicht mehr in Gefahr sei. Ich befestigte meinen Außenbordmotor an einem Einbaum-Kanu und startete zur nahegelegenen Missionsstation eines amerikanischen Wanderpredigers. Ich kam gegen Mittag an.

Das Paar in der Station, Bob und Millie (Namen wurden geändert), standen eine Stufe über den Durchschnittspredigern, die von den USA hinausgesandt wurden: gastfreundlich, humorvoll und mitfühlend. Ich erzählte ihnen meine Geschichte. Als ich ihnen das Reptil beschrieb, welches Wasser aus seinem Maul ergoß, wechselten sie Blicke, holten ihre Bibel und lasen mir die folgende Stelle aus der Offenbarung 12,15 vor:

> *Die Schlange spie einen Strom von Wasser aus ihrem Rachen, wie eine Flut . . .*

Sie erklärten mir, daß das Wort ‹Schlange› in der Bibel gleichbedeutend mit den Wörtern ‹Drache› und ‹Satan› sei. Und ich fuhr in meiner Erzählung fort. Als ich an die Stelle mit den drachenähnlichen Geschöpfen kam, die vor einem Feind jenseits der Erde flohen und hier landeten, um sich vor ihren Verfolgern zu verbergen, wurden Bob und Millie ganz aufgeregt und lasen mir aus demselben Kapitel im Offenbarungsbuch folgende Stelle vor:

> *Da entbrannte im Himmel ein Kampf; Michael und seine Engel erhoben sich, um mit dem Drachen zu kämpfen. Der Drache und seine Engel kämpften, aber sie konnten sich nicht halten, und sie verloren ihren Platz im Himmel. Er wurde gestürzt, der große Drache, die alte Schlange, die Teufel oder Satan heißt und die ganze Erde verführt; der Drache wurde auf die Erde gestürzt, und mit ihm wurden seine Engel hinabgeworfen. (Offb. 12,7–9)*[10]

Ich hörte überrascht und verwundert zu. Diese Wanderprediger schienen ihrerseits voller Ehrfurcht vor der Tatsache zu sein, daß ein atheistischer Anthropologe durch Einnahme eines Trankes der ‹Medizinmänner› etwas von dem heiligen Material im Offenbarungsbuch enthüllt bekommen konnte. Als ich meinen Bericht beendet hatte, war ich erleichtert, daß ich mein neues Wissen mitgeteilt hatte, aber ich war auch erschöpft. Ich schlief auf dem Bett der Prediger ein und überließ es ihnen, ihre Diskussion über das Erfahrene fortzusetzen.

Als ich an jenem Abend in meinem Kanu zum Dorf zurückkehrte, begann es in meinem Kopf im Rhythmus mit dem Geräusch des Außenbordmotors zu pochen; ich dachte, ich würde verrückt; ich mußte meine Finger in die Ohren stecken, um dieses Gefühl zu unterdrücken. Ich schlief gut, aber am nächsten Tag spürte ich eine Taubheit bzw. einen Druck in meinem Kopf.

Ich wollte nun das fachmännische Urteil von dem im übersinnlichen Bereich Wissendsten der Indianer einholen, einem blinden Schamanen, der viele Reisen in die geistige Welt mit der Hilfe des *ayahuasca* Trankes gemacht hatte. Es schien nur angemessen, daß ein blinder Mensch in der Lage sei, mein Führer in die Welt der Finsternis zu sein.

Ich ging zu seiner Hütte und nahm mein Notizbuch mit; ich beschrieb ihm meine Visionen eine nach der anderen. Zunächst berichtete ich ihm nur die Höhepunkte; als ich dann zu den drachenähnlichen Wesen kam, ließ ich ihre Ankunft aus dem Weltraum aus und sagte nur: «Da waren diese riesigen schwarzen Tiere, so ähnlich wie große Fledermäuse, größer als dieses Haus lang ist, die sagten, sie seien die wahren Meister der Welt.» Es gibt in Conibo kein Wort für ‹Drache›, so daß ‹Riesenfledermaus› die am nächsten liegende Beschreibung für das war, was ich gesehen hatte.

Er schaute mich mit seinen nicht-sehenden Augen an und sagte mit einem Grinsen: «Oh, das sagen sie immer. Doch sie sind nur die Herren der Äußeren Finsternis.» (Mt 8,12)

Er winkte mit seiner Hand unbestimmt gegen den Himmel. Ich spürte einen Kälteschauer entlang meiner unteren Wirbelsäule kriechen; denn ich hatte ihm noch nicht gesagt, daß ich in meiner Trance gesehen hatte, wie sie aus dem äußeren Weltraum hervorkamen.

Ich war erschüttert.

Was ich erfahren hatte, war diesem barfüßigen, blinden Schamanen geläufig – war ihm bekannt aus seinen eigenen Entdeckungen in derselben verborgenen Welt, in welche ich mich vorgewagt hatte. Von jenem Augenblick an war ich entschlossen, alles nur Mögliche über Schamanismus zu lernen.

Und da gab es noch etwas mehr, was mich zu meiner neuen Suche ermutigte. Nachdem ich meine ganze Erfahrung noch einmal erzählt hatte, sagte er mir, daß er niemanden kennen würde, der bei seiner ersten *ayahuasca* Reise so viel gesehen und gelernt habe.

«Du kannst bestimmt ein Meister-Schamane werden», sprach er.

So begann mein ernsthaftes Studium des Schamanismus. Von den Conibo lernte ich insbesondere das Reisen in die Unterwelt und die Dienstbarmachung von Geistern – Methoden, die weiter unten im Buch beschrieben werden. Ich kehrte 1961 in die Vereinigten Staaten zurück, aber drei Jahre später kam ich nach Südamerika zurück, um bei den Jívaro zu leben, bei denen ich schon 1956 und 1957 war. Meine Aufgabe war diesmal nicht gerade die eines Anthropologen, sondern ich sollte aus erster Hand lernen, wie Schamanismus in der Art der Jívaro praktiziert wird. Aus diesem Grunde wollte ich in den nordwestlichen Teil des Jívaro-Landes gehen, wo die mächtigsten Schamanen wohnen sollten.

Ich flog zunächst nach Quito, Ecuador, ins Hochland der Anden. Von dort brachte mich eine alte dreimotorige Junkersmaschine hinunter auf einen Dschungelflugplatz am östlichen Fuß der Anden beim Pastaza-Fluß. Dort charterte ich ein einmotoriges Flugzeug nach Macas, einer alten weißen Siedlung am Fuß der Anden mitten im Jívaro-Land.

Macas war ein seltsames Dorf. Es war 1599 durch eine Handvoll Spanier gegründet worden, die das Massaker im legendären Sevilla del Oro[11] durch die Jívaro überlebt hatten und jahrhundertelang wahrscheinlich die einsamste Gemeinschaft der westlichen Welt gewesen sind. Bis in den vierziger Jahren die Landebahn gebaut wurde, war ihre nächste Verbindung zur Außenwelt ein schlüpfriger Fußweg über die Anden-Böschung westlich des Dorfes, was einen schwierigen Acht-Tage-Marsch bedeutete, um die Hochlandstadt Riobamba zu erreichen. Diese Isolierung hatte zur Bildung einer weißen Gemeinde geführt, die es nicht noch einmal auf der Welt gab. Noch während der ersten Jahrzehnte des zwanzigsten Jahrhunderts jagten die Menschen dort mit Blasrohren, trugen Indianerkleider und erklärten stolz ihre Abstammung von den Conquistadores (= den spanischen Eroberern des 16. Jahrhunderts).

Sie hatten auch ihre eigenen wunderbaren Legenden und privaten Mysterien. Zum Beispiel gab es da die Geschichte, wie sie nach dem Massaker und dem Rückzug aus Sevilla del Oro fast ein Jahrhundert gebraucht hatten, um einen neuen Weg über die Anden zu finden. Von dem Mann, der das schließlich geschafft hat, wird den Kindern noch zur Schlafenszeit erzählt. Und dann gab es da das Geisterpferd, vollständig mit rasselnden Ketten, das nach den Berichten ein solch häufiger nächtlicher Besucher auf den Straßen des Dorfes war, daß die Einwohner sich oft in ihren Palmblatt-gedeckten Hütten zusammenkauerten, während das Monstrum umherstreifte. Seine Besuche hörten 1924 auf, als katholische Missionare sich bleibend in der Gemeinde niederließen. Nebenbei bemerkt gab es zu jener Zeit noch keine Pferde in Macas – das erste, ein Fohlen, wurde 1928 von Riobamba auf dem Rücken eines Mannes herübergetragen, fast dreieinhalb Jahrhunderte nach der Gründung der Gemeinde.

Oben hinter dem Dorf und die östliche Cordillere der Anden überragend war der Sangay, ein riesiger aktiver Vulkan, mit einer Schneekappe bedeckt, aus der sich bei Tage Rauchwolken auftürmten, die bei Nacht glühten. Das Glühen, so sagten die Macabeos gern, kam von dem Schatz der Inkas, der nach ihrer Behauptung auf den Hängen des Sangay verborgen wurde.

Mein erster Tag in Macas verlief gut. Mein junger Jívaro Führer erwartete mich an der Landebahn, und die Menschen waren gastfreundlich und freigebig. Zu essen gab es reichlich, und unsere Mahlzeiten enthielten große Stücke Fleisch. Da es keinen Weg gab, auf dem die Macabeos ihr Vieh über die Anden bringen konnten, mußten sie ihre Tiere selbst aufessen; deshalb wurde in dem kleinen Dorf täglich Vieh geschlachtet. Zusätzlich gaben sie mir *guayusa,* einen dort wachsenden Tee, welchen die Macabeos während des Tages statt Kaffee tranken. Der Tee erzeugte ein Gefühl von Euphorie, wodurch die örtliche Bevölkerung den ganzen Tag leicht benebelt war. Man gewöhnt sich so sehr an *guayusa,* daß jeder Besucher gewarnt wird, bevor er ihm angeboten wird, daß er immer wieder in den Ecuadorianischen Dschungel zurückkehren würde, wenn er ihn einmal trinkt.

Als ich in Macas am Abend meiner Ankunft einschlief, erschienen mir in der Dunkelheit des Macabeo Hauses Bilder in leuchtend roten Farben. Was ich sah, war sehr merkwürdig: kurvenreiche Muster, sich verflechtend, wieder trennend und sich auf eine ganz prächtige Weise drehend. Dann erschienen zwischen den wechselnden Mustern grinsende Dämonengesichter, die auch rot waren – herumwirbelnd, verschwindend und zurückkehrend. Ich hatte das Gefühl, als würde ich die feinstofflichen Bewohner von Macas sehen.

Plötzlich wurde ich durch eine Explosion und eine Rüttelei fast von meinem Holzbett geworfen. Die Hunde des Dorfes begannen zu bellen. Die Visionen verschwanden. Die Menschen schrieen durcheinander. Ein Erdbeben hatte den Erdboden erschüttert, und nun schoß ein Sprühregen natürlichen Feuerwerks aus dem Sangay in den Nachthimmel.

Ich spürte, ohne Zweifel irrational, daß die höhnisch grinsenden Dämonen den Ausbruch hervorgerufen hatten, um meine Rückkehr in den Dschungel zu begrüßen und mich an ihre Wirklichkeit zu erinnern. Ich lachte über die Absurdität der Situation in mich hinein.

Am nächsten Tag zeigte mir der katholische Missionar seine private Sammlung von prähistorischen Tonscherben aus dem örtlichen Gebiet. Darauf waren rote Muster gemalt, fast identisch mit denjenigen, die ich in der Nacht zuvor gesehen hatte.

Am folgenden Morgen gingen mein Jívaro Führer und ich in die Richtung nördlich von Macas, überquerten den Río Upano in einem Einbaum-Kanu und setzten den ganzen Tag unseren Weg fort.

Bei Sonnenuntergang erreichten wir erschöpft unsere Bestimmung, das Haus des berühmten Schamanen Akachu tief im Wald. An diesem Abend gab es keinen *guayusa*. Statt dessen wurde mir ein Becher nach dem anderen von erfrischendem Maniok-Bier angeboten, dazu Affenfleisch und rohe, krabbelnde, aber köstliche käseähnliche Maden. Müde, aber froh wieder unter Schamanen zu sein, fiel ich auf dem Bambusbett in einen tiefen Schlaf.

Am nächsten Morgen saßen Akachu und ich einander formell auf hölzernen Hockern gegenüber, als seine Frauen uns Becher mit erwärmtem Maniokbier brachten. Sein langes, schwarzes Haar, mit einem rot und weiß gewebten Band zu einem Ponyschwanz gebunden, von dem eine Federquaste herabhing, zeigte Streifen von Grau. Ich vermutete, daß er in den Sechzigern sei.

«Ich bin gekommen», so erklärte ich, «um Hilfsgeister zu erwerben, *tsentsak*.»

Er starrte mich streng an, ohne ein Wort zu sagen, aber die Runzeln in seinem braunen Gesicht schienen sich zu vertiefen.

«Das ist ein feines Gewehr da», bemerkte er, indem er sein Kinn vorschob in Richtung auf die Winchester, die ich zum Jagen mitgebracht hatte.

Sein Hinweis war eindeutig; denn die Standardbezahlung unter den Jívaro für schamanische Einweihung war – mindestens – ein Vorderlader Schießgewehr. Die Hinterlader Winchester für Patronen war viel praktischer als die Schwarzpulver-Vorderlader und deshalb sehr viel wertvoller.

«Um Wissen und Hilfsgeister zu erhalten, will ich dir das Gewehr und meine beiden Dosen mit Patronen geben», sagte ich.

Akachu nickte und streckte seinen Arm in Richtung auf die Winchester aus. Ich nahm das Gewehr und brachte es ihm. Er prüfte sein Gewicht und dessen Verteilung und blickte den Lauf entlang. Dann legte er das Gewehr abrupt quer über sein Knie.

«Zuerst mußt du im Wasserfall baden», sagte er. «Dann werden wir sehen.»

Ich sagte ihm, daß ich bereit sei, alles zu tun, was er anordnen würde.

«Du bist kein *shuar,* kein Indianer», sagte Akachu, «deshalb weiß ich nicht, ob du Erfolg haben wirst. Aber ich werde dir beim Versuch helfen.» Er deutete mit seinem Kinn in westliche Richtung auf die Anden. «Bald werden wir die Reise zum Wasserfall machen.»

Fünf Tage später brachen Akachu, sein Schwiegersohn Tsangu und ich zur Pilgerreise an den heiligen Wasserfall auf. Da mein Jívaro Führer seine Aufgabe beendet hatte, war er schon nach Hause zurückgekehrt.

Am ersten Tag folgten wir einem Waldpfad entlang einem sich schlängelnden Flußtal stromaufwärts. Meine Begleiter schritten sehr schnell aus, so daß ich dankbar war, als wir schließlich am späten Nachmittag neben einer kleinen Stromschnelle im Fluß haltmachten. Akachu und Tsangu bauten ein Palmblatt-gedecktes Halbzelt auf, am Boden eine Schicht Palmwedel als Bett. Ich schlief tief, warmgehalten durch das kleine Feuer, das sie im Eingang des Obdachs gemacht hatten.

Der zweite Tag unserer Reise war fast ein ständiges Aufwärtsklettern in dem nebelverhangenen Wald. Als der praktisch nicht-vorhandene Pfad schwieriger wurde, hielten wir an einem Hain aus *cana brava* (= Bambusrohr), um Wanderstäbe zu schneiden, die uns beim Aufstieg helfen sollten. Akachu verschwand kurz und kehrte mit einem 7 cm dicken Stab aus Korkholz zurück. Während wir uns ausruhten, schnitt er geschwind einfache geometrische Muster hinein und händigte ihn mir dann aus.

«Das ist dein magischer Stab», sagte er. «Er wird dich vor Dämonen beschützen. Wenn du einem begegnest, wirf ihn nach ihm. Er ist wirkungsvoller als ein Gewehr.»

Ich wog den Stab in meiner Hand. Er war auffallend leicht und würde offensichtlich nichts nützen, um sich gegen etwas Materielles zu verteidigen. Einen Augenblick hatte ich das Gefühl, als seien wir Kinder, die ein Spiel aus Angeberei machten. Aber diese Männer waren Krieger, die immer wieder mit ihren Feinden auf Leben und Tod kämpften und stritten. Hing ihr Überleben denn nicht davon ab, daß sie in echter Berührung mit der Wirklichkeit standen?

Als der Tag fortschritt, wurde der Pfad noch steiler und schlüpfriger. Oft schien es, als ob ich in dem ziegelstaubähnlichen Lehm einen Schritt zurückglitt für alle zwei Schritte, die ich vorwärts machte. Wir blieben oft stehen, um Atem zu schöpfen und Wasser zu schlürfen, vermischt mit der Maniokbiermaische in unseren Kürbisfeldflaschen. Manchmal nahmen sich die beiden anderen ein Stückchen geräucherten gekochten Maniok oder geräuchertes Fleisch, das sie in ihren Affenfelltaschen mit sich führten. Mir aber war verboten, feste Speise zu essen.

«Du mußt leiden», erklärte Tsangu, «damit die Großväter (= Ahnen) Mitleid mit dir haben. Sonst wird das alte Gespenst nicht kommen.»

Müde und hungrig versuchte ich in jener Nacht, in dem palmblattgedeckten Halbzelt zu schlafen, das meine Begleiter für uns auf einem kalten, feuchten Grat des Bergrückens gebaut hatten. Kurz vor Sonnenaufgang begann es zu regnen. Da wir zu durchgefroren und elend waren, um am Ort zu bleiben, brachen wir das Zelt ab und tappten in der Dunkelheit auf dem Grat weiter. Der Regen wurde heftiger. Bald erhellten Blitze, von explosionsartigen Donnern begleitet, in kurzen Abständen unseren Weg. Viele der Blitzschläge schienen genau auf den Grat zu zielen, dem wir folgten; so begannen wir, uns mit höchster Geschwindigkeit vorwärts zu bewegen, um von der Höhe herunterzukommen. Im Halbdunkel der verschleiernden Dämmerung verlor ich die beiden anderen oft aus den Augen, da sie an den unglaublichen Schritt weit besser gewöhnt waren, den sie durch den Wald vorlegten. Auch unter normalen Umständen schritten die Indianer mit sechs bis acht Stundenkilometern aus. Jetzt schienen es zehn zu sein.

Bald hatte ich meine Begleiter ganz aus den Augen verloren. Ich nahm an, daß sie der Meinung waren, ich könne ihnen folgen. Sie würden zweifellos irgendwo weiter vorn auf mich warten, über das Ende des Grates hinaus. So zwang ich mich vorwärts, naß, müde, hungrig und voller Furcht, für immer in diesem großen, unbewohnten Wald verloren zu sein. Ein, zwei, drei Stunden gingen vorüber, und ich hatte sie noch immer nicht eingeholt. Der Regen ließ nach, und das Licht in dem verlassenen Wald wurde heller. Ich schaute aus nach den scharf abgeknickten Zweigen von jungen Baumstämmen, dem Zeichen der Indianer, daß sie hier vorübergekommen seien – aber ohne Glück.

Ich blieb stehen, setzte mich auf einen Baumstumpf mitten in dem tröpfelnden Wald und versuchte, über meine Lage klar nachzudenken. Ich gab den gellenden, weithin hörbaren Schrei der Indianer ab, einen Schrei aus den Tiefen der Lunge, der fast einen Kilometer weit zu hören ist. Dreimal rief ich. Es folgte keine Antwort. Ich war einer Panik nahe. Ich hatte mein Gewehr nicht, also konnte ich nicht jagen. Ich wußte nicht, wohin ich gehen mußte. Die einzigen Menschen, die ich hier im Wald wußte, waren meine verschwundenen Begleiter.

Ich hatte mir gemerkt, daß wir im allgemeinen westwärts gewandert waren, aber das dichte Walddach verhinderte, daß ich die Richtung der Sonne ausmachen konnte. Der Grat hatte zahlreiche Gabelungen, so daß ich nicht sagen konnte, welcher man am besten folgen würde. Fast blindlings suchte ich einen Grat heraus und folgte ihm langsam, indem ich alle drei oder vier Meter Zweige knickte, um meine Begleiter zu führen, wenn sie mich auf diesem Weg suchen würden. Von Zeit zu Zeit stieß ich meinen Ruf aus, hörte aber keine Antwort. Ich blieb an einem Fluß stehen und füllte etwas Wasser zu dem konzentrierten Bier in meinem Flaschenkürbis nach. Während ich schwitzend ausruhte, schwirrten Dutzende von Schmetterlingen um mich herum und ließen sich immer wieder auf Kopf, Schultern und Armen nieder. Ich beobachtete, wie sie den Schweiß von meiner Haut saugten und gleichzeitig darauf urinierten. Ich stand auf und ging im Wald weiter, mich schwer auf meinen Korkholzstab stützend. Mit meinem *punal* oder kurzen Dschungelmesser schnitt ich Zweige von Palmstämmen und machte mir ein primitives Halbzelt. Erschöpft trank ich dann etwas Bier, bedeckte meinen Körper mit Blättern und schlief bald ein.

Schwaches Licht drang durch das Walddach, als ich erwachte. Während ich so in der grünen Stille dalag, hörte ich einen dumpfen Knall. Er überraschte mich so unvermutet, daß ich seine Richtung nicht feststellen konnte. Ich horchte ganz still, etwa fünfzehn Minuten lang, als ein weiterer Knall zu hören war, genau zu meiner Linken. Es war eindeutig ein Gewehr. Ich sprang auf und eilte in die Richtung, aus welcher der Schuß gekommen war, hüpfend, stolpernd, rutschend beim Hinabgleiten über die steilen Abhänge. Von Zeit zu Zeit gab ich den Indianerschrei ab. Ein weiterer Knall, diesmal knapp zu meiner Rechten! Ich folgte der Richtung und befand mich bald auf dem Abstieg in eine steile Schlucht, mich an Wurzeln haltend und von Baumstamm zu Baumstamm rutschend. Ich wurde ein durchdringendes Rauschen gewahr, gleich einem nicht-endenden Güterzug.

Plötzlich stand ich am geröllübersäten Ufer eines Flusses. Etwa 400 Meter stromaufwärts stürzte ein riesiger Wasserfall über eine nackte Felswand. Und an ihrem Fuß konnte ich meine Begleiter erkennen; in diesem Augenblick waren sie für mich die engsten Freunde auf der ganzen Welt.

Ich mußte über riesige Geröllsteine im Fluß klettern und durch Wasserpfützen waten, die sich zwischen den Sandbänken befanden. Als ich näherkam, spürte ich das Sprühen des Wasserfalls, das vom Wind durch die Schlucht getragen wurde und mir Gesicht und Arme kühlte. Ich brauchte fast fünfzehn Minuten, um Akachu und Tsangu zu erreichen. Schließlich brach ich auf dem Sand neben meinen Begleitern zusammen.

«Wir dachten schon, ein Dämon habe dich geholt», sagte Akachu grinsend. Ich lächelte schwach zurück und nahm glücklich die Kanne mit Bier entgegen, die er mir darbot.

«Du bist müde», sagte er. «Das ist gut; dann könnten die Großväter Mitleid mit dir haben. Du mußt nun anfangen zu baden.»

Er zeigte auf meinen Stab. «Nimm deinen Korkstock und komm mit mir.»

Während Tsangu auf der Sandbank blieb, führte er mich über die Felsen entlang dem Ufer des großen Sees, in welchen die Kaskade sich ergoß. Bald standen wir vor der nassen Felswand, wo heftige Wassergüsse unsere Körper überspülten. Er nahm meine Hand und ging zentimeterweise am Fuß des Felsens entlang. Das Wasser ergoß sich mit steigender Kraft über uns, wodurch es schwierig wurde, nicht weggeschwemmt zu werden. Ich stützte mich mit einer Hand auf meinen Stab und hielt mich mit der anderen an Akachu fest.

Jeder Schritt vorwärts wurde schwieriger. Dann waren wir plötzlich unter dem Wasserfall in einer dunklen, natürlichen Nische, die wie eine magische Höhle aussah. Licht drang nur durch den ungeheuren Vorhang fallenden Wassers, das uns von der übrigen Welt abschloß. Das unaufhörliche Brausen der Kaskade war noch größer als bei meiner ersten Vision vor vielen Jahren. Es schien mein ganzes Wesen zu durchdringen. Wir waren durch die Grundelemente Erde und Wasser von der Welt getrennt.

«Das Haus der Großväter», brüllte Akachu mir ins Ohr. Er zeigte auf meinen Stab.

Er hatte mir bereits erklärt, was zu tun sei. Ich fing an, in der unglaublichen Kammer auf und ab zu schreiten, wobei ich meinen Stab bei jedem Schritt vor mich setzte. Wie angewiesen, rief ich unaufhörlich: «Tou, tou, tou», um die Aufmerksamkeit der Großväter auf mich zu ziehen. Ich war völlig erstarrt durch den Gischt, der durch die kleine Höhle sprühte – Wasser, das vor gar nicht langer Zeit noch in den Gletscherseen der höchsten Anden gewesen war. Ich zitterte, schritt aber immer weiter und rief. Akachu begleitete mich, aber ohne Stab.

Langsam durchdrang eine seltsame Ruhe mein Bewußtsein. Ich fühlte mich nicht mehr kalt, müde oder hungrig. Das Geräusch des herabstürzenden Wassers erklang immer ferner und schien merkwürdig beruhigend. Ich spürte, daß ich hierher gehörte, daß ich heimgekommen war. Die Wand aus fallendem Wasser wurde schillernd, ein Strom von Millionen flüssiger Prismen. Als sie vorüberzogen, hatte ich das zunehmende Gefühl, aufwärts zu fliegen, als ob sie stillständen und ich in Bewegung sei. Fliegen in einem Berg! Ich lachte über die Albernheit der Welt.

Schließlich packte mich Akachu an der Schulter, hielt mich an und nahm meine Hand. Er führte mich aus dem magischen Berg hinaus und entlang dem Felsen zurück zu Tsangu. Ich war traurig, daß ich den heiligen Ort verlassen mußte.

Als wir auf der Sandbank wieder zusammen waren, führte uns Tsangu geradewegs an den Rand der Schlucht und begann den steilen Abhang hinaufzuklettern. Wir folgten ihm, indem wir uns an vorspringenden Wurzeln, Stämmen und Zweigen festhielten, um auf dem nassen Lehm nicht wieder zurückzurutschen. Etwa eine Stunde lang setzten wir den steilen Aufstieg fort, immer wieder durchnäßt durch die Sprühwolken des Wasserfalls. Es war später Nachmittag, als wir schließlich einen kleinen flachen Grat gleich am Rand der Kaskade erreichten. Wir rasteten kurz und folgten Tsangu dann auf der Hochebene weiter. Zuerst war das Dschungelwachstum dicht und schwierig zu durchdringen; doch bald fanden wir uns in einer Galerie, gebildet aus riesigen Bäumen.

Nach etwa fünf Minuten hielt Tsangu an und begann Zweige für ein Obdach zu schneiden.

Akachu aber spaltete einen Stock an einem Ende. Er spaltete dasselbe Ende noch einmal im rechten Winkel zum ersten Schnitt und steckte das nicht gespaltene Ende in die Erde. In die kreuzweise Spaltung drückte er zwei Zweige, welche das Ende zu einem vierarmigen Behälter öffneten. Dann nahm er einen faustgroßen Kürbisbecher aus seinem Schulterbeutel aus Affenfell und setzte ihn in den aus den Zweigen gebildeten Raum. Er langte wieder in seine Tasche und brachte ein Bündel kurzer grüner Stengel hervor. Es waren die *maikua* (eine *brugmansia* Art von Datura[12]) Pflanzenstecklinge, die er vor unserer Abreise zu Hause gesammelt hatte. Einzeln hielt er die Stengel über den Kürbisbecher und schabte die grüne Rinde ab. Als er fertig war, hatte er den Becher damit fast gefüllt. Er faßte hinein, zog die Schnitzel heraus und begann ihren grünen Saft in den Becher zu drücken. Innerhalb von fünf Minuten hatte er ein Achtel des Bechers voll Flüssigkeit. Er warf die Schnitzel weg.

«Nun wollen wir die *maikua* abkühlen lassen», sagte er. «Wenn die Nacht kommt, wirst du sie trinken. Du allein wirst trinken; denn wir müssen auf dich aufpassen. Wir werden jeden Augenblick bei dir sein; deshalb fürchte dich nicht.»

Tsangu war zu uns gekommen und fügte nun hinzu: «Am allerwichtigsten ist, daß du keine Angst hast. Wenn du etwas Erschreckendes siehst, darfst du nicht fliehen. Du mußt darauf zulaufen und es berühren.»

Akachu packte mich an der Schulter. «Das ist richtig. Du mußt das tun, oder du wirst bald sterben. Halte deinen Stab jederzeit in deinen Händen, damit du die Berührung ausführen kannst.»

Langsam spürte ich eine immer stärker werdende Panik in mir aufsteigen. Nicht nur waren ihre Worte wenig tröstlich, sondern ich hatte gehört, daß Menschen manchmal starben oder dauernd geistesgestört waren, nachdem sie *maikua* getrunken hatten. Ich erinnerte mich auch an Erzählungen über Jívaro, die *maikua* getrunken hatten und so wahnsinnig wurden, daß sie wild durch den Wald jagten und von Klippen herabstürzten oder ertranken. Aus diesem Grunde tranken sie niemals *maikua,* ohne daß nüchterne Begleiter sie beobachteten.[13]

«Werdet ihr mich stark festhalten?» fragte ich die beiden.

«Das wird geschehen, Bruder», sagte Akachu.

Zum ersten Mal hatte er mich als Verwandten angeredet, und dieses eine Wort machte mich zuversichtlich. Als ich aber auf die Dunkelheit wartete, mischten sich steigende Erwartung und Neugier mit meiner Angst.

Meine Begleiter machten kein Feuer, und als die Nacht kam, lagen wir alle drei nebeneinander auf Palmwedeln, lauschten in die Stille des Waldes und auf das ferne Rauschen des Wasserfalles. Schließlich war die Zeit gekommen.

Akachu gab mir den Kürbisbecher. Ich kippte ihn in meinen Mund und schluckte den Inhalt hinunter. Der Geschmack war ein wenig unangenehm, hatte aber etwas Ähnlichkeit mit grünen Tomaten. Ich spürte eine Erstarrung und dachte an jenen anderen Trank vor drei Jahren bei den Conibo, weshalb ich jetzt hier war. Würde meine schamanische Suche der damit verbundenen Gefahr wert sein?

Kurz darauf jedoch verschwand jeder halblogische Gedanke, als ein unaussprechlicher Terror schnell meinen ganzen Körper durchdrang. Meine Begleiter wollten mich töten! Ich mußte fortkommen! Ich versuchte aufzuspringen, aber augenblicklich waren sie über mir. Drei, vier, eine unendliche Zahl von Wilden rang mit mir, zwang mich nieder, nieder, nieder. Ihre Gesichter waren über mir, zu schlauem Grinsen verzogen. Dann gab es nur noch Finsternis.

Ich wurde von einem Blitzstrahl aufgeweckt, dem eine donnerartige Explosion folgte. Der Boden unter mir schwankte. Ich sprang hoch in äußerster Panik. Ein Wirbelsturm-ähnlicher Wind warf mich zurück auf den Boden. Ich stolperte wieder auf meine Füße. Ein stechender Regen prasselte auf meinen Körper nieder, während der Wind an meinen Kleidern zerrte. Blitze und Donner explodierten überall. Ich griff nach einem jungen Baum, um mich zu stützen. Meine Begleiter waren nirgendwo zu sehen.

Plötzlich konnte ich etwa 70 Meter entfernt zwischen den Baumstämmen eine glänzende Gestalt langsam auf mich zuschweben sehen. Ich beobachtete entsetzt, wie sie immer größer wurde und sich zu einer Schlange verdichtete. Das riesige, sich windende Reptil schwebte direkt auf mich zu. Sein Körper glänzte in leuchtenden Farben von Grün, Purpur und Rot, und wie es sich so zwischen Blitzen und Donnern hin und her wand, schaute es mich mit einem merkwürdigen, höhnischen Grinsen an.

Ich drehte mich um, um wegzulaufen, doch erinnerte mich dann an den Korkstab. Ich schaute umher, konnte ihn aber nicht entdecken. Das sich schlängelnde Wesen war jetzt nur noch sieben Meter entfernt und türmte sich über mir hoch, sich auf- und abrollend. Es trennte sich in zwei übereinanderliegende Wesen, die mich nun beide ansahen. Der Drache war gekommen, um mich zu entführen! Dann verschmolzen sie wieder in eins. Plötzlich sah ich vor mir einen Stock von etwa

30 cm Länge. Ich griff danach und schlug verzweifelt mit dem weit von mir gehaltenen Stock auf das Monstrum ein. Ein ohrenbetäubender Schrei erfüllte die Luft, und dann war der Wald leer. Das Monstrum war weg. Es herrschte nur Schweigen und Friede. Ich verlor das Bewußtsein.

Als ich aufwachte, war es Mittag. Akachu und Tsangu unterhielten sich neben einem kleinen Feuer, aßen und erzählten sich etwas. Mein Kopf schmerzte, und ich war hungrig, aber sonst fühlte ich mich wohl. Als ich mich aufsetzte, erhoben sich meine Freunde und kamen herüber. Akachu gab mir einen Becher mit aufgewärmtem Bier. Mir wurde auch ein Stück getrocknetes Affenfleisch gegeben. Die Speise schmeckte wunderbar, aber ich wollte zunächst meine Erfahrung mit meinen Freunden teilen.

Ich sagte: «Ich dachte, ihr wolltet mich vergangene Nacht töten. Dann wart ihr verschwunden, und es gab ungeheure Blitze . . .»

Akachu unterbrach mich. «Du darfst niemandem, auch uns nicht, erzählen, was dir begegnet ist. Sonst ist dein ganzes Leiden umsonst gewesen. Eines Tages – du wirst selbst wissen, wann das sein wird – kannst du anderen darüber berichten, aber nicht jetzt. Iß jetzt, und dann werden wir uns auf den Weg nach Hause machen.»

Wir gingen zurück in Akachus Haus, und unter seiner Leitung fing ich an, die *tsentsak* (= magische ‹Pfeile›) zu erlangen, die für die Praxis des Jívaro Schamanen notwendig sind. Diese *tsentsak* oder Hilfsgeister, so wird geglaubt, sind die hauptsächlichsten Kräfte, die im täglichen Leben Krankheiten verursachen und heilen. Für den Nichtschamanen sind sie normalerweise unsichtbar, und auch Schamanen können sie nur im veränderten Bewußtseinszustand wahrnehmen.[14]

‹Böse› oder Zauberschamanen schicken diese Hilfsgeister in die Körper von Opfern, um sie krank zu machen oder zu töten. ‹Gute› Schamanen oder Heiler benutzen ihren eigenen *tsentsak,* damit er ihnen hilft, Geister aus den Körpern kranker Stammesgenossen herauszusaugen. Die Hilfsgeister bilden auch Schilde, die zusammen mit dem Schutzgeist des Schamanen ihre Schamanenmeister vor Angriffen bewahren.

Ein neuer Schamane sammelt alle möglichen Sorten von Insekten, Pflanzen und anderen Gegenständen, die seine Hilfsgeister werden. Fast jeder Gegenstand, einschließlich lebender Insekten und Würmer, kann ein *tsentsak* werden, wenn er nur klein genug ist, damit der Schamane ihn verschlucken kann. Unterschiedliche Arten von *tsentsak* verursachen unterschiedliche Arten von Krankheitsgraden und werden entsprechend unterschiedlich zur Heilung benutzt. Je größer die Mannigfaltigkeit dieser Kraftträger ist, die ein Schamane in seinem Körper hat, desto größer ist seine Fähigkeit als Heiler.

Jeder *tsentsak* hat einen normalen und einen anormalen Aspekt. Der normale Aspekt eines magischen ‹Pfeiles› ist ein normaler materieller Gegenstand, wie er sichtbar ist, ohne *ayahuasca* zu trinken. Dagegen wird der anormale und ‹wahre› Aspekt des *tsentsak* dem Schamanen erst enthüllt, wenn er einen Trank genommen hat. Sobald er das tut, erscheinen die magischen ‹Pfeile› in ihren verborgenen Formen als Hilfsgeister, wie beispielsweise Riesenschmetterlinge, Jaguare, Schlangen, Vögel und Affen, die dem Schamanen aktiv bei seinen Aufgaben helfen.[15]

Wenn ein Heilschamane herbeigerufen wird, um einen Patienten zu behandeln, ist seine erste Aufgabe die Diagnose. Er trinkt *ayahuasca,* grünes Tabakwasser und manchmal den Saft einer Pflanze, genannt *pirípirí,* am späten Nachmittag und frühen Abend. Die bewußtseinsändernden Substanzen ermöglichen es ihm, in den Körper des Patienten hineinzusehen, als sei er aus Glas. Wenn die Krankheit auf Zauberei zurückgeht, wird der Heilschamane die eingedrungene anormale Wesenheit im Körper des Patienten klar genug sehen, um erkennen zu können, ob er den entsprechenden Hilfsgeist besitzt, der sie durch Saugen herausziehen kann.

Ein Schamane saugt magische ‹Pfeile› aus dem Körper eines Patienten bei Nacht und an einer dunklen Stelle des Hauses; denn nur in der Dunkelheit kann er die anormale Wirklichkeit erkennen. Bei Sonnenuntergang weckt er seinen *tsentsak,* indem er die Melodie seines Kraftliedes pfeift; nach etwa einer Viertelstunde beginnt er zu singen. Wenn der Schamane bereit zum Saugen ist, setzt er zwei *tsentsak* der gleichen Art, die er im Körper seines Patienten gesehen hat, vorn und hinten in seinen Mund. Diese sind in ihrem materiellen wie auch in ihrem nichtmateriellen Aspekt anwesend und dazu da, um den anormalen Aspekt des magischen ‹Pfeiles› zu fangen, sobald der Schamane ihn aus dem Körper des Patienten heraussaugt. Der *tsentsak* in der Nähe der Lippen des Schamanen hat die Aufgabe, die ausgesogene Wesenheit sich selbst einzuverleiben. Wenn jedoch diese anormale Wesenheit am ersten *tsentsak* vorbeikommen sollte, blockiert der zweite Hilfsgeist im Mund den Hals, so daß der Eindringling nicht in den Körper des

Schamanen gelangen und ihm Schaden zufügen kann. Auf diese Weise im Mund gefangen, wird die Wesenheit darauf von der materiellen Substanz eines der *tsentsak* des Heilschamanen gefangen und sich einverleibt.

Dann ‹würgt› er diesen Gegenstand heraus und zeigt ihn dem Patienten und dessen Familie, indem er sagt: «Nun habe ich ihn herausgesogen. Hier ist er.»

Die Nichtschamanen mögen denken, daß es der materielle Gegenstand sei, der herausgesogen wurde, und der Schamane enttäuscht sie nicht. Gleichzeitig lügt er aber nicht, weil er weiß, daß der einzige wesentliche Aspekt eines *tsentsak* sein nichtmaterieller oder anormaler Aspekt oder Kern ist, von dem er ehrlich glaubt, daß er ihn aus dem Körper des Patienten entfernt habe. Dem Laien zu erklären, daß er diese Gegenstände schon in seinem Mund hatte, hätte keinen wirklichen Sinn und würde es ihm unmöglich machen, solch ein Beweisstück für die erfolgte Heilung vorzuführen.

Die Saugefähigkeit des Schamanen hängt weitgehend von der Anzahl und Stärke seiner eigenen *tsentsak* ab, von denen er Hunderte haben kann. Seine magischen ‹Pfeile› nehmen ihren übernatürlichen Aspekt als Hilfsgeister an, wenn er unter dem Einfluß von *ayahuasca* steht, und er sieht sie dann als unterschiedliche tierförmige Wesen, die über ihm schweben, auf seinen Schultern sitzen und aus seiner Haut herauskommen. Er sieht sie, wie sie ihm helfen, den Körper seines Patienten auszusaugen. Er trinkt alle paar Stunden Tabakwasser, um ‹sie gefüttert zu halten›, damit sie ihn nicht verlassen.

Einem Heilschamanen können von einem Zauberer *tsentsak* geschickt werden. Wegen dieser Gefahr trinken die Schamanen Tabakwasser zu allen Zeiten des Tages und der Nacht. Das Tabakwasser bewirkt, daß der eigene *tsentsak* immer bereit ist, alle fremden magischen ‹Pfeile› abzuwehren. Ein Schamane geht nicht einmal spazieren, ohne die grünen Tabakblätter mitzunehmen, mit denen er das Wasser zubereitet, das seine Hilfsgeister wach hält.

Das Maß an Gewalt und Rivalität im Jívaro Stamm ist in der anthropologischen Literatur bekannt und steht beispielsweise in direktem Gegensatz zur Friedfertigkeit der Conibo Indianer. Sowohl Jívaro als auch Conibo unterscheiden sich wiederum von den Australiern und vielen anderen Stämmen, die seit langem Schamanismus praktizieren, ohne psychedelische Mittel zu benutzen. Dennoch ist Jívaro Schamanismus hoch entwickelt, dramatisch und aufregend. Deshalb kehrte ich 1969 noch einmal zurück, um mein Wissen zu ergänzen, und 1973 ließ ich mich auf weitere schamanische Praxis mit ihnen ein.

Während der neunzehn Jahre seit Beginn meiner schamanischen Arbeit unter den Conibo habe ich auch kurz bei Schamanen einiger nordwestamerikanischer Indianergruppen gelernt: mit den Wintun und Pomo in Kalifornien, den Küsten-Salish im Staate Washington und den Lakota Sioux in Süd-Dakota. Von ihnen lernte ich, wie Schamanismus erfolgreich praktiziert werden kann, ohne *ayahuasca* oder die anderen Drogen der Conibo und der Jívaro zu benutzen. Dieses Wissen ist besonders nützlich gewesen, um Abendländer in die Praxis des Schamanismus einzuführen. Schließlich lernte ich auch aus der weltweiten ethnographischen Literatur über Schamanismus, wo viele Perlen der Information vergraben liegen, welche ergänzen und bestätigen, was ich aus erster Hand gelernt hatte. Jetzt scheint es an der Zeit zu sein, dabei mitzuwirken, daß einige praktische Aspekte dieses uralten menschlichen Vermächtnisses denjenigen übertragen werden, die seit Jahrhunderten davon abgeschnitten waren.

Kapitel II

Die schamanische Reise: Einführung

Schamane ist ein Wort aus der Sprache der Tungusen Sibiriens[16] und wurde von Anthropologen weitgehend übernommen für ganz unterschiedliche Menschen nichtwestlicher Kulturen, die früher unter folgenden Bezeichnungen bekannt waren: Hexe, Hexendoktor, Medizinmann, Zauberer, Hexenkünstler, magischer Mensch, Magier und Seher. Einer der Vorteile bei der Verwendung dieses Begriffs besteht darin, daß ihm die nachteiligen Obertöne und sich widersprechenden Bedeutungen fehlen, die mit den bisher üblichen Bezeichnungen verbunden waren. Im übrigen aber ist nicht jede Art Medizinmann oder Hexendoktor ein Schamane.

Ein Schamane ist ein Mann oder eine Frau, der – willentlich – in einen anderen Bewußtseinszustand eintritt, um mit einer normalerweise verborgenen Wirklichkeit in Berührung zu kommen und sie auszuwerten, um Wissen, Kraft und Hilfe für andere zu erhalten. Der Schamane hat wenigstens einen und meistens mehrere ‹Geister› zu seiner persönlichen Verfügung.[17]

Wie Mircea Eliade feststellt, unterscheidet sich der Schamane von Magiern und Medizinmännern durch seinen Übergang in einen Bewußtseinszustand, den Eliade entsprechend der westlichen mystischen Tradition ‹Ekstase› nennt. Aber die Ekstasetechnik allein, so betont er richtig, erklärt nicht das Wesen des Schamanen; denn der Schamane hat besondere Techniken der Ekstase. So sagt Eliade: «Man kann daher nicht einen jeden Ekstatiker als Schamanen betrachten; der Schamane ist Spezialist einer Trance, in der seine Seele den Körper verläßt und gen Himmel fliegt oder in die Unterwelt hinabsteigt.»[18] Dem möchte ich hinzufügen, daß er in seiner Trance im allgemeinen daran arbeitet, einen Patienten zu heilen, indem er gesundmachende Lebenskraft erneuert oder schädliche Kräfte herauszieht. Die Reise, auf die Eliade hinweist, wird insbesondere unternommen, um Kraft oder eine verlorene Seele zurückzuholen.

Der ‹ekstatische› oder veränderte Bewußtseinszustand und die wissenschaftliche Ausgangsbasis, die die schamanische Wirkweise charakterisieren, können am besten einfach als ‹schamanischer Bewußtseinszustand› bezeichnet werden. Der schamanische Bewußtseinszustand umfaßt nicht nur eine ‹Trance› oder eine transzendente Wahrnehmung, sondern auch eine wissenschaftliche Wahrnehmung schamanischer Methoden und Voraussetzungen während eines solch veränderten Zustandes. Der schamanische Bewußtseinszustand steht im Gegensatz zum normalen Bewußtseinszustand, in den der Schamane zurückkehrt, nachdem er sich einer bestimmten Aufgabe gewidmet hat. Der schamanische Bewußtseinszustand ist die kognitive Voraussetzung, in welcher man die ‹nichtalltägliche Wirklichkeit› des Carlos Castaneda und die ‹außergewöhnlichen Manifestationen der Wirklichkeit› des Robert Lowie erkennt.[19]

Die wissenschaftliche Seite des schamanischen Bewußtseinszustandes umfaßt Informationen über die kosmische Geographie der nichtalltäglichen Wirklichkeit, so daß man wissen kann, wohin man reisen muß, um entsprechende Tiere, Pflanzen und andere Kräfte zu finden. Dies schließt das Wissen darüber ein, wie der schamanische Bewußtseinszustand Zugang zur schamanischen Unterwelt verschafft.

Dieses Wissen schließt das Bewußtsein des Schamanen ein, daß er eine bestimmte beabsichtigte Mission erfüllen muß, während er im schamanischen Bewußtseinszustand weilt. Nichtalltägliche Wirklichkeit betritt man nicht aus Spielerei, sondern aus ernsthaften Gründen. Der Schamane ist ein Mensch, der im schamanischen Bewußtheitsraum eine Arbeit verrichten muß, wozu er die grundlegenden Methoden kennen muß, die zur Erfüllung dieser Aufgabe notwendig sind. Wenn er zum Beispiel die Schutztierkraft eines Patienten aus der Unterwelt zurückholen will, muß er die Technik kennen, wie man die Unterwelt erreicht, wie man eintritt, wie man die Tierkraft findet und sie unbeschädigt zurückbringt. Anschließend muß er im normalen Bewußtseinszustand wissen, welche Anweisungen er dem Patienten zu geben hat.

Im schamanischen Bewußtseinszustand erfährt der Schamane grundsätzlich eine unaussprechbare Freude über das, was er sieht, eine Ehrfurcht vor den schönen und geheimnisvollen Welten, die sich vor ihm auftun. Seine Erlebnisse sind wie Träume, aber wache, die real empfunden werden und in welchen er seine Handlungen kontrollieren und seine Abenteuer bestimmen kann. Während er sich im schamanischen Bewußtseinszustand befindet, ist er oft bestürzt über die Wirklichkeit dessen, was sich ihm darstellt. Er erhält Zugang zu einem gänzlich neuen und doch altvertrauten Universum, das ihm genaue Informationen über die Bedeutung seines eigenen Lebens und Todes und seinen Platz innerhalb der Gesamtheit aller Existenz gibt. Während seiner großen Abenteuer im schamanischen Bewußtheitsraum behält er bewußte Kontrolle über die Richtung seiner Reisen, weiß aber nicht, was er entdecken wird. Er ist ein selbstverantwortlicher Entdecker der unendlichen Wohnungen eines großartigen, verborgenen Universums. Schließlich bringt er seine Entdeckungen zurück, um sein Wissen zu erweitern und anderen zu helfen.

Der Schamane ist ein vorzüglicher Seher, der typisch in der Dunkelheit arbeitet oder mindestens mit bedeckten Augen, um klar zu sehen. Aus diesem Grunde sind die Schamanen meistens nachts tätig. Einige Formen schamanischen Sehens können mit offenen Augen durchgeführt werden; doch ist diese Art der Wahrnehmung von weniger tiefer Natur. In der Dunkelheit sind die Ablenkungen aus der normalen Wirklichkeit von vermindertem Einfluß auf das Bewußtsein, wodurch es dem Schamanen möglich wird, sich auf die Aspekte der nichtalltäglichen Wirklichkeit zu konzentrieren, die für sein Wirken wesentlich sind. Aber Dunkelheit allein genügt nicht für das schamanische Sehen. Der Seher muß auch in den schamanischen Bewußtseinszustand eintreten, wobei er oft durch Trommeln, Rasseln, Singen und Tanzen unterstützt wird.

Schamanische Erleuchtung ist buchstäblich die Fähigkeit, die Dunkelheit zu erhellen, in jener Dunkelheit zu *sehen,* was andere nicht erkennen können. Dies könnte in der Tat die älteste Bedeutung des Wortes ‹Erleuchtung› sein. So wird zum Beispiel die besondere Fähigkeit zu *sehen* beim Iglulik Eskimo Schamanen genannt: sein *qaumanEq,* sein ‹Beleuchten› oder ‹Erleuchtung›, « . . . die ihn befähigt, in der Dunkelheit zu sehen, sowohl buchstäblich als bildlich gesprochen; denn er kann jetzt auch mit geschlossenen Augen durch die Dunkelheit sehen, Dinge und kommende Ereignisse erkennen, die vor anderen verborgen sind; so sehen sie in die Zukunft und in die Geheimnisse anderer.»[20]

Aua, ein Iglulik Eskimo Schamane, beschrieb seine schamanische Erleuchtung wie folgt:

. . . Ich bemühte mich, mit Hilfe anderer ein Schamane zu werden; aber damit hatte ich keinen Erfolg. Ich suchte viele berühmte Schamanen auf und gab ihnen große Geschenke . . . Ich suchte die Einsamkeit, und hier wurde ich bald sehr melancholisch. Ich mußte manchmal weinen und fühlte mich unglücklich, ohne zu wissen warum. Dann war plötzlich ohne Grund alles verändert, und ich spürte eine große, unaussprechliche Freude, eine Freude so kraftvoll, daß ich sie nicht unterdrücken konnte, sondern singen mußte, ein mächtiges Lied, das nur Platz für das eine Wort hatte: Freude, Freude! Und ich mußte die ganze Kraft meiner Stimme einsetzen. Und dann mitten in einem solchen Anfall von geheimnisvollem und überwältigendem Entzücken wurde ich ein Schamane, ohne daß ich selbst wußte, wie mir geschah. Aber ich war ein Schamane. Ich konnte sehen und hören in einer gänzlich anderen Art. Ich hatte meine qaumanEq, meine Erleuchtung, erhalten, das Schamanenlicht für Gehirn und Körper, und zwar auf solch eine Weise, daß nicht nur ich durch die Dunkelheit des Lebens sehen konnte, sondern das Licht schien auch aus mir heraus, unerkennbar für menschliche Wesen, aber sichtbar für alle Geister von Erde und Himmel und Meer, und sie kamen nun zu mir und wurden meine Hilfsgeister.[21]

Unter den Wiradjeri von Australien wird der schamanische Neophyt dadurch ‹erleuchtet›, daß er mit einem ‹heiligen mächtigen Wasser› besprengt wird, welches als verflüssigter Quarz angesehen wird. Eliade bemerkt dazu: «Damit soll gesagt werden, daß man ein Schamane wird, wenn man mit ‹verdichtetem Licht›, nämlich mit Quarzkristallen, angefüllt ist . . .» Er meint, «sie spüren eine Verwandtschaft zwischen dem Zustand eines übernatürlichen Wesens und einer Überfülle an Licht.»[22]

Die Vorstellung vom Schamanen als einem Menschen, der Licht abgibt, insbesondere in Form einer ‹Krone›, einer Aura vom Kopf ausgehend, gilt auch für den Jívaro. Der Strahlenkranz, der mehrfarbig ist, bildet sich nur, wenn sich der Schamane in einem durch *ayahuasca* herbeigeführten veränderten Bewußtseinszustand befindet. Er kann nur von einem anderen Schamanen gesehen werden, der sich in einem ähnlichen Bewußtseinszustand befindet. (Siehe Abb. 1)

Gleichzeitig mit der Ausstrahlung von Licht ist der Jívaro Schamane fähig, in der Dunkelheit zu sehen und dies sogar durch normalerweise undurchsichtiges Material. Ich habe es an einer Stelle wie folgt beschrieben:

Abbildung 1: Goldener Strahlenkranz um den Kopf eines Jívaro Schamanen im veränderten Bewußtseinszustand. Gezeichnet von einem anderen Jívaro Schamanen.

Er hatte getrunken, und nun sang er leise. Nach und nach erschienen schwache Linien und Formen in der Dunkelheit, und die schrille Musik der tsentsak, *der Hilfsgeister, erhob sich um ihn. Die Kraft des Getränkes nährte sie. Er rief, und sie kamen. Zuerst ringelte sich* pangi, *die Anakonda, um seinen Kopf, verwandelt in eine Krone aus Gold. Dann schwebte* wampang, *der Riesen-Schmetterling, über seiner Schulter und sang für ihn mit seinen Flügeln. Schlangen, Spinnen, Vögel und Fledermäuse tanzten über ihm in der Luft. Auf seinen Armen erschienen tausend Augen, als seine Dämonenhelfer auftauchten, um die Nacht nach Feinden zu durchsuchen.*

Das Geräusch von herabstürzendem Wasser füllte seine Ohren, und als er dessen Rauschen vernahm, wußte er, daß er die Kraft von Tsungi, *dem ersten Schamanen, besaß. Jetzt konnte er sehen.*[23]

Schamanen arbeiten oft in einem völlig in Dunkelheit getauchten Haus oder lassen allenfalls ein kleines Feuer oder eine Lampe brennen; aber manchmal stört auch wenig Licht das schamanische Sehen. So wird von den Chukchee in Sibirien berichtet, daß die schamanische Sitzung:

... wie gewöhnlich im Dunkeln begann; aber als der Schamane plötzlich aufhörte, die Trommel zu schlagen, wurde die Lampe wieder entzündet und das Gesicht des Schamanen sofort mit einem Stück Tuch zugedeckt. Die Frau des Hauses, welche die Ehefrau des Schamanen war, ergriff die Trommel und fing an, mit leichten, langsamen Schlägen zu trommeln. Das ging so die ganze Zeit ...»[24]

Ich persönlich lasse gewöhnlich eine Kerze irgendwo auf dem Boden des sonst dunklen Zimmers brennen, wenn ich in den schamanischen Bewußtseinszustand eintrete, und wenn ich mich dann auf den Boden lege oder fallen lasse, bedecke ich meine geschlossenen Augen einfach mit meinem linken Unterarm, um alles Licht auszuschließen.

Wenn der Schamane entweder langsam oder plötzlich auf den Fußboden des Hauses fällt, sagen die Chukchee: «Er sinkt», was sich nicht nur auf den körperlichen Vorgang bezieht, den die andern im Hause auch sehen, sondern auch auf «den Glauben, daß der Schamane während der Ekstase fähig ist, andere Welten zu besuchen, ganz besonders jene Unterwelt».[25] Auf eine ähnliche Art spricht man vom Eskimo Schamanen, der sich für die Reise fertig macht, als von «jemand, der hinunterfällt auf den Grund des Meeres».[26] Er fällt nicht nur auf den Boden des Hauses (normaler Bewußtseinszustand), sondern in die ozeanische Unterwelt (= schamanischer Bewußtseinszustand).

Die schamanische Reise ist eine der wichtigsten, vom Schamanen durchzuführenden Aufgaben. Die Grundform dieser Reise, meistens auch am leichtesten zu erlernen, ist die Reise in die Unterwelt. Um sie durchzuführen, hat der Schamane typischerweise ein besonderes Loch oder Tor in die Unterwelt. Dieser Eingang ist sowohl in der normalen als auch in der anormalen Wirklichkeit vorhanden. So war zum Beispiel für die kalifornischen Indianerschamanen dieser Eingang häufig eine Quelle, besonders eine heiße Quelle. Man wußte von Schamanen, die Hunderte von Kilometern unter der Erde reisten, dabei an einer bestimmten heißen Quelle hinunterstiegen und an einer anderen herauskamen. Von den australischen Schamanen des Chepara Stammes wurde ähnlich gesagt, daß sie in die Erde hinuntertauchten und wo immer sie wollten wieder herauskämen, und von denen der Fraser Insel wurde gesagt, «sie würden in die Erde gehen und in einer beträchtlichen Entfernung wieder herauskommen».[27] Ähnlich berichtete ein !Kung Buschmann Schamane in der Kalahari Wüste Südafrikas:

Mein Freund, das ist die Art dieser n/um (= Kraft). Wenn Menschen singen, tanze ich. Ich gehe in die Erde. Ich gehe an einer Stelle hinein ähnlich einer Stelle, wo Menschen Wasser trinken (= eine Quelle). Ich reise einen langen Weg, sehr weit.[28]

Ein anderer Eingang, der von den kalifornischen Indianern benutzt wurde, war ein hohler Baumstumpf. Bei den Arunta (Aranda) von Australien war ein hohler Baum der Eingang in die Unterwelt.[29] Die Conibo Indianer lehrten mich, den Wurzeln des Riesen-*catahua*-Baumes unter die Erde zu folgen, um die Unterwelt zu erreichen. Im schamanischen Bewußtsein verwandelten sich die Wurzeln für mich und meine Conibo Freunde in schwarze Schlangen, deren Rücken wir hinunterglitten, um Gebiete zu erreichen mit Wäldern, Seen und Flüssen, seltsamen Städten hell wie am Tag, erleuchtet durch eine Sonne, die aus der normalen Welt oben verschwunden war – denn diese Reisen wurden bei Nacht durchgeführt.

Andere Schamanen-Eingänge in die Unterwelt sind Höhlen, Löcher von Kriechtieren und sogar besondere Löcher im Fußboden der Häuser. Bei den Twana von der Nordwestküste Nordamerikas zum Beispiel wird berichtet, daß die Oberfläche des Erdbodens oftmals physisch für einen Abstieg aufgebrochen wurde.[30]

Eingänge in die Unterwelt führen im allgemeinen hinunter in einen Tunnel oder ein Rohr, das den Schamanen zu einem Ausgang leitet, der sich in strahlende und wundervolle Landschaften öffnet. Von dort reist der Schamane minuten- oder sogar stundenlang, wohin er will, kehrt schließlich durch das Rohr (von nun an ‹Tunnel› genannt) nach oben zurück, um an der Stelle der Oberfläche aufzutauchen, wo er hineingegangen war. Die prächtige Beschreibung eines Schamanen, der diese klassische und weitverbreitete Methode anwendet, wird von Rasmussen für die Iglulik Eskimos der Hudson Bay gegeben:

... Für die allergrößten (= Schamanen) öffnet sich ein Weg direkt aus dem Haus, worin sie ihre Hilfsgeister anrufen; eine Straße hinunter

durch die Erde, wenn sie in einem Zelt an der Küste sind, oder hinunter durch das Meer, wenn es in einer Schneehütte auf dem Meereseis ist, und auf dieser Straße wird der Schamane hinuntergeführt, ohne irgendeinem Widerstand zu begegnen. Er gleitet sozusagen, als ob er durch ein Rohr fällt, welches so genau um seinen Körper paßt, daß er sein Vorankommen dadurch prüfen kann, daß er sich gegen die Seitenwände drückt, und nicht wirklich wie bei einem Sturz hinunterzufallen braucht. Dieses Rohr wird für ihn von allen Seelen seiner Namensvettern offengehalten, bis er auf seinem Weg zur Erde zurückkehrt.[31]

Wenn der Eskimo Schamane von seiner Reise in die Unterwelt zurückkehrt, können die Menschen im Zelt oder Iglu «ihn von weither kommen hören; das Rascheln bei seinem Durchgang durch das Rohr, das für ihn von seinen Geistern offengehalten wird, kommt immer näher, und mit einem mächtigen ‹Plu-a-he-he› schießt er hinaus an seinen Platz hinter dem Vorhang.»[32]

Die meisten von uns, die im schamanischen Werk tätig sind, finden den Tunnel keineswegs einengend. Fast immer ist er breit und läßt genug Raum für Bewegung. Manchmal versperren Widerstände im Tunnel den Durchgang, aber gewöhnlich findet man einen Spalt oder eine Bruchstelle, um durchzuschlüpfen. Mit Geduld gelingt es einem meistens hindurchzukommen, ohne daß man die Reise aufgeben und zurückkehren muß.

Wenn der Schamane durch die Öffnung hinuntersteigt, findet er manchmal auch, daß er an einem Strom oder Fluß auf- oder absteigt, welcher Teil des Tunnels sein kann oder nicht. Ähnlich erzählt ein Tavgi Samoyed Schamane von seiner ersten Reise durch das Tor zur Unterwelt:

Als ich umherschaute, entdeckte ich ein Loch in der Erde . . . Das Loch wurde immer größer. Wir (nämlich er selbst und sein Schutzgeistbegleiter) stiegen da hinunter und kamen an einen Fluß mit zwei Strombetten, deren Wasser in entgegengesetzten Richtungen flossen. «Nun wohl, finde nun das richtige heraus!» sagte mein Begleiter. «Ein Strom fließt vom Mittelpunkt nach Norden, der andere nach Süden – zur sonnigen Seite.»[33]

Hervorragende Schamanen sehen nicht nur im schamanischen Bewußtseinszustand, sondern hören, fühlen und erfahren sogar Mitteilungen oder Wahrnehmungen über die normalen Sinne hinaus. So hörte dieser Samoyed Schamane seinen Schutzgeist, und ähnlich berichtete mir eine Schamanenfrau der Pomo Indianer in Kalifornien, daß sie eine riesige Tierkraft sich unter ihr bewegen spürte, als sie in einem Berg durch den Tunnel reiste.[34]

Bei den Bellacoola Indianern an der Nordwestküste der USA hatte gerüchtweise jedes Haus ein Loch im Erdboden, das als Eingang in die Unterwelt benutzt wurde:

> *Die Welt unter uns wird . . . genannt Asiutâ'nEm. Beschreibungen dieser (Unterwelt) werden hauptsächlich von Schamanen gegeben, die glauben, daß sie jenes Land während einer Trance besucht haben. Nach der Aussage einer alten Frau, die meinte, daß sie als kleines Mädchen während einer Trance die (Unterwelt) besucht habe, ist . . . der Eingang ein Loch, das es in jedem Haus zwischen der Tür und der Feuerstelle gibt.*[35]

In auffallend ähnlicher Weise ist der Eingang in die Unterwelt bei den kreisförmigen *kivas* (= Zeremonialkammern) der Zuni Indianer im amerikanischen Südwesten ein im Boden befindliches Loch. Der Hauptunterschied zu den Bellacoola besteht darin, daß das Loch, ge-

Abbildung 2: Sipapu. Eingang in die Hopi-Unterwelt. Gelegen im Grand Canyon westlich der Hopi Dörfer. Quelle: Center of Astrogeology, U. S. Geological Survey.

nannt ein *sipapu,* sich im Fußboden zwischen der Feuerstelle und der Wand (die Tür ist im Dach) befindet.[36] Solche *sipapu* Löcher waren in den prähistorischen *kivas* der Pueblo Völker üblich, fehlen aber bei denjenigen der heutigen Pueblos. Interessant ist, daß in Zuni, wo das *sipapu* in der kreisrunden Form der *kiva* überlebt, auch die schamanischen Medizinbünde erhalten blieben.[37] Obwohl ich keinen festen Beweis habe, wäre ich nicht überrascht, wenn die Mitglieder der Medizinbünde in Zuni die Löcher dazu benutzen würden, um in Trance in die Unterwelt hinabzusteigen. Die orthodoxe ethnologische Ansicht ist jedoch, daß das *kiva sipapu* nur «ein Symbol sei, welches die mythische Öffnung in die Unterwelt darstellt, durch welche die Ahnen die Welt erreicht haben sollen».[38] Die Pueblo Hopi Indianer haben entgegen den Zuni keine *sipapu* in den Fußböden ihrer *kivas.*[39] Sie glauben jedoch, eine merkwürdige Felsformation in einiger Entfernung von ihnen, die ein Loch an der Spitze hat, sei das ursprüngliche *sipapu* oder der Eingang in die Unterwelt. (Siehe Abb. 2)

Daß die Hopi es bei schamanischen Visualisierungen (siehe auch Anm. 195) für Reisen in die Unterwelt benutzen, ist eine unbewiesene, aber verständliche Möglichkeit. Da die Arbeit der Medizinbünde bei den Pueblo Völkern äußerst geheim ist, können Nicht-Hopi niemals mit Bestimmtheit etwas wissen. Das neue Gemälde eines Hopi Künstlers, betitelt ‹Se Pa Po Nah› (= sipapu-nah) ist sehr suggestiv, jedoch von Mandala-ähnlicher Tunnel-Erfahrung. (Siehe Abbildung 3)

Nebenbei ähneln die konzentrischen Kreise eines Mandalas häufig dem gerippten Anblick, den der Tunnel meistens darstellt, und die Meditation mit einem Mandala kann zu einer Erfahrung führen, die dem Eintritt in den Tunnel gleicht. Wie Joan M. Vastokas in ihrer Besprechung gewisser Aspekte schamanischer Kunst festgestellt hat, « . . . scheint das konzentrische Motiv charakteristisch für die visionäre Erfahrung selbst zu sein und steht für die Öffnung, durch welche der Schamane in die Unterwelt oder den Himmel eintritt und das physische Universum transzendiert.»[40]

Wie sie weiterhin hervorhebt, haben Masken der Alaska Eskimo Schamanen manchmal die Form von «konzentrischen Kreisen, die sich von einem zentralen Nichts ausbreiten». Das Beispiel einer solchen Maske, das eine überraschende Ähnlichkeit mit dem gerippten Tunnel aufweist, ist auf Abb. 4 wiedergegeben.

Auf ähnliche Weise kann im Tibetischen Buddhismus, der stark vom Schamanismus beeinflußt ist, ein sehr vielfältiges Mandala den

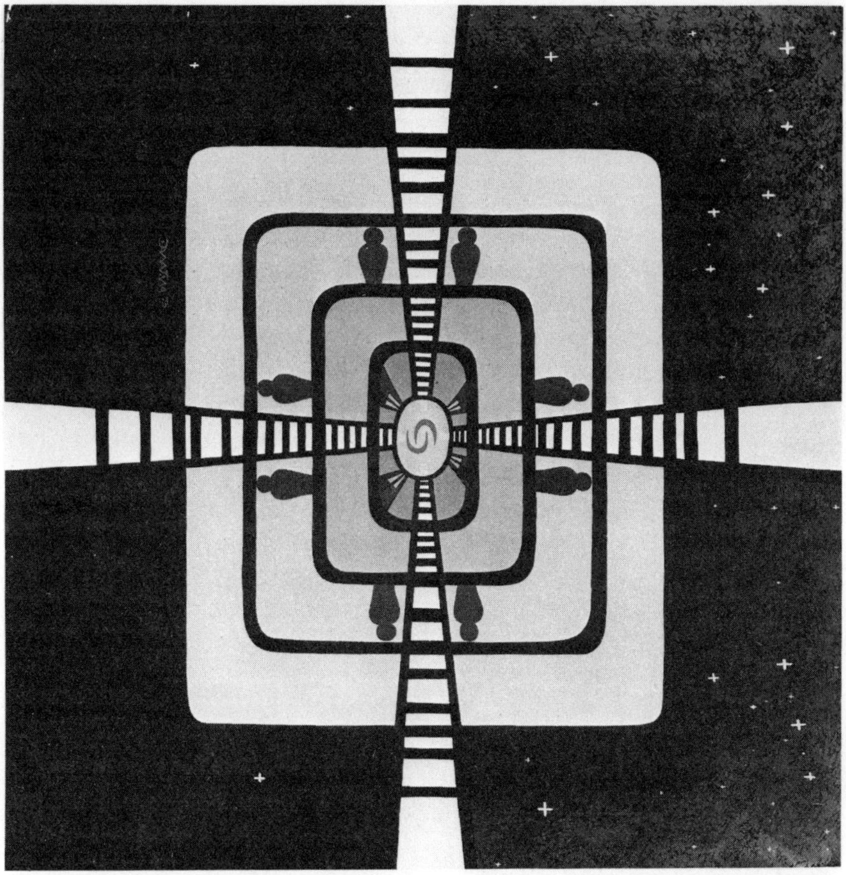

Abbildung 3: Se Pa Po Nah (= sipapu-nah). Zeitgenössisches Gemälde des Hopikünstlers Milland Lomakema (Dawakema). Quelle: Hopi Gemälde: Die Welt der Hopi, von Patricia Janis Broder. New York: Dutton, 1978.

tunnelähnlichen Kreis nur im Mittelpunkt haben, um als Eingangsort zu den Welten der Götter und Geister zu dienen, die rundherum dargestellt sind (siehe das Tibetische *Tanka* auf Abbildung 5; man sollte auch seine auffallende Ähnlichkeit mit dem Gemälde des Hopi-Künstlers vom Eingang in die Unterwelt auf Abbildung 3 beachten). Mit Hilfe der Dunkelheit und begleitet von Trommeln konzentriert sich der Schamane nicht auf ein Mandala, sondern geht direkt hinein in den Tunnel und dann darüberhinaus.[41]

Abbildung 4: Eskimo Schamanenmaske. Neunzehntes Jahrhundert, Unterer Yukon Fluß. Quelle: National Museum of Natural History, Smithsonian Institution. Photo: Victor E. Krantz.

Erste Reise

Jetzt sind Sie vorbereitet für Ihre erste Erfahrungsübung im Schamanismus. Es wird eine einfache Entdeckungsreise hinunter durch den Tunnel in die Unterwelt sein. Ihre Aufgabe besteht einzig und al-

Abbildung 5: Mandala von Kunrig. Tibetisches buddhistisches Tanka auf Stoff, ca. fünfzehntes Jahrhundert. Quelle: The Royal Ontario Museum.

lein darin, den Tunnel zu durchqueren, vielleicht auch nachzusehen, was dahinter liegt, und dann zurückzukehren. Seien Sie sich ganz sicher, daß Sie diese Anweisungen durch und durch verstehen, bevor Sie anfangen.

Um die Übung durchzuführen, brauchen Sie eine Trommel (oder eine Kassette, die schamanisches Trommeln wiedergibt) und jemanden, der Ihnen beim Schlagen der Trommel hilft. Weitere Informationen über Trommeln und Kassetten finden Sie im Anhang A dieses Buches. Wenn Sie keine Trommel haben, versuchen Sie einfach, mit einem Löffel auf einen Buchdeckel zu schlagen, während Sie ausgestreckt auf dem Fußboden liegen. Besser noch ist es, wenn jemand anders dieses Schlagen für Sie tut, und zwar gleich neben Ihrem Kopf. Manche Menschen brauchen überhaupt kein Trommeln oder Schlagen, vorausgesetzt, sie sind entspannt und können ihren Geist von der Beschäftigung mit Dingen der normalen Wirklichkeit lösen.

Warten Sie so lange, bis Sie ruhig und entspannt sind, bevor Sie diese oder eine andere schamanische Übung beginnen. Meiden Sie psychedelische oder alkoholische Substanzen während der vorangehenden vierundzwanzig Stunden, damit Ihre Ausrichtung und Konzentrationskraft gut sind und Ihr Geist frei von verwirrenden Vorstellungen ist. Essen Sie nur leicht oder überhaupt nichts während der vorangehenden vier Stunden. Suchen Sie sich einen dunklen und ruhigen Raum aus. Ziehen Sie Ihre Schuhe aus, öffnen Sie Ihre Kleider und liegen Sie bequem auf dem Fußboden, ohne ein Kissen. Machen Sie ein paar tiefe Atemzüge. Lockern Sie Ihre Arme und Beine. Bleiben Sie einige Minuten ruhig liegen, und denken Sie über Ihre bevorstehende Aufgabe nach. Schließen Sie dann Ihre Augen, indem Sie eine Hand oder den Unterarm darüber legen, um alles Licht auszuschließen.

Stellen Sie sich nun eine Öffnung in der Erde vor, an die Sie sich aus irgendeiner Zeit in Ihrem Leben erinnern. Es kann eine Öffnung sein, an die Sie sich aus Ihrer Kindheit erinnern, oder eine solche, die Sie gerade in der vergangenen Woche sahen, oder auch heute. Jede Art von Eingang in die Erde genügt – es kann ein Loch sein, das von einem Kriechtier gemacht wurde, eine Höhle, ein hohler Baumstumpf, eine Quelle oder sogar ein Moor. Es kann auch eine von Menschen angelegte Öffnung sein. Diejenige Öffnung ist richtig, bei der Sie ein gutes Gefühl haben und die Sie sich leicht vorstellen können. Verbringen Sie einige Minuten im Anblick des Loches, ohne hineinzugehen. Merken Sie sich deutlich seine Besonderheiten.

Nun geben Sie Ihrem Begleiter Anweisung, mit dem Trommeln in einem harten, eintönigen, gleichmäßigen und schnellen Schlag zu beginnen. Es soll kein Unterschied in der Stärke des Trommelschlags oder in den Intervallen dazwischen eintreten. Ein Trommeln von etwa 205 bis 220 Schlägen pro Minute ist normalerweise für diese Reise ausreichend. Nehmen Sie sich etwa zehn Minuten Zeit für diese Reise. Weisen Sie Ihren Begleiter an, das Trommeln nach zehn Minuten einzustellen, wobei er zum Abschluß viermal hart zuschlägt, um Ihnen zu signalisieren, daß es Zeit zur Rückkehr ist. Dann sollte Ihr Helfer die Trommel sofort etwa eine halbe Minute lang sehr schnell schlagen, um

Sie bei der Rückreise zu begleiten, und mit vier weiteren harten Schlägen auf die Trommel aufhören, um anzuzeigen, daß die Reise beendet ist.

Wenn das Trommeln beginnt, stellen Sie sich die Ihnen vertraute Öffnung in die Erde vor, gehen Sie dann hinein und beginnen Ihre Reise. Gehen Sie hinunter durch die Öffnung, und betreten Sie den Tunnel. Zuerst mag der Tunnel dunkel und undeutlich sein. Es geht meistens in einem kleinen Winkel in die Erde, aber manchmal auch steil bergab. Gelegentlich erscheint der Tunnel gerippt und macht auch oft eine Biegung. Manchmal geht es so schnell durch den Tunnel, daß man ihn gar nicht wahrnimmt. Beim Durchqueren des Tunnels könnten Sie auch gegen eine natürliche Steinmauer oder einen anderen Widerstand laufen. Wenn das eintritt, gehen Sie einfach drum herum oder durch eine darin befindliche Spalte hindurch. Wenn das nicht geht, kehren Sie einfach zurück und versuchen es noch einmal. Auf keinen Fall sollten Sie sich bei der Reise zu sehr anstrengen. Wenn Sie diese Aufgabe richtig durchführen, geht es fast ohne Kraftaufwand. Erfolg im Reisen und Sehen hängt von einer Haltung ab, die zwischen zu großer und zu kleiner Anstrengung liegt.

Am Ende des Tunnels tauchen Sie draußen auf. Prüfen Sie die Landschaft im einzelnen, laufen Sie hindurch, und erinnern Sie sich an Einzelheiten. Untersuchen Sie so lange, bis Ihnen das Zeichen zur Rückkehr gegeben wird, und kehren Sie dann durch den Tunnel auf dieselbe Weise nach oben zurück, wie Sie hinuntergegangen sind. *Nehmen Sie nichts von dort mit*. Dies ist nur eine Informationsreise.

Wenn Sie oben angekommen sind, setzen Sie sich auf und öffnen Ihre Augen. Seien Sie nicht entmutigt, wenn Sie beim ersten Mal keinen Erfolg hatten. Versuchen Sie es noch einmal, wobei das Trommeln langsamer oder schneller geschehen sollte. Andere Menschen brauchen zu anderen Zeiten ein anderes Tempo!

Wenn die Übung vollbracht ist, beschreiben Sie Ihrem Begleiter, was Sie gesehen haben, damit Sie die Einzelheiten Ihrer Erfahrung nicht vergessen. Sie können sie auch niederschreiben oder auf einen Kassettenrecorder sprechen. Das Festhalten dieser Erfahrungsdaten ist der Anfang Ihrer Speicherung von Wissen aus dem schamanischen Bewußtseinszustand.

Einige Personen aus meinen Workshops waren so freundlich, mir Unterlagen über ihre Erfahrungen während dieser ersten Übung zur Verfügung zu stellen. Vielleicht halten Sie es für lehrreich, Ihre eigene

Erfahrung mit der dortigen zu vergleichen. Es folgen einige dieser Berichte, denen ich meine Anmerkungen hinzufüge. Dabei werden Sie feststellen, daß manchmal erwähnt wird, wie ich die Betreffenden von ihrer Reise zurückrief. Das tue ich in Gruppensitzungen meistens aus dem einfachen Grunde, um die Teilnehmer aufeinander abzustimmen.

Reisen

Es folgen unmittelbare Erfahrungsberichte von Personen, welche die Reise in die Unterwelt zum ersten Mal unternahmen, so wie sie hinterher von ihnen erzählt wurde. Die Berichterstatter sind hauptsächlich Amerikaner des Mittelstandes mit ganz unterschiedlicher Ausbildung. In ihren Beschreibungen werden Sie das Fehlen irgendwelcher urteilender Ausdrücke feststellen, so wie «ich stellte mir vor, daß . . .» oder «ich phantasierte, daß . . .» Mitgetragen von der Trommel und auf die gerade beschriebene einfache Art machten sie Erfahrungen, die sie auf eine neue Weise für Wirklichkeit hielten und die sie oftmals hinterher als die tiefsten ihres bisherigen Lebens beschrieben. Sie müßten eine ähnliche Erfahrung machen, wenn Sie die einfache, oben beschriebene Methode anwenden.

Der erste Bericht vermittelt eine hervorragende Beschreibung der häufigen Erscheinung der Wände des Tunnels in konzentrischen Kreisen.

Als die Trommel zu schlagen begann, suchte ich in meinem Geist Orte, die ich kannte und die mir den Zugang gewähren würden, den ich suchte. Ich erkannte einige Plätze, die mir wichtig gewesen waren und, wie ich dachte, sich eignen würden . . . aber keiner schien richtig zu sein; dann war da plötzlich eine große Höhle bei Pyramid Lake in Nevada, geheimnisvoll und mit einem großartigen Blick, aber er erschien mir als ein schrecklich langer Tunnel, den ich von dort oben durchqueren müßte; schließlich war da eine majestätische Höhle aus meiner Kindheit, einer jener Touristenplätze; wurde sie ‹Ruby Cave› genannt? Sie war irgendwo im Süden, vielleicht Georgia oder Nord Carolina.

Ganz gleich, sie war voller Stalaktiten und Stalakmiten – eine WIRKLICHE Höhle. Ich bewegte mich fort in eine dunkle und enge Gegend und fand – nicht die Höhle meiner Kindheitsphantasien mit Tie-

ren und Drachen und Vieh aller Art, sondern eine ganz neue Höhle. Konzentrische Kreise aus Licht und Dunkelheit öffneten sich um mich her und schienen mich mit sich zu tragen. Es war eigentlich nicht das Gefühl, als ob ich mich durch den Tunnel bewegte, sondern als ob er sich neben mir bewegte. Zuerst waren die Ringe kreisrund, aber sie änderten ihre Gestalt und wurden senkrechte Ellipsen, immer konzentrisch und immer sich bewegend. Die wechselnden Muster von Dunkelheit und Licht erinnerten schwach an einen Glanz, der zwischen den Rillen eines Wellbleches gefangen war.

Ab und zu wurde ich ungeduldig, daß der Tunnel immer weiterging; dann erinnerte ich mich – obwohl es schön gewesen wäre, zu erfahren, was außerhalb des Tunnels sein würde –, daß es genug sei, den Tunnel zu erfahren. Die senkrechten Ellipsen verschoben sich und wurden durch horizontale ersetzt, die sich nach und nach entlang der horizontalen Achse öffneten und aufzubrechen begannen, wodurch sie eine graue und schwach erleuchtete Landschaft freigaben – einen See im Untergrund –, über den ich eine lange Zeit hinwegglitt und dabei genau beobachtete, wie die Wellen stiegen, sich kräuselten und sich unter mir hinwegbewegten.

Der Tunnel, der mich an diesen Ort brachte, war leicht abwärts geneigt mit etwa fünfzehn Grad; nun aber lenkte mich der verdunkelte Himmel über diesem See im Untergrund in einen anderen Tunnel, der eine direkte und abwärtsführende Biegung von neunzig Grad machte, und ich wurde wieder hindurchgetragen, von ihm. Seine Wände bestanden wieder aus den bereits vertrauten konzentrischen Kreisen von Licht und Schatten, fast mich durchpulsend; es war kein Gefühl des Fallens, sondern einer ganz bewußten *Bewegung.*

Ich war überrascht zu hören, daß ich zurückgerufen wurde, und ungern gab ich nach, um umzukehren, etwas enttäuscht, daß ich nicht an das Ende des Tunnels gelangt war, und gleichzeitig verwirrt durch die Erfahrung. Die Rückkehr ging schnell und leicht. Das Gefühl der Entdeckung und Ehrfurcht bleibt.

Die zweite Person benutzte ebenfalls eine Höhle als Eingang in die Erde und notierte, sie habe einen schlafähnlichen Bewußtseinszustand erfahren.

Ich wählte eine Höhle, die ich kannte. Ich bin dort vier- oder fünfmal gewesen. Sie liegt in einem bewaldeten Gebiet, und der Eingang ist etwas über einen Meter im Durchmesser. Man geht hinunter in einen großen

Raum mit mehreren Gängen. Die Höhle setzt sich nach unten in den Berg fort. Ich mußte über einige Spalten klettern, die ziemlich tief waren, und dann kam eine Stelle, wo ich mich buchstäblich hindurchschlängeln mußte – sehr schwierig, wenn man ganz allein ist.

Ich ging weiter hinunter, zur tiefsten Stelle der Höhle, die ich je erreicht habe. Ich war wirklich niemals weiter gekommen. Aber irgendwie ging ich weiter und kam zu einem anderen Eingang oder besser einem Ausgang, und ich kam heraus auf eine tropische Insel mit einem wunderschönen großen Strand, richtigen tropischen Vögeln und einer Menge tropischer Vegetation. Ein tropisches Paradies!

Dann kam ich zurück. Es war fast so, als ob ich geschlafen hätte; aber ich kenne mich zu gut, daß ich weiß, wenn ich schlafe; und ich habe nicht geschlafen.

Der nächste Fall ist ein weiteres Beispiel für die Benutzung einer Höhle als Eingang:

Es schien mir eine lange Zeit zu vergehen, bis ich anfing. Ich konzentrierte mich schließlich auf eine Höhle, die ich in Frankreich besucht hatte, wo Urmenschen gelebt hatten. Ich ging hinein, immer weiter und weiter. Sie schien überhaupt nicht kleiner als meine Körpergröße zu werden, so daß ich nicht zu kriechen brauchte. So ging ich einfach immer weiter. Schließlich verbreiterte sie sich zu einer großen Öffnung. Ich ging hinaus, und da war eine Klippe. Ich ging herum und kletterte auf den Hügel, so daß ich über der Öffnung saß. Ich genoß die Aussicht, die sehr tief und weit war. Dann kam ich zurück.

Menschen mit außergewöhnlicher schamanischer Kraft können schon bei ihrer ersten Erfahrung nicht nur *sehen,* sondern bei ihren Erfahrungen auch fühlen, hören und riechen. Im folgenden Beispiel spürte die Person die Wahrnehmung des Kletterns an Händen und Füßen, das Gefühl des Gleitens und die Kälte des Wassers zusätzlich zum bloßen Sehen.

Ich begann in einer kleinen Quelle, die sich auf dem Land befindet, wo ich jetzt wohne. Ich spürte, wie ich sehr klein wurde, als ich unter einem großen Felsen herging. Ich ging in einen winzig kleinen feuchten Kanal, und es ging eine ganze Zeit bergauf. Ich spürte, wie ich auf meinen Händen und Füßen kletterte. Es war darin sehr dunkel. Es wurde ganz dunkel, als ich die Öffnung nicht mehr sehen konnte. Dann begann ein sehr plötzlicher Abstieg, und ich wußte nicht, wohin es ging. Ich spürte, wie ich die nassen Felsen hinunterglitt und in einem sehr großen Raum ankam, wo sich eine Wasserlache befand. Das Wasser war sehr kalt.

Jenseits des Wassers war ein winziges Licht, und ich hatte das Gefühl, da hinten oder draußen müßte etwas sein; deshalb ging ich durch das Wasser, konnte teilweise waten oder mußte schwimmen. Ich erinnere mich, daß es sehr kalt war. Dann kam ein sehr steiler Aufstieg durch einen Kanal, ähnlich einer Höhle. Ich kam auf einer Wiese heraus, die sehr grün war und von einer riesigen Eiche beschattet wurde. Ich setzte mich unter die Eiche und stellte fest, daß ich Lederkleidung trug, wie Indianerhosen und ein Indianerhemd.

Ich fühlte mich sehr wohl unter jenem Baum, als es Zeit wurde, umzukehren. Ich war ärgerlich, daß ich umkehren sollte; doch da ich ein guter Schüler bin, folgte ich den Anweisungen und kam in das Gebiet, wo ich aus dem Teich herausklettern mußte. Da stellte ich fest, daß ich die Indianerhosen nicht mehr trug: ich hatte wieder meine blue jeans und meine Kletterstiefel an. Dann kam ich an der kleinen Quelle wieder heraus. Der Himmel war etwas grau, bezogen. Ich fühlte mich wie zu Hause, als ob ich wieder dort wäre, wohin ich gehörte.

Im folgenden Fall spürte der Reisende nicht nur einen ‹kühlen, feuchten Boden›, sondern hörte auch das Plätschern von Wasser und spürte den Wind, während er auf einem Hügel in der Unterwelt stand.

Ich hatte einige Schwierigkeiten, mich auf den Weg zu machen, weil ich zwei Bilder in meinem Kopf hatte, als Sie uns sagten, eine Öffnung zum Eintritt zu wählen. Ich versuchte zuerst die eine, die nur eine Art Höhle neben einem Hügel war, die ein Bagger ausgegraben hatte. Ich kletterte hinauf in die Höhle und kam nirgendwo hin – ich konnte sie nicht sichtbar für mich öffnen.

Deshalb ging ich an die andere Stelle, wo ein hohler Baumstumpf auf einem Stück Land steht, das einem meiner Freunde gehört – ich war dort vor etwa einem Monat gewesen. Ich kletterte also hinein und ging hinunter durch eine kleine Öffnung, die gerade groß genug für mich war. Ich kroch auf meinem Bauch durch. Es war kein unangenehmes Gefühl wie Matsche, sondern einfach kühler, feuchter Erdboden. Ich konnte irgendwo ein Plätschern hören. Auf diesem speziellen Land, von dem ich berichte, gibt es einen Bach, der quer hindurchfließt. Ich konnte so etwas wie Wasser rauschen hören, als ob ich mich unter dem Bach bewegte. Ich kroch ein langes Stück und kam dann auf einem Hügel heraus.

Ich fühlte mich wirklich gut, als ich von der Höhe des Berges in alle Richtungen schaute. Als ich so dastand, konnte ich spüren, wie der Wind von hinten herankam. Es war etwa so, als ob der Wind mich auffüllte mit einem wirklich angenehmen Gefühl.

Als Sie uns dann sagten, wir sollten zurückkommen, ging ich auf den Grund zurück und begann zurückzugehen. Ich wurde etwas ängstlich, als die Trommel schneller wurde, als ob mein Herz schneller schlagen würde; es war ein Gefühl, als ob ich nicht sicher wäre, ob ich rechtzeitig zurück sein würde. Tatsächlich versuchte ich zurückzukommen, aber es war eine kleine Öffnung. Als Sie schließlich die Trommel zum letzten Mal schlugen, hatte ich eine Art Lichtblitz.

Im folgenden Beispiel hatte die Person nicht nur die Erfahrung des Riechens, sondern fand auch unterirdisch einen neuen Ausgang, um dadurch zur Oberfläche zurückzukehren.

Ich begann in den Ozean hinauszuschwimmen. Dann geriet ich in einen ungeheuren Wirbel, an die hundert Meter breit oder mehr. Er drehte mich einfach hinunter und hinunter und hinunter und hinunter. Das dauerte die meiste Zeit der Reise. Ich dachte darüber nach, wie ich wohl sicher landen könnte? Ich brach schließlich durch und fiel auf dieses riesige Gänseblümchen. Es war so groß, daß es meinen Fall dämpfte. Es duftete ganz prächtig. Dann riefen Sie uns zurückzukommen, und ich fand eine Höhle, ein System von Höhlen, und ich huschte sozusagen dadurch nach oben.

Der folgende Fall zeigt, wie eine Person im schamanischen Bewußtheitszustand neue Fähigkeiten lernt, wie zum Beispiel, ‹durch die Erde zu schwimmen›. So kommt erfahrungsweise das schamanische Wissen zusammen, wie man Dinge tun kann, die in der normalen Wirklichkeit unmöglich wären.

Ich ging hinunter bis zum Grund eines Tunnels, und dann kam ich an Wasser auf dem Grund. Ich ging durch das Wasser weiter, aber ich mußte dort ein wenig herumtasten und versuchen, Spalten in dem Felsen zu finden; denn ich konnte mir wirklich nicht vorstellen, wie ich im Fel-

sen reisen sollte. Aber dann entdeckte ich, wenn ich meine Gliedmaßen ausstreckte und mich ein wenig flacher machte, konnte ich durch die Erde schwimmen.

Ähnlich lernt der Schamane im schamanischen Bewußtheitszustand, wie er sich in andere Formen aus Materie verwandeln kann, wie es im folgenden Fall geschah. Erkennen Sie auch, wie diese Person mitten in einer solch radikalen Verwandlung sich gleichzeitig der Existenz der normalen Wirklichkeit bewußt war. Das ist in der schamanischen Arbeit üblich: man bleibt mit einem kleinen Teil seines Bewußtseins im normalen Bewußtseinszustand, um die normale Wirklichkeit zu überwachen und dadurch eine Brücke für eine ziemlich schnelle vollständige Rückkehr in den normalen Bewußtseinszustand vorzusehen.

Ich ging durch eine Lichtung im Wald, an die ich mich aus der Zeit erinnere, als ich noch sehr jung war. Als ich hindurchging, war ich mir deutlich bewußt, wie klein ich war, wie alles so viel größer als ich war. Es war so, als ob ich in einem Tunnel sei. Ich nahm sehr wohl Geräusche wahr, den Geruch des Waldes und meine Größe.

Auf einmal kam ich in eine Höhle, aber sie war nicht sehr tief. Ganz plötzlich löste ich mich da auf. Ich wurde Wasser, um in die Spalten zu kommen, einfach durch Hinlegen. Ich nahm auch sehr genau wahr, was hier im Raum vor sich ging, wo ich Sie die Trommel schlagen hörte. So war ich also gleichzeitig in zwei Wirklichkeiten. Dann kam ich auf demselben Weg zurück.

Gelegentlich verliert man beim Durchqueren des Tunnels das Gefühl für die Richtung oder wird ‹hineingeboxt›. Das passiert sogar manchmal erfahrenen Jívaro Schamanen. Wenn Sie den Weg heraus nicht finden können, entspannen Sie sich und warten eine Weile. Sie werden ohne Anstrengung zurückkommen, wenn auch etwas langsam, wie im folgenden Fall berichtet wird.

Einst sah ich diese Erdhörnchen, als ich zeltete; ihre Löcher waren überall. Dort war es, wo ich hinabging: durch eines ihrer Löcher. Zuerst ging ich durch diese schmalen kleinen Tunnels. Dann kam ich plötzlich zu einem Punkt, wo der Tunnel geradeswegs hinunterging, und ich reiste wirklich schnell genau abwärts. Ich konnte das Ende nicht sehen, und es ging so eine ganze Zeit weiter. Es war alles schwarz. Ich verlor für einige Zeit darin ein wenig die Richtung. Ich kehrte nicht so schnell nach oben zurück, wie ich hinuntergegangen war, aber ich kam schließlich hoch, obwohl ich nicht denselben Weg zurückkam.

Auch ein erfahrener Schamane kann manchmal bei seinem Abstieg einen Widerstand nicht durchdringen. Dann bleibt nichts anderes zu tun als zurückzukehren, wie es die folgende Person tat:

Ich ging hinunter durch eine heiße Quelle inmitten eines Flusses. Sie entspringt sozusagen am Grund. Ich ging hinunter und gewahrte, wie es dort aussah: keine Farben und nichts. Dann endete ich an einer Fläche aus Lavagestein oder Magma. Ich wußte nicht, wie ich hindurchkommen sollte, um weiterzureisen. Ich war einfach festgelaufen und wußte nicht, was ich tun sollte. Dann hörte ich Sie die Trommel schlagen, daß wir nach oben zurückkommen sollten, und ich kehrte um.

Schon auf der ersten Reise kann eine Person mit ungewöhnlicher schamanischer Kraft tierische, pflanzliche oder sogar menschliche Formen treffen, wie im folgenden Fall geschehen. Die besonderen Fähigkeiten dieser Person werden noch durch die Tatsache bestätigt, daß sie bei ihrer ersten Erfahrung fliegen konnte. Erkennen Sie auch, wie es bereits von den Eskimo Schamanen weiter oben berichtet wurde, wie sie kämpfen mußten, um in die Tiefe der Erde zu gelangen. Auch für diejenigen mit beträchtlicher Kraft ist die schamanische Arbeit manchmal schwierig.

Ich ging in einige große Höhlen hinein, die ich kenne. Ich erinnerte mich, daß es dort ein Gebiet gab, das noch nicht erforscht wurde; also ging ich dort hinein. Dort war es lange Zeit sehr eng, und ich mußte wirklich drängen und zwängen, um durchzukommen. Dann öffnete es sich plötzlich zu einem wirklich weiten Land. Es ging über eine sehr weite Strecke, und ich reiste, reiste, reiste. Ich erkannte, daß ich einen weiten Weg zu gehen hatte; deshalb begann ich plötzlich zu fliegen.

Ich bewegte mich einfach sehr schnell und flog den ganzen Weg lang. Als ich so in die Mitte kam, waren dort all diese Naturgeister, sehr ätherische Körper überall. Zuerst standen sie nur herum; dann aber fingen sie alle an, zum Schlag der Trommel zu tanzen. Sie taten alle dasselbe zur gleichen Zeit, und ich sah ganz verschiedene Wesen. Da war ein Frosch, der so große Augen hatte und wirklich merkwürdig aussah, und ein Baum, der sehr hoch war. Sie alle bewegten sich zum Trommelschlag. Dann kehrte ich einfach zurück, als Sie sagten, wir sollten umkehren.

Tiere wurden auch im nächsten Fall vorgefunden. Dieser Person begegnet ein ‹Flugsaurier-Vogel›, und mit dem zugehörigen schamanischen Vertrauen spürt sie, daß sie davor nicht zu erschrecken braucht:

Ich ging durch den Schacht eines alten verlassenen Bergwerks hinunter, und als ich hineinkam, wurde es dunkel. Irgendwie konnte ich die Reise nicht richtig beginnen. Dann erschien eine Plattform mit Rädern, und sie brachte mich hinunter durch diesen Schacht. Sehr bald wurde der Schacht immer heller und sehr gelb. Es gab einzelne kleine Kammern. Jede einzelne Kammer hatte ein Tier, irgendeine Art prähistorischer Tiere. Jedes von ihnen tat etwas; ich weiß nicht, was sie taten, aber sie bewegten sich in unglaublicher Aufregung.

Dann wurde die Plattform langsamer. Der Schacht war noch immer gelb. Als ich mich umwandte, um nach den Tieren zu sehen, kam etwas aus der Wand heraus wie ein rot-schwarzer Flugsaurier-Vogel. Er hatte eine Haube und schlug mit den Flügeln nach mir. Ich hatte keine Angst; er schien spielen zu wollen und sonst nichts. Dann riefen Sie uns zurück. Als Sie uns zurückriefen, benahm er sich so, als hätte er gern, wenn ich dort bliebe. Die Plattform bewegte sich zurück zur Öffnung, und ich kam zurück.

In unserem letzten Beispiel von einer ersten Reise spürte der Betreffende, daß er eine nützliche oder wohltätige Wesenheit mitgebracht hatte. Das ist eine klassische Art schamanischer Arbeit, in die er bei seiner ersten Erfahrung im schamanischen Bewußtseinszustand unfreiwillig sozusagen hineingestolpert war. Ich fragte ihn, ob er schon gewußt habe, was ich in meinen Workshops tat, weil das seine Erfahrung hätte erklären können. Er aber antwortete: «Nein, ich habe wohl versucht, etwas über den Workshop herauszufinden, aber ich konnte es nicht.» Vermutlich hat dieser Mensch beträchtliche schamanische Kraft.

Ich fing in einer Quelle an. Ich sprang in die Quelle und folgte dem Wasser durch den Tunnel. Ich kam an einer Stelle heraus, wo eine andere Quelle an einer Lichtung neben einem Berg herausfloß. Ich blickte nach Nordwest – aus irgendeinem Grunde wußte ich, daß es Nordwest war. Ich setzte mich nieder und hatte die Quelle links und den Wald rechts von mir. Ich fühlte mich vollkommen. Keine andere Stelle in diesem Gebiet fühlte sich richtig an, aber jene Stelle war vollkommen.

Dann kam ich zurück. Ich sprang einfach in die Quelle und schwamm zurück zu der Öffnung, wo ich begann. Das Merkwürdige dabei war, als ich zurückkam und herausgekommen war, daß ich den deutlichen Eindruck hatte, es sei etwas mit mir zurückgekommen. Dieses Etwas war genau hinter mir. Es war nützlich oder wohlwollend; es war nicht böse.

Kapitel III

Schamanismus und Bewußtseinszustände

Schamanismus stellt das am weitesten verbreitete, sehr alte methodologische System von Geist-Körper-Heilung dar, welches die Menschheit kennt. Archäologische und ethnologische Funde lassen erkennen, daß schamanische Methoden mindestens zwanzig- oder dreißigtausend Jahre alt sind. Möglicherweise sind diese Methoden auch viel älter; denn schließlich sind Primaten, die man auch Menschen nennen kann, auf unserem Planeten schon mehr als zwei oder drei Millionen Jahre.

Heute überlebt schamanisches Wissen vor allem bei Völkern, die bis vor kurzem primitive Kulturen hatten. Das Wissen, das sie bewahren, wurde durch Hunderte menschlicher Generationen erworben, in Situationen auf Leben und Tod. Die Vorfahren dieser Völker lernten gewissenhaft und benutzten dieses Wissen in ihren Bemühungen, Gesundheit und Kraft zu bewahren, schweren Krankheiten gewachsen zu sein und mit der Drohung und dem Trauma des Todes fertigzuwerden. Diese Hüter der alten Methoden sind für uns sehr wichtig; denn fast keine ihrer Kulturen hinterließ schriftliche Unterlagen. Deshalb können wir nur von den verbliebenen lebenden Vertretern die schamanischen Prinzipien lernen.

Etwas sehr Merkwürdiges in schamanischen Berichten und Methoden besteht darin, daß sie in weit voneinander entfernten und abgetrennten Teilen unseres Planeten sehr ähnlich sind, wozu solche Regionen gehören wie das eingeborene Australien, das eingeborene Nord- und Südamerika, Sibirien und Zentralasien, das östliche und nordöstliche Europa und Südafrika.

Auch in der historischen Literatur aus dem klassischen Mittelmeerraum oder aus dem mittelalterlichen Westeuropa bis in die Zeit der Renaissance findet man Beweise, daß dasselbe schamanische Grundwissen einst dort existierte, bis es weitgehend durch die Inquisition ausgelöscht wurde.

Die über den größten Teil der Erde verbreitete Übereinstimmung schamanischer Methoden und Glaubensauffassungen wurde von Mircea Eliade ausführlich in seinem klassischen Werk dokumentiert: *Schamanismus und archaische Ekstasetechnik*. Gerade wegen der inneren Übereinstimmung dieses alten Kraft- und Heilsystems können Eliade und andere vertrauensvoll von dem Vorkommen des Schamanismus unter lange voneinander isolierten Völkern sprechen.[42] So sagt beispielsweise ein Anthropologe: «Wo immer man heute Schamanismus antrifft, ob in Asien, Australien, Afrika oder Nord- und Südamerika, arbeitet der Schamane grundsätzlich auf dieselbe Weise und mit den gleichen Techniken – als Hüter des psychischen und ökologischen Gleichgewichts seiner Gruppe und deren Mitglieder, als Mittler zwischen den sichtbaren und den unsichtbaren Welten, als Herr über die Geister, als übernatürlicher Heiler usw.» Der Schamane kann «den Zustand als Mensch überschreiten und frei in die verschiedenen kosmischen Ebenen ein- und austreten . . .»[43]

Die auffallende weltweite Übereinstimmung im schamanischen Grundwissen wurde auch von vielen anderen Anthropologen festgestellt. So schreibt Wilbert über die Art des Schamanismus bei den Warao Indianern in Venezuela und sagt: «Es leuchtet sofort jedem ein, der mit der Literatur über Schamanismus vertraut ist, daß die Warao Erfahrung Vieles enthält, was nahezu universell ist . . .» Er stellt eine lange Liste der Praktiken und Glaubensvorstellungen auf, welche die Warao Schamanen mit denjenigen anderswo in Australien, Indonesien, Japan, China, Sibirien und im eingeborenen Nordamerika, Mexiko und Südamerika haben. Daraus schließt Wilbert ferner, daß es eine «bemerkenswerte Übereinstimmung . . . nicht nur im allgemeinen Inhalt, sondern auch im besonderen Detail» zwischen den schamanischen Reisen der venezolanischen Warao und den Wiradjeri Australiens gibt, einen Ozean und Kontinent entfernt.[44]

Die schamanische Einstellung zu Lebenskraft und Heilung wurde in einer grundlegend ähnlichen Form in primitiven Kulturen gefunden, die sonst tiefgreifende unterschiedliche Anpassung an gegensätzliche Umwelt und eindeutig verschiedene Probleme des materiellen Überlebens aufwiesen. Durch prähistorische Wanderungen und Absonderung waren viele solcher Gruppen von anderen Teilen der menschlichen Familie zehn- oder zwanzigtausend Jahre getrennt. Und trotz all dieser Jahre schien das schamanische Grundwissen sich nicht wesentlich geändert zu haben.

Wie war das möglich? Sicherlich nicht mangels Einbildungskraft auf seiten der Naturvölker; denn es gibt große Unterschiede und Abweichungen in ihren sozialen Strukturen, Kunst, Wirtschaft und vielen anderen Aspekten ihrer Kulturen. Warum also blieb das schamanische Grundwissen so übereinstimmend in verschiedenen Teilen der primitiven Welt?

Ich schlage vor, die Antwort lautet einfach: weil Schamanismus funktioniert. Über viele Tausende von Jahren, durch Erprobung und Irrungen, kamen die Menschen in ökologischen und kulturellen Situationen, die oft grundverschieden waren, dennoch zu denselben Schlüssen hinsichtlich der grundlegenden Prinzipien und Methoden schamanischer Kraft und Heilung.

Schamanismus blühte in antiken Kulturen, denen die technologischen Neuerungen der modernen Medizin fehlten. Nach meiner Meinung zwang die niedrige technologische Ebene jener Kulturen ihre Menschen, die Fähigkeit des menschlichen Geistes im höchstmöglichen Grad zu entwickeln, damit sie den ernsten Problemen von Gesundheit und Tod gewachsen waren. Einige der fesselndsten Methoden, welche die Menschen hinsichtlich Gesundheit und Heilungsmöglichkeiten des Geistes hatten, sind diejenigen der Schamanen in diesen technologisch tiefstehenden Kulturen.

Um seine Aufgabe durchzuführen, verläßt sich der Schamane auf besondere, persönliche Kraft, die im allgemeinen von seinen Schutz- und Hilfsgeistern geliefert wird. Jeder Schamane hat meist wenigstens einen Schutzgeist in seinem Dienst, ganz gleich ob er auch Hilfsgeister besitzt oder nicht. In ihrer klassischen Arbeit über die Vorstellung des Schutzgeistes bei den Eingeborenen Nordamerikas bemerkt Ruth F. Benedict, Schamanismus «ist praktisch überall auf irgendeine Weise oder in irgendeiner Hinsicht um die Vision vom Schutzgeist-Komplex aufgebaut . . .»[45]

Außerhalb von Nordamerika ist der Schutzgeist ähnlich wichtig, wird aber in der anthropologischen Literatur oftmals anders genannt, so ‹Hauptgeist› in Werken über den sibirischen Schamanismus und ‹Nagual› in Mexiko und Guatemala.[46] In der australischen Literatur kann er als ‹Hilfstotem› und in der europäischen Literatur als Sippengeist angesprochen werden. Manchmal wird der Schutzgeist auch einfach der ‹Freund› oder ‹Begleiter› genannt. Wie auch immer er genannt wird, er ist die fundamentale Quelle der Kraft bei den Funktionen des Schamanen.

Die am besten bekannte Art, einen Schutzgeist zu erlangen, ist bei einer Geistsuche in einem entfernten Ort in der Wildnis. Der Ort kann eine Höhle, eine Bergspitze, ein großer Wasserfall oder ein einsamer Pfad bei Nacht sein, wie bei den Jívaro. Es gibt aber auch unfreiwillige wie auch besondere schamanische Wege, um zu einem Schutzgeist zu kommen.

Ohne einen Schutzgeist ist es praktisch unmöglich, ein Schamane zu sein; denn der Schamane muß diese starke Basiskraftquelle haben, um mit den nichtnormalen oder spirituellen Kräften fertigzuwerden und sie zu meistern, deren Existenz und Aktionen den Menschen normalerweise verborgen sind. Der Schutzgeist ist oft eine animalische Kraft, ein spirituelles Wesen, das den Schamanen nicht nur schützt und ihm dient, sondern für ihn eine andere Identität oder *alter ego* wird.[47]

Die Tatsache allein, daß jemand einen Schutzgeist hat, macht ihn noch nicht zu einem Schamanen. Wie die Jívaro betonen, hat wahrscheinlich jeder, ob er es als Erwachsener noch weiß oder nicht, in seiner Kindheit die Hilfe eines Schutzgeistes oder hat sie gehabt; sonst hätte er nicht die beschützende Kraft, die notwendig ist, um ein Erwachsener zu werden. Der Hauptunterschied zwischen einem gewöhnlichen Menschen und einem Schamanen im Hinblick auf ihre Schutzgeister besteht darin, daß der Schamane seine Schutzgeister aktiv einsetzt, wenn er sich im veränderten Bewußtseinszustand befindet. Der Schamane sieht seinen Schutzgeist häufig und fragt ihn um Rat, geht mit ihm auf die schamanische Reise, läßt sich von ihm helfen und benutzt ihn auch, um anderen zu helfen, von Krankheit und Verletzungen zu genesen.

Zusätzlich zu seinem Schutzgeist hat ein mächtiger Schamane normalerweise noch eine Anzahl Hilfsgeister. Sie sind einzeln von geringerer Kraft als der Schutzgeist, aber es können Hunderte von ihnen einem bestimmten Schamanen zur Verfügung stehen und ihm gemeinsam große Kraft verleihen. Diese Hilfsgeister haben besondere Funktionen für bestimmte Zwecke. Ein Schamane braucht gewöhnlich Jahre, um eine große Gruppe von ihnen zusammenzustellen.

Es scheint keinen augenfälligen Unterschied zwischen den Geschlechtern hinsichtlich schamanischer Fähigkeit und Kraftfülle zu geben. In vielen Gemeinschaften, wie beispielsweise auch bei den Jívaro, beschäftigen sich die meisten Schamanen mit wirtschaftlichen und sozialen Problemen, die wenig mit der Praxis des eigentlichen Schamanismus zu tun haben. Wenn aber Jívaro Frauen die Kindererziehung beendet haben und ins mittlere Alter gekommen sind, werden sie manchmal Schamanen, und zwar sehr mächtige. Im mittelalterlichen und Renaissance Europa wurden Witwen und ältere Frauen gleichfalls oft Heilschamanen; manchmal lebten sie auch davon. Natürlich bezeichnete die Inquisition sie als «Hexen», wie christliche Missionare im allgemeinen noch heute die Schamanen der Naturvölker nennen.

Schamanen sind hauptsächlich Heiler, aber sie beschäftigen sich auch mit Wahrsagen, indem sie für andere Mitglieder ihrer Gemeinschaft in die Gegenwart, die Vergangenheit und die Zukunft sehen. Ein Schamane ist ein Seher. Dieses Wort beschreibt seine spezifische Aktivität, ein Überbleibsel aus unserem fast verschwundenen europäischen Erbe. Ein Schamane kann auch derart hellsichtig sein, daß er sieht, was anderswo zur selben Zeit geschieht.

Der Schamane bewegt sich zwischen unterschiedlichen Wirklichkeiten; er ist ein magischer Athlet der Bewußtseinszustände, begabt mit mythischen Eigenschaften. Der Schamane ist ein Mittler zwischen alltäglicher Wirklichkeit und nichtalltäglicher Wirklichkeit, wie es Castaneda[1] dramatisch beschrieben hat. Der Schamane ist auch ein ‹Kraft-Verteiler› in dem Sinne, daß er geistige Kraft lenkt, um Menschen zu helfen, sich in ein gesundes Gleichgewicht zu bringen.

Ein Schamane kann auch gerufen werden, um einem Menschen zu helfen, der ‹ent-geistigt› ist, das heißt, der seinen persönlichen Schutzgeist oder gar seine Seele verloren hat. In solchen Fällen unternimmt der Schamane eine Heilungsreise in die nichtalltägliche Wirklichkeit, um den verlorenen Geist oder die verlorene Seele wiederzufinden und sie dem Patienten zurückzugeben. Oder der Patient eines Schamanen kann an einer örtlichen Schmerzstelle oder Krankheit leiden. In einem solchen Fall besteht die Aufgabe des Schamanen darin, die schädliche Kraft herauszuziehen, um dem Patienten zu helfen, seine Gesundheit wiederzuerlangen. Die beiden Grundarten der schamanischen Heilung sind also: Wiederherstellung wohltuender und Entfernung schädlicher Kräfte.

Schamanen müssen bei diesen Heilungsaufgaben zwischen den Wirklichkeiten hin- und herreisen können. Um das zu vollbringen, nehmen Schamanen in einigen Kulturen bewußtseinsverändernde Substanzen ein, aber in vielen anderen tun sie es nicht.[48] Tatsächlich können einige psychoaktive Stoffe auf die Konzentration einwirken, welche die schamanische Arbeit verlangt.

Eines der erstaunlichen Dinge über Schamanismus ist die Tatsache, daß im Falle der Verwendung einer Droge diese eher vom Arzt oder Heiler als vom Patienten eingenommen wird, obgleich es Ausnahmen gibt, daß beide sie nehmen. Dieser Gegensatz zur modernen westlichen Medizin wird leicht verständlich, wenn man bedenkt, daß der Schamane seine Genesungsarbeit in einem veränderten Bewußtseinszustand ausführen muß. Dahinter steht die Vorstellung, daß Zugang zu einer verborgenen Wirklichkeit gefunden werden muß. Ein solches Werk liegt aber im Verantwortungsbereich des Schamanen, nicht des Patienten.

Ihrem Wesen nach ist die schamanische Einweihung Erfahrungssache und geht oft stufenweise vor sich, um zu lernen, wie man erfolgreich den schamanischen Bewußtseinszustand erreicht und in diesem Zustand sehen und reisen kann. Ferner muß man persönliche Gewißheit und Wissen über seinen eigenen Schutzgeist erwerben, dessen Unterstützung gewinnen, solange man im schamanischen Bewußtseinszustand ist, und lernen, wie man als Schamane anderen erfolgreich hilft. Eine charakteristische Phase im fortgeschrittenen Schamanismus besteht darin, auch persönliche Gewißheit und Wissen über seine eigenen Hilfsgeister zu erlangen. Es gibt noch fortgeschrittenere Phasen wie auch bestimmte andere bedeutende Arten schamanischer Erfahrungen, die in diesem Buch nicht besprochen werden. Wenn es Ihnen jedoch gelingt, die ersten drei Phasen, die hier genannt wurden, erfolgreich zu absolvieren, können Sie sich wahrscheinlich einen Schamanen nennen. Doch ist in Wirklichkeit schamanische Einweihung ein niemals endender Prozeß des Kämpfens und der Freude, und die endgültigen Urteile über Ihren Status als Schamane werden von denjenigen gefällt, denen Sie zu helfen versuchen.

Nachdem ein neuer Schamane die Grundprinzipien, Methoden und die Kosmologie des Schamanismus erlernt hat, baut er persönliches Wissen und Kraft durch schamanische Praxis und Reisen aus. In dem Maße, wie dieses Wissen erworben wird, entwickelt sich der Schamane zum Führer für andere Menschen. Zum Beispiel könnte ein Mensch aus seiner Umgebung einen Traum oder eine Vision haben und den Schamanen wegen deren Bedeutung fragen. Der Meisterschamane kann dann sagen: «O ja, was du erfahren hast, paßt genau dahin . . .» aufgrund dessen, was er bis dahin schon erfahren hat. Der Schamane versucht ständig, seine ihm persönlich offenbarten Erfahrungen so zu deuten, als ob sie Teile eines großen kosmischen Puzzles seien. Viele Jahre schamanischer Erfahrung sind meistens notwendig, um zu einem hohen Wissensstand über das kosmische Gefüge zu gelangen, und auch ein Meisterschamane erwartet nicht, daß er dieses Puzzle in einem einzigen sterblichen Leben vervollständigen könne.

Ein wahrer Meisterschamane stellt die Gültigkeit der Erfahrungen anderer nicht in Frage, wenn das auch weniger tüchtige und weniger demütige Schamanen tun. Der Meisterschamane wird versuchen, sogar die ungewöhnlichsten Erfahrungen in seine Gesamtkosmologie aufzunehmen – eine in der Hauptsache auf seinen eigenen Reisen aufgebaute Kosmologie. Wenn ihm das leicht gelingt, ist er wahrscheinlich ein Meister – wie der indianische Conibo-Schamane, der zu mir sagte: «Oh, das sagen sie immer.»

Der Meisterschamane sagt niemals zu Ihnen, daß etwas, was Sie erfuhren, nur Phantasie sei. Da liegt einer der Unterschiede zwischen Schamanismus und Wissenschaft. Dennoch *gibt es* Übereinstimmungen zwischen dem Schamanen und dem Wissenschaftler. Die besten von beiden stehen ehrfürchtig vor der Vielfältigkeit und Großartigkeit des Universums und der Natur und sehen ein, daß sie während ihres eigenen Lebens nur einen kleinen Teil dessen beobachten und verstehen können, was vor sich geht.

Sowohl Schamanen als auch Wissenschaftler verfolgen persönlich die Erforschung der Geheimnisse des Universums, und beide sind überzeugt, daß die zugrundeliegenden ursächlichen Prozesse in diesem Universum dem normalen Blick verborgen sind. Und weder Meisterschamanen noch Meisterwissenschaftler lassen zu, daß sich das Dogma kirchlicher und politischer Autoritäten in ihre Forschungen einmischt. Es war kein Zufall, daß Galilei der Zauberei (Schamanismus) angeklagt wurde.

Der Schamane ist ein Empirist. Die Definition von ‹Empirismus› aus dem Großen Duden lautet: Philosophische Lehre, die als einzige Erkenntisquelle die Sinneserfahrung, die Beobachtung, das Experiment gelten läßt. (Duden Bd. 5, Fremdwörterbuch) Und tatsächlich verläßt sich der Schamane hauptsächlich auf Erfahrung aus erster Hand, auf die Sinne, um Wissen zu erlangen. Doch der Meisterschamane ist demütig. Schließlich weiß niemand von uns wirklich, was vor sich geht. Jeder ist beschränkt auf sein eigenes kleines Fenster ins Universum. So drückt es eine Mohave Frau mit Namen Hama: Utce: aus:

> *Jeder Schamane erzählt eine andere Geschichte von der Schöpfung. Man kann sie ganz unterschiedlich hören. Alle Erzählungen beziehen*

sich auf dasselbe Ereignis, aber die Art, es zu erzählen, ist unterschiedlich, als ob verschiedene Zeugen davon berichten, die unterschiedliche Einzelheiten behalten oder vergessen haben. Es ist gleichsam so, als ob ein Indianer, ein Neger und ein Franzose sie erzählen oder als ob ich, mein Mann Hivsu: Tupo: ma (Brandnarbe) oder du einen Autounfall beschreiben würden, den wir gesehen haben.[49]

Schamanen sind Menschen der Tat wie auch des Wissens. Sie dienen ihrer Gemeinschaft, indem sie in der verborgenen Wirklichkeit ein- und ausgehen, sobald sie um Hilfe gebeten werden. Aber nur einige wenige Schamanen werden wahre Meister des Wissens, der Kraft und der Heilung. Ganz typisch gibt es auch viel kritische Beurteilung durch die Menschen innerhalb der Gemeinschaften, wie tüchtig bestimmte Schamanen sind oder wieviel Erfolg sie bei der Heilung von Menschen haben. Das ‹Erfolgs-Register› der Schamanen ist weit bekannt, und jeder einzelne entscheidet, welchen Schamanen er aufsucht, wenn es um Leben oder Tod geht. Obgleich also viele Menschen Schamanen werden können, sind immer nur wenige als ausgezeichnet anerkannt.

Der schamanische Bewußtseinszustand

Der Schamane arbeitet in der nichtalltäglichen Wirklichkeit nur einen kleinen Teil seiner Zeit, und das auch nur, wenn es erforderlich ist, um schamanische Aufgaben zu erfüllen; denn Schamanismus ist eine Teilzeit-Beschäftigung. Bei den Jívaro, den Conibo, den Eskimo und den meisten anderen eingeborenen Gruppen ist der Meisterschamane im allgemeinen ein aktiver Teilnehmer bei den wirtschaftlichen, sozialen und sogar politischen Angelegenheiten seiner Gemeinschaft. Er ist meistens ein vollendeter Jäger oder Gärtner, Handwerker und Künstler, Denker und verantwortungsbewußtes Familien- und Sippenmitglied. Tatsächlich wird die Fähigkeit des Meisterschamanen, erfolgreich auf zwei verschiedenen Ebenen der Wirklichkeit zu operieren, als Beweis von Kraft angesehen.

Er folgt den Regeln des Schamanismus, wenn er in dieser Art Aktivität eingespannt ist, und folgt den Regeln der alltäglichen Wirklichkeit, wenn er nicht mit schamanischen Aufgaben betraut ist. Der Schamane bewegt sich zwischen den beiden Wirklichkeiten aus freien Stücken und mit ernster Absicht hin und her. Ganz gleich welches die

Wirklichkeit ist, der Schamane denkt und handelt auf die entsprechende Art und Weise und hat als sein Ziel die Meisterung sowohl seiner nichtalltäglichen als auch seiner alltäglichen Aktivitäten. Nur wer seinen Einsatz in beiden Gebieten erfolgreich meistert, ist ein Meisterschamane.

Beide Wirklichkeiten der Person des Schamanen, die nichtalltägliche und die alltägliche, haben ihren dazugehörigen Bewußtseinszustand. Jede Wirklichkeit kann nur dann erfolgreich erfüllt werden, wenn man auch in dem entsprechenden Bewußtseinszustand ist. Wenn man also eine belebte Geschäftsstraße überquert, ist der entsprechende Bewußtseinszustand anders, als wenn man damit beschäftigt ist, die schamanische Unterwelt zu betreten. Ein Meisterschamane kennt vollkommen das entsprechende Bewußtsein für jede Situation, in die er sich gestellt sieht, und geht in den betreffenden Bewußtseinszustand wie erforderlich.

Eine Wahrnehmung von zwei Wirklichkeiten ist für den Schamanismus typisch, obwohl westliche theoretische Philosophen lange die Möglichkeit geleugnet haben, daß es solch eine Zweiteilung zwischen der normalen und einer verborgenen Welt bei den Naturvölkern gibt – offensichtlich in der Annahme, daß Primitive zwischen den beiden nicht unterscheiden könnten. Wie ich früher schon erklärt habe, machen die Jívaro solch eine Trennung nicht nur bewußt, sondern schreiben der nichtnormalen oder verborgenen viel größere Bedeutung zu.[50] Ich stimme mit Ake Hultkrantz überein, wenn er sagt:

> *... Wenn solche (primitiven) Völker diese Zweiteiligkeit nicht bewußt erleben – was manchmal der Fall ist –, so rufen sie tatsächlich unbewußt ihre Wahrnehmungen entsprechend diesem Modell auf. Ein Beweis dafür ist die schamanistische Trance. Die Welt der Ekstase ist die Welt der übernatürlichen Kräfte und Wirkungen, deshalb taucht der Schamane darin ein. Er existiert in zwei Welten: Außerhalb der Trance lebt er das tägliche Leben seiner Stammesbrüder, innerhalb der Trance ist er Teil und Teilnehmer der übernatürlichen Welt, wobei er mit den Geistern einige ihrer Fähigkeiten teilt: die Technik des Fliegens, sich zu verwandeln, eins zu werden mit seinen Hilfsgeistern und so weiter.*[51]

Den Nachdruck, den ich hier darauf lege, eine Unterscheidung zwischen den Erfahrungen zu machen, die man im schamanischen bzw. im normalen Bewußtseinszustand hat oder die Castaneda zwischen der nichtalltäglichen und der alltäglichen Wirklichkeit macht, ist nicht eine Unterscheidung, die in den Unterhaltungen von Schamanen untereinander oder auch mit Abendländern sofort feststellbar ist. Wenn Sie also einen Jívaro Schamanen sprechen hören, können Sie in seiner gewöhnlichen Unterhaltung Berichte über Erfahrungen und Taten hören, die Ihnen als einem Abendländer gänzlich absurd oder unmöglich erscheinen. Zum Beispiel könnte er Ihnen berichten, daß er einen großen Baum in der Ferne durch seine schamanische Kraft gespalten oder einen umgekehrten Regenbogen in der Brust seines Nachbarn gesehen habe. Im gleichen Atemzug kann er Ihnen erzählen, daß er ein neues Blasrohr macht oder gestern frühmorgens auf der Jagd war.

Das Problem besteht nicht darin, wie einige westliche Philosophen meinen, daß Naturvölker wie die Jívaro einen primitiven ‹prälogischen› Geist haben. Das Problem ist, daß der Abendländer einfach befangen ist, vom schamanischen Standpunkt aus betrachtet. Seinen Stammesgenossen braucht der Jívaro nicht zu erklären, in welchem Bewußtseinszustand er bei einer bestimmten Erfahrung war. Sie wissen es sofort, weil sie schon gelernt haben, welche Erfahrungsformen im schamanischen und welche im normalen Bewußtseinszustand vorkommen. Nur der westliche Außenstehende hat dieses Wissen nicht.

Die Jívaro Sophistikation ist absolut nicht einmalig; sie gilt wahrscheinlich in allen schamanischen Kulturen. Leider haben westliche Beobachter, denen umfassende Erfahrung mit veränderten Bewußtseinszuständen fehlt, nur zu oft vergessen, sich nach dem kognitiven Zustand ihrer eingeborenen Informanten zu erkundigen, wenn diese ‹unmögliche› Erfahrungen hatten – wie der australische Anthropologe W. E. H. Stanner richtig feststellt:

> *Es ist traurig, daß Europäer, denen solche Dinge zum ersten Mal begegnen, einfach annehmen, ‹Mystizismus› dieser Art beherrsche* alles *eingeborene Denken. Dem ist nicht so. ‹Logisches› Denken und ‹rationales› Verhalten sind im Leben der Eingeborenen fast ebenso verbreitet wie auf den einfacheren Ebenen des europäischen Lebens . . . Und wenn man eine wirklich glänzende Vorführung deduktiven Denkens sehen will, braucht man nur zu verfolgen, wie ein Eingeborener einem verwundeten Känguruh nachspürt, und ihn zum Erzählen zu bewegen, warum er vorgefundene Zeichen auf eine bestimmte Weise deutet.*[52]

Mit anderen Worten: die Grenzen liegen nicht bei den Naturvölkern, sondern bei unserem Unverständnis für die zwei-schichtige Natur ihrer Erfahrungen und die Aufmerksamkeit, die sie ihnen zollen. Da unsere westliche Kultur nicht schamanistisch ist, muß beim Lehren des Schamanismus die Unterscheidung zwischen schamanischem und normalem Bewußtseinszustand klargemacht werden, oder wie Castaneda es sagt: zwischen alltäglicher und nichtalltäglicher Wirklichkeit. Wenn und falls Sie ein Schamane werden und falls andere Schamanen da sind, mit denen Sie sich unterhalten, werden Sie es wie ein Jívaro oder ein australischer Eingeborener nicht mehr für erforderlich halten, den Bewußtseinszustand anzugeben, worin Sie sich befanden, als Sie eine bestimmte Erfahrung machten. Ihre Zuhörer – falls Sie sich aus wissenden Menschen zusammensetzen – werden es wissen.

Die Komponente des veränderten Bewußtseinszustandes eines Schamanen schließt verschiedene Grade der Trance ein, von im wesentlichen leichter (wie bei vielen nordamerikanischen Indianer-Schamanen) bis zu sehr tiefer (wie bei den Lappen, wo ein Schamane zeitweise als schlafwandlerisch erscheinen kann). Die ganze Erfahrungsbreite wird auch von sibirischen Schamanen berichtet. Wie Hultkrantz aussagt, «sind derartige Behauptungen, daß die schamanische Trance unverändert von derselben Tiefe sei, irreführend».[53] Ähnlich urteilt Eliade: «Bei den Ugriern ist die schamanische Ekstase weniger eine Trance als ein ‹Zustand der Inspiration›. Der Schamane sieht und hört die Geister; er ist ‹außer sich›, da er in der Ekstase in ferne Gegenden reist, aber er ist nicht bewußtlos. Er ist ein Visionär, ein Inspirierter. Doch ist das Grunderlebnis immerhin ein ekstatisches, und das Hauptmittel zu seiner Einleitung bleibt, wie in vielen anderen Gegenden, die magisch-religiöse Musik.»[54]

Sicher aber *ist,* daß ein *gewisser* Grad der Änderung des Bewußtseins notwendig für schamanische Praxis ist. Außenstehende westliche Beobachter haben oftmals nicht erkannt, daß ein Schamane in einer leichten Trance war, und zwar gerade deshalb, weil sie externe Beobachter waren, denen persönliche schamanische Erfahrung fehlte. Hierzu notiert Hultkrantz ganz richtig:

Es kann vorkommen, daß ein Schamane bei klarem Verstand zu handeln scheint, obwohl sein Geist in Wirklichkeit mit inneren Visionen beschäftigt ist. Ich war selbst Zeuge, wie ein nordamerikanischer Medizinmann während einer Heilung in einem Dämmerzustand arbeitete, der nicht leicht von einem Außenstehenden erkannt worden wäre; und seine

Erklärung mir gegenüber hinterher über das, was er während seiner Heilung sah, unterstrich die Tatsache, daß er sich in einer leichten Trance befunden hatte.[55]

An einem kritischen Punkt im Leben eines Schamanen, bevor er sich mit Schamanismus beschäftigte, kann er sehr tief in diesen veränderten Bewußtseinszustand eingetreten sein, obwohl es hiervon viele individuelle und kulturelle Ausnahmen gibt. Manchmal geschieht eine solche Erfahrung bei einer absichtlichen Suche nach Visionen, um die Kraft des Schutzgeistes zu erhalten. In anderen Fällen geschieht es am kritischen Punkt einer schweren Krankheit, wie bei einigen nord- und südamerikanischen Indianern, aber ebenso bei den Eingeborenen in Sibirien. Solch eine äußerst tiefe und offenbarende Erfahrung ermutigt dann den Betreffenden oftmals, den Weg des Schamanen einzuschlagen. Meine eigene erste psychedelische Erfahrung bei den Conibo Indianern 1961 ist ein persönliches Beispiel dafür.

Das Wort ‹Trance› wird im allgemeinen hier vermieden, weil die Vorstellungen unserer westlichen Kultur hinsichtlich dieses Begriffes oft die Folgerung in sich schließen, daß dies ein unbewußter Zustand sei. Reinhard vermeidet ebenfalls die Verwendung des Wortes ‹Trance›, wenn er sagt: « . . . was wir herauszustellen versuchen, ist eigentlich, daß der Schamane in einem nichtalltäglichen psychischen Zustand ist, welcher in einigen Fällen nicht den Verlust des Bewußtseins, sondern eher einen veränderten Bewußtseinszustand bedeutet.»[56]*

* Wahrscheinlich ist die am häufigsten angenommene Definition eines veränderten Bewußtseinszustandes die von Arnold M. Ludwig, der ihn beschreibt als «jeden mentalen Zustand, hervorgerufen durch verschiedene physiologische, psychologische oder pharmakologische Versuche und Mittel, welcher subjektiv von dem Individuum selbst (oder durch einen objektiven Beobachter des Individuums) erkannt werden kann als Darstellung einer genügenden Abweichung in subjektiver Erfahrung oder psychologischer Funktion von bestimmten allgemeinen Normen bei diesem Individuum während seines aufmerksamen Wachzustandes.» (Ludwig 1972, Seite 11) Ein Problem bei Ludwigs Definition liegt darin, daß sie einschließen kann, daß dieser ‹aufmerksame, wache› Zustand kein verändertes Bewußtsein charakterisieren muß. Während der Schamane gelegentlich weder aufmerksam noch wach im schamanischen Bewußtseinszustand ist, so ist er doch im allgemeinen sehr aufmerksam, wenn auch nicht in einem vollwachen Zustand; und sehr häufig ist er im schamanischen Bewußtseinszustand sowohl aufmerksam als auch wach. Katz (1976a, Seite 282–283) drückt in seiner Studie über die Trance-Heilung der !Kung Buschmänner auch einige Vorbehalte zu Ludwigs Definition aus.

Im schamanischen Bewußtseinszustand sieht man schamanisch. Das könnte man ‹Visualisierung›, ‹Bilderschau› nennen oder – wie von australischen Eingeborenen ausgedrückt – Benutzung ‹des mächtigen Auges›.[57] Obwohl solches *Sehen* in einem veränderten Bewußtseinszustand geschieht, wäre es ein nicht-empirisches Vorurteil gegenüber der Bemühung, Verständnis aus erster Hand zu erlangen, wenn man solche Visionen als Halluzinationen abtun würde. Wie der ausgezeichnete australische Anthropologe A. P. Elkin feststellte, ist die Vision eines eingeborenen Schamanen «keine bloße Halluzination. Sie ist eine mentale Formation, visualisiert und verkörperlicht, die sogar für eine bestimmte Zeit unabhängig von ihrem Schöpfer existieren kann . . . Während dieser Mensch seine Vision erfährt, kann er sich nicht bewegen, aber er ist sich dessen bewußt, was um ihn herum vor sich geht. Wie einer (Schamane) vom Kattang Stamm in Australien mir sagte . . ., konnte er sehen und wahrnehmen, was geschah, aber war wie tot, spürte nichts.»[58]

Der schamanische Bewußtseinszustand gewährt normalerweise hinterher volle Erinnerung an die Erfahrung, sobald der Schamane zum normalen Bewußtseinszustand zurückgekehrt ist, ganz im Gegensatz zur charakteristischen Trance des westlichen spiritistischen Mediums oder des Teilnehmers an karibischen oder javanischen Tänzen in Geistbesessenheit.[59] Mit anderen Worten ist mit dem schamanischen Bewußtseinszustand typischerweise kein Bewußtseinsverlust verbunden. Im schamanischen Bewußtseinszustand ist normalerweise ein Teil des Bewußtseins des Schamanen noch locker mit der alltäglichen Wirklichkeit der physischen oder materiellen Umgebung verbunden, wo er sich gerade befindet. Diese Lockerheit seiner Trance ist ein Grund dafür, daß der Trommelschlag von einem Helfer meistens fortgesetzt werden muß, um ihn im schamanischen Bewußtseinszustand zu halten. Wenn das Trommeln aufhört, könnte er schnell in den normalen Bewußtseinszustand zurückkehren, wodurch seine Aufgabe nicht gelingen würde.

Grundlegende Hilfsmittel zum Eintritt in den schamanischen Bewußtseinszustand sind Trommel und Rassel. Der Schamane beschränkt im allgemeinen den Gebrauch von Trommel und Rassel auf das Hervorrufen und Bewahren des schamanischen Bewußtseinszustandes, so daß sein unbewußtes Denken automatisch deren Einsatz mit ernster schamanischer Arbeit verbindet. Der Beginn des stetigen, monotonen Geräusches von Rassel und Trommel, welches bei vorangegangenen Gelegenheiten wiederholt mit dem schamanischen Bewußtseinszustand verbunden war, wird zu einem Signal an sein Gehirn, in den schamanischen Bewußtseinszustand zurückzukehren. Für einen erfahrenen Schamanen genügt daher das bekannte Rasseln und/oder Trommeln von ein paar Minuten, um die leichte Trance zu erreichen, worin die meiste schamanische Arbeit verrichtet wird.

Der sich wiederholende Trommelschlag ist im allgemeinen die Grundlage dafür, die schamanischen Aufgaben im schamanischen Bewußtseinszustand durchzuführen. Mit gutem Grund weisen manchmal sibirische und auch andere Schamanen auf ihre Trommeln als das ‹Pferd› oder ‹Kanu› hin, das sie in die Unterwelt oder Höhere Welt führt. Der stetige, monotone Trommelschlag wirkt wie eine Trägerwelle, zunächst als Hilfe zum Eintritt in den schamanischen Bewußtseinszustand und dann als Unterstützung auf seiner Reise.

Die Wichtigkeit der Trommel als eine ‹Mähre› oder ein ‹Hengst› wird durch die folgenden schamanischen Verse eines Soyot (Tuvas) aus Sibirien unterstrichen:

Schamanentrommeln

Oh! Du meine vielseitige Trommel,
Die du dort vorn in der Ecke stehest!
Oh! Du meine fröhliche und bunte Trommel,
Die du hier stehest!
Deine Schultern und dein Nacken mögen stark sein.

Horche, o horche, mein Pferd – du, meine Hirschkuh!
Horche, o horche, mein Pferd – du, mein Bär!
Horche, o horche du!

Oh, wandlungsfähige Trommel dort vorn in der Ecke!
Sei mein Reittier, mein Hirsch und meine Hirschkuh.
Sei still, dröhnende Trommel,
Du fellbespannte Trommel,
Füge dich meinen Wünschen.

Wie jagende Wolken, trage mich
Durch die Lande der Dämmerung
Und unter dem bleiernen Himmel dahin,

Fege wie der Wind
Über die Gipfel der Berge![60]

Durch Laboruntersuchungen hat Neher nachgewiesen, daß das Trommeln Veränderungen im zentralen Nervensystem hervorruft. Die rhythmische Erregung beeinflußt die elektrische Aktivität in «vielen Sinnes- und motorischen Zonen des Gehirns, die normalerweise nicht berührt werden, durch deren Vernetzungen mit der erregten Sinneszone».[61] Dies scheint zum Teil auf die Tatsache zurückzuführen sein, daß der einzelne Trommelschlag viele Tonfrequenzen enthält und entsprechende Impulse gleichzeitig entlang einer Reihe von Nervenbahnen im Gehirn überträgt. Außerdem sind Trommelschläge hauptsächlich von niedriger Frequenz, was bedeutet, daß durch einen Trommelschlag mehr Energie zum Gehirn übertragen werden kann als durch einen Tonerreger von höherer Frequenz. Das ist möglich, wie Neher erklärt, weil «die Rezeptoren niedriger Frequenzen im Ohr gegen Schäden widerstandsfähiger als die empfindlichen Hochfrequenzrezeptoren sind und höheren Tonstärken widerstehen können, bevor Schmerz empfunden wird.»[62]

Neuere Forschung über die schamanistischen Geistertänze der Salish Indianer der amerikanischen Nordwestküste unterstützt und erweitert die Ergebnisse von Neher über die Kapazität des rhythmischen Trommelns zur Herbeiführung eines veränderten Bewußtseinszustandes. Jilek und Ormestad entdeckten, daß Trommelschlag-Frequenzen im Thetawellen EEG Frequenzbereich (vier bis sieben Hertz pro Sekunde) während Einweihungszeremonien vorherrschten, bei denen die Salish Fell-Trommel benutzt wurde. Dies ist der Frequenzbereich, so berichtet Jilek, der «als der wirksamste für die Hervorrufung von Trancezuständen betrachtet wird.»[63]

Es ist zu hoffen, daß solche Forschung eines Tages durch EEG Fernmessung bei Schamanen begleitet wird, die mit ihrer Aufgabe im schamanischen Bewußtseinszustand beschäftigt sind. Wahrscheinlich wird diese Art von Untersuchung zu dem Ergebnis führen, daß das schamanische Bewußtsein gewöhnlich die Thetawellen wie auch die weniger tiefen Alphawellenbereiche benutzt.

Das Schütteln der Schamanenrassel ruft Erregung von höheren Frequenzbahnen im Gehirn hervor als die Trommel, wodurch aber die Trommelschläge verstärkt und der gesamte Klangeffekt weiter erhöht wird. Wenn auch von etwas höherer Frequenz, so ist doch das Geräusch der meisten Rasseln von ausreichend niedriger Tonstärke, daß es keinen Schmerz in den Ohrrezeptoren verursacht.

Während der Schamane die Trommel selbst schlagen kann, um in den schamanischen Bewußtseinszustand einzutreten, erfordert seine volle Ankunft dort einen Helfer, der die Aufgabe des Trommelns übernimmt – wie bei den Tungus in Sibirien –, damit der veränderte Bewußtseinszustand des Schamanen aufrechterhalten wird.[64] Eine andere Technik bei den Tungus besteht darin, das ganze Trommeln durch einen Helfer machen zu lassen, auch bevor der Schamane in den schamanischen Bewußtseinszustand eintritt. Dies ist die von mir bevorzugte Methode, da sonst die physische Anstrengung beim Trommeln meinen Übergang in den schamanischen Bewußtseinszustand beeinträchtigen kann. Der Schamane sollte jedoch selbst die Geschwindigkeit des Trommelns regulieren; denn nur er selbst kann das richtige Tempo spüren. In den von mir übernommenen Techniken schüttele ich die Rassel, wobei ich normalerweise mit einem langsamen Tempo beginne und dieses steigere, so wie ich es für erforderlich halte. Das Geräusch der Rassel gibt nicht nur dem Trommler einen Anhalt, sondern ergänzt auch den klanglichen Antrieb der Trommel durch einen höheren Frequenzbereich. Wenn der Schamane bei Durchführung dieser Methode schließlich in den schamanischen Bewußtseinszustand eintritt, kann er gar nicht mehr die Rassel schütteln; dann macht der Trommler für ihn weiter, indem er in dem zuletzt von der Rassel angegebenen Tempo weitertrommelt.

Wenn jedoch der Helfer des Tungu Schamanen das ganze Trommeln übernimmt, benutzt der Schamane keine Rassel. Statt dessen bestimmt er das Tempo durch Tanzen, den Rhythmus von Glöckchen und eisernen Schmuckstücken auf seinem Kostüm, wodurch er die Trommel leitet und deren Klang durch diese höheren Frequenztöne ergänzt.[64] Diese Technik bringt Körperbewegungsenergie in das Nervensystem des Schamanen, die mit den Klängen übereinstimmt, da – wie Shirokogoroff im gleichen Zusammenhang feststellt – «... das ‹Tanzen› zum Teil durch die Notwendigkeit hervorgerufen wird, rhythmische Töne zu erzeugen.»

Der Übergang in den schamanischen Bewußtseinszustand wird auch durch Singen unterstützt. Ein typischer Schamane hat besondere ‹Kraftlieder›, die er bei solchen Gelegenheiten singt. Während der Text von Schamane zu Schamane in einem bestimmten Stamm unterschiedlich sein kann, sind gewöhnlich Melodie und Rhythmus der

Lieder nicht die Erfindung des einzelnen Schamanen, sondern in einer bestimmten Stammesregion gleich.

Die Lieder sind meist voll Wiederholungen und ziemlich eintönig; oft wird das Tempo erhöht, wenn sich der Schamane dem schamanischen Bewußtseinszustand nähert. Sie könnten die unterschwellige Funktion haben, die Aktivität des zentralen Nervensystems zu beeinflussen, wie es etwa die yogischen Atemübungen tun, obwohl ich von keiner Forschung weiß, die sich mit dieser Untersuchung beschäftigt.[65] Oft wird dem Schamanen in den schamanischen Bewußtseinszustand durch Teilnehmer geholfen, die mit ihm singen. Der Text unterstützt die Herbeiführung des schamanischen Bewußtseins, indem er auf die geistigen Beschützer und Helfer des Schamanen hinweist und ihn seiner eigenen Kraft erneut versichert.

Die wissenschaftliche Komponente des schamanischen Bewußtseins umfaßt die Zuschreibung der vollen Realität den Dingen, die man sieht, spürt, hört und auf andere Weise im veränderten Bewußtseinszustand erfährt. Diese empirischen Erfahrungen aus erster Hand werden vom Schamanen nicht als Phantasie angesehen, sondern als unmittelbare Wirklichkeit. Gleichzeitig erkennt der Schamane den Unterschied zwischen der schamanischen Wirklichkeit und der des normalen Bewußtseins und verwechselt die beiden nicht. Er weiß, wann er in dem einen oder dem anderen ist, und tritt in beide nach Belieben ein.

Die wissenschaftlichen Regeln, nach denen er sich richtet, während er im schamanischen Bewußtsein ist, schließen die Voraussetzung ein, daß Tiere, Pflanzen, Menschen und andere Erscheinungen, die im veränderten Bewußtseinszustand gesehen werden, vollständig real sind innerhalb des Zusammenhangs der nichtmateriellen oder nichtnormalen Wirklichkeit, worin sie wahrgenommen werden. Der Schamane tritt in den schamanischen Bewußtseinszustand ein, um diese nichtmateriellen Formen zu sehen und mit ihnen zusammenzuarbeiten. Solche Formen sind für den Schamanen und andere im normalen Bewußtseinszustand nicht sichtbar und auch nicht Teil der normalen Wirklichkeit.

Der wissenschaftliche Aspekt des schamanischen Bewußtseinszustandes umschließt eine tiefe Ehrfurcht vor allen Lebensformen in der demütigen Erkenntnis unserer Abhängigkeit von den Pflanzen, Tieren und sogar der anorganischen Materie unseres Planeten. Der Schamane weiß, daß die Menschen mit allen Lebensformen verwandt sind, daß sie ‹alle unsere Verwandten› sind, wie die Lakota Sioux sagen. Sowohl im schamanischen wie auch im normalen Bewußtseinszustand nähert sich der Schamane den anderen Lebensformen mit achtungsvoller Vertrautheit und tiefem Verständnis. Er erkennt ihr großes Alter, ihre gegenseitigen Beziehungen und ihre spezifischen Kräfte an.

Dementsprechend tritt der Schamane in den schamanischen Bewußtseinszustand ein mit einer tiefen Ehrerbietung vor der Natur, vor den angeborenen Kräften in den wilden Tier- und Pflanzensorten und vor ihrer Widerstandskraft, die sie befähigt hat, durch Äonen planetarischer Existenz zu überleben und zu gedeihen. Wenn er sich der Natur im veränderten Bewußtseinszustand nähert, glaubt er, daß sie bereit ist, ihm Dinge zu enthüllen, die im normalen Bewußtseinszustand nicht erkannt werden können.

Viele Stämme der nordamerikanischen Indianer bewahren noch einen wesentlich schamanischen Blick für die Wirklichkeit, wie es beispielsweise in der folgenden Aussage eines Hopi zum Ausdruck kommt:

> *Für den Hopi ist alles Leben eins – es ist dasselbe. Diese Welt, wo er lebt, ist die menschliche Welt, und darin erscheinen alle Tiere, Vögel, Insekten und jedes Lebewesen, wie auch die Bäume und Pflanzen, die auch Leben haben, nur maskiert oder in den Formen, in denen wir sie gewöhnlich sehen. Aber es wird gesagt, daß alle diese Geschöpfe und diese Lebewesen, die mit uns Menschen den Lebensfunken teilen, sicherlich noch andere Aufenthaltsorte haben, wo sie in menschlichen Formen leben wie wir. Deshalb werden alle Lebewesen als menschlich gedacht, die manchmal sogar in ihren wirklichen Gestalten auch auf Erden gesehen werden. Wenn sie getötet werden, kann die Seele dieses Wesens zur eigenen Welt zurückkehren, die es dann nie wieder verläßt; aber die Nachkommen dieses Wesens werden seinen Platz in der menschlichen Welt einnehmen, Generation für Generation.*[66]

Man kann sogar lernen, im hellen Tageslicht schamanisch die nichtnormalen Aspekte der Naturerscheinungen zu sehen. Es folgt als Beispiel eine Methode des *Fels-Sehens,* eine Technik, die ich von den Medizinmännern der Lakota Sioux lernte. Zunächst nimmt man sich ein Problem vor, auf das man eine Antwort haben möchte. Dann spaziert man einfach durch eine unberührte Gegend, bis ein zwei-Faust-großer Stein auf dem Boden auf sich aufmerksam zu machen scheint. Man nimmt ihn auf und bringt ihn an eine Stelle, wo man sich bequem mit ihm niederlassen kann.

Man legt den Stein vor sich auf den Boden und stellt die Frage, auf die man eine Antwort haben möchte. Man studiert sorgfältig die Oberfläche des Steines, bis man darauf ein oder mehrere Lebewesen in den Linien, Spalten oder anderen Unregelmäßigkeiten erkennen kann. Das kann einige Minuten dauern.

Wenn man überzeugt ist, daß man ein oder mehrere Tiere, Pflanzen, Insekten, Gesichter, menschliche Formen oder andere Wesen auf der Oberfläche des Steins erkannt hat, denkt man darüber nach, was der Stein einem über das gestellte Problem sagen will. Man prägt sich das Ergebnis fest ins Gedächtnis und dreht dann den Stein um. Man wiederholt denselben Vorgang des Sehens und Denkens mit der neuen Oberfläche. Wenn der Stein dick genug ist, kann man denselben Prozeß mit den anderen beiden Seiten des Steines wiederholen.

Dann überlegt man ruhig, wie die einzelnen Mitteilungen aller vier Seiten zusammengesetzt werden können, um eine Botschaft zu bilden, die eine Antwort auf die gestellte Frage ergibt. Schließlich legt man voller Hochachtung und Dankbarkeit den Stein an die Stelle zurück, wo man ihn gefunden hatte.

Sobald Sie selbst genug Erfahrung gesammelt haben, können Sie diese Technik auch dazu anwenden, um einem anderen Menschen zu helfen. Lassen Sie diese Person dieselben Schritte machen wie oben. Der Unterschied besteht nur darin, daß Sie beide zusammenwirken, um die Antwort auf das Problem zu sehen. Bei jeder Seite lassen Sie zunächst den anderen beschreiben und analysieren, was er sieht. Dann ergänzen Sie als Schamane seine Beobachtungen und Analysen durch Ihre eigenen. Aufgrund Ihrer größeren Erfahrung können Sie in der Lage sein, dem anderen zu erklären, wie das, was Sie sehen, zusammenpaßt mit dem, was er sieht. Dann drehen Sie den Stein um und wiederholen den Prozeß mit den übrigen Seiten. Am Schluß gibt der Betreffende aus seiner eigenen Synthese der vier Seiten eine allgemeine Antwort auf sein Problem.

Offensichtlich gibt es Ähnlichkeiten und Unterschiede zwischen dieser schamanischen Methode und dem Rorschach-Test oder psychoanalytischen Techniken freier Assoziation.[67] Aber die Tatsache, daß es Unterschiede gibt, wertet die schamanische Technik in ihrem Einsatz nicht ab. Aus der Sicht des Schamanen sind Tiere und andere Wesen in dem Stein. Der Begriff der Phantasie hat keinen Platz in der Welt des

Schamanen. Für ihn hat die ganze Natur eine verborgene, nichtalltägliche Wirklichkeit. Das ist etwas, was man zu sehen lernt, wenn man dem Weg des Schamanen folgt.

Die folgende freie Bearbeitung durch David Cloutier nach einem Schamanengedicht aus dem Chukchee-Stamm Sibiriens erklärt, was ich meine:

Was ein Schamane alles sieht

Alles was ist
ist lebendig

an einem steilen Flußufer
ist eine Stimme die spricht
ich habe den Meister dieser Stimme gesehen
er verneigte sich vor mir
ich sprach mit ihm
er beantwortete alle meine Fragen
alles was ist
ist lebendig

Kleiner grauer Vogel
mit einem blauen Brüstchen
singt in seinem Brutloch
er ruft seine Geister zum Tanzen
singt seine Schamanenlieder
Grauspecht auf einem Baum
seiner Trommel
er trommelt mit seinem Schnabel
und der Baum erzittert
dröhnt wie eine Trommel
wenn der Axthieb ihn trifft.

alle diese Dinge antworten
auf meinen Ruf

alles was ist
ist lebendig

leise schaukelt die Laterne
die Wände dieser Hütte haben Zungen
sogar diese Schale hat ihre eigene wahre Heimat
in den Beuteln schlafen Felle
durchwachten schwatzend die ganze Nacht
Geweihe auf den Gräbern
erheben sich und umkreisen die Grabhügel
während die Toten selbst aufstehen
und die Lebenden besuchen gehen[68]

Kapitel IV

Krafttiere

Lange Zeit haben Schamanen geglaubt, ihre Kräfte seien die Kräfte von Tieren, von Pflanzen, von der Sonne, von den Grundenergien des Universums. Im Garten Erde haben sie ihre erworbenen Kräfte eingesetzt, um andere Menschen von Krankheit und aus Todesgefahr zu retten, Stärkung im täglichen Leben zu geben, mit ihren Nebenmenschen zu verkehren und ein frohes Dasein in Harmonie mit der ganzen Natur zu führen.

Jahrtausende vor Charles Darwin (1845–1912) waren die Menschen in schamanischen Kulturen überzeugt davon, daß Menschen und Tiere miteinander verwandt seien. In ihren Mythen zum Beispiel zeichneten sie die Tiergestalten im allgemeinen als wesentlich menschlich in physischer Form, aber individuell verschieden durch die besonderen Merkmale ihrer Persönlichkeit, die ihnen durch die unterschiedlichen Tierarten eigen waren, wie sie heute in der Wildnis existieren. So unterscheidet sich der Kojote in den Erzählungen durch sein boshaftes Verhalten und der Rabe oftmals durch seine unschickliche Abhängigkeit von anderen, die Beute für ihn jagen. Nach verschiedenen Schöpfungsmythen wurden die Tiere dann physisch in die Formen gebracht, in denen sie heute zu finden sind. Demgemäß – so erklären diese Mythen – ist es jetzt nicht mehr möglich, daß Menschen und Tiere miteinander sprechen oder daß Tiere menschliche Gestalt haben.

Während das mythische Paradies der Tier-Mensch-Einheit in der normalen Wirklichkeit verloren ging, bleibt es dem Schamanen und Visionär dennoch in der nichtnormalen Wirklichkeit zugänglich. Der Begriff der ‹Traumzeit› der Eingeborenen Australiens verkörpert diese Bewußtheit; denn sie bezieht sich auf eine mythologische Vergangenheit, die zuweilen noch parallel zur heutigen normalen Wirklichkeit existiert und in Träumen und Visionen betreten werden kann.[69] Als einziger der Menschen ist der Schamane regulär in der Lage, die Tier-

Mensch-Einheit wiederherzustellen, indem er in den schamanischen Bewußtseinszustand eintritt. Für den Schamanen im veränderten Bewußtseinszustand ist die mythische Vergangenheit sofort zugänglich.

Die indianische Mythologie Nord- und Südamerikas ist angefüllt mit Tiergestalten in Erzählungen, die nicht von den Abenteuern *eines* Kojoten, *eines* Raben oder *eines* Bären berichten, sondern von den Abenteuern der Kojoten, Raben und Bären. Mit anderen Worten stellen die einzelnen Gestalten ganze Arten oder größere Klassen von Tieren dar. Dies entspricht der Einheit eines individuellen Schutztiergeistes mit der ganzen Art oder Gruppe, zu der er gehört. Diese Einheit bedeutet, daß ein Mensch normalerweise nicht einfach die Kraft eines Bären oder eines Adlers besitzt, sondern die Kraft von Bär oder Adler. Der Besitzer eines Schutztieres verfügt normalerweise über die geistige Kraft von dessen ganzer Art oder Gruppe, obwohl er tatsächlich nur durch eine individualisierte Manifestation mit dieser Kraft verbunden ist.

Die Verbundenheit zwischen den Menschen und der Tierwelt ist eine Grundlage des Schamanismus, wobei der Schamane sein Wissen und seine Methoden dazu benutzt, um an der Kraft jener Welt teilzuhaben. Durch seinen Schutzgeist oder sein Krafttier wird der Schamane mit der Kraft der Tierwelt verbunden: der Säugetiere, Vögel, Fische und anderer Lebewesen. Der Schamane muß einen bestimmten Hüter haben, um seine Aufgabe zu vollbringen, und dieser Hüter hilft ihm dabei auf eine ganz bestimmte, spezielle Art.

Auf den Schutzgeist wird manchmal als das Krafttier von den eingeborenen Nordamerikanern hingewiesen, so bei den Küsten-Salish und den Okanagon im Staate Washington.[70] Dies ist ein besonders treffender Ausdruck; denn er betont einmal den kraftgebenden Aspekt des Schutzgeistes, aber auch die Häufigkeit, daß er als ein Tier gesehen wird. Doch die Küsten-Salish bezeichnen den Schutzgeist manchmal auch als den *Indianer*; denn er kann ihnen ebenso in menschlicher Gestalt erscheinen.[71] Solch eine Tier-Mensch-Dualität des Schutzgeistes ist eine allgemeine Erscheinung in der indianischen Kosmologie von Nord- und Südamerika wie auch anderswo in der Welt. So erscheinen bei den Cocopa im Coloradoflußtal Tiere in Träumen als menschliche Wesen.[72] Bei den Jívaro erscheint ein Schutzgeist gewöhnlich zunächst in einer Vision als ein Tier und dann in einem Traum als ein Mensch.[73]

Die Fähigkeit der Tiere, als Menschen zu erscheinen, ist nicht überraschend, wenn man an den weitverbreiteten Glauben denkt, daß Menschen und Tiere biologisch verwandt sind (‹Verwandte› sind) und in alten Zeiten fähig waren, miteinander zu sprechen. In der nichtalltäglichen Wirklichkeit sind die Tiere weiterhin fähig, sich den Menschen in menschlichen Formen zu manifestieren, wenn sie in den schamanischen Bewußtseinszustand eingetreten sind. Nur der Schamane oder der Mensch mit schamanistischen Zielen ist in der Lage, die verlorene Fähigkeit der Verständigung mit den (anderen) Tieren zurückzugewinnen. Wenn bei den Stämmen der Westküste Südaustraliens ein Mensch auf diese Weise ein Schamane wird, erlangt er die Macht, mit Vögeln und anderen Tieren zu sprechen.[74] Wenn Castaneda eine Unterhaltung mit einem Steppenwolf beginnt, macht er Fortschritte auf seinem Weg, ein Schamane zu werden.[75] Wenn bei den Jívaro ein Tier mit Ihnen spricht, wird das tatsächlich als Beweis dafür angesehen, daß das Tier Ihr Schutzgeist ist.

Bei den Lakota Sioux sprechen die Schutztiergeister oft, wenn sie dem Visionssucher erscheinen. Wie Lame Deer nacherzählt: «Plötzlich hörte ich einen großen Vogel über mir schreien, und dann schlug etwas auf meinen Rücken, er berührte mich mit beiden Flügeln. Ich hörte den Schrei eines Adlers, laut hob er sich ab von den Stimmen der anderen Vögel. Er schien zu sagen: ‹Wir haben auf dich gewartet. Wir wußten, daß du kommen wirst. Jetzt bist du da. Dein Weg beginnt hier ... du wirst von nun an immer einen Geist mit dir haben – ein zweites Ich.›»[76]

Die Fähigkeit der Schutztiergeister, zu einem Menschen zu sprechen oder sich manchmal in menschlichen Gestalten zu manifestieren, wird als ein Zeichen ihrer Kraft angesehen. Ein anderes Zeichen ihrer Kraft besteht darin, daß sie sich selbst sichtbar machen, indem sie sich in einem Element bewegen, das nicht ihre arteigene Umwelt ist. Bekannte Beispiele sind ein Landsäugetier oder eine Schlange, die durch die Luft fliegen, mit oder ohne Benutzung von Flügeln. Alle diese Eigenschaften zeigen, daß das Tier tatsächlich nicht alltäglich ist, sondern ein Kraftträger, der in der Lage ist, die Natur eines normalen Tieres und seine normale Existenz zu übersteigen. Wenn er sich in eine menschliche Gestalt transformiert, ist das ein magischer Kraftakt. Wenn das Krafttier in den Besitz eines Schamanen kommt, handelt es als ein ‹alter ego› (ein anderes Ich)[47], wodurch dem Schamanen die Kraft der Transformation übertragen wird, insbesondere die Kraft der Transformation *vom* Menschen in das Krafttier und umgekehrt.

Die Überzeugung der Schamanen, daß sie sich in die Gestalt ihres Schutztiergeistes oder Krafttieres verwandeln können, ist weitverbreitet und offensichtlich alt. Bei den Arunta von Australien nahmen sie oft die Gestalt von Adlern an.[77] Im Verlauf der Einweihung eines Schamanen aus dem Wiradjeri-Stamm in Australien hatte dieser die nichtalltägliche Erfahrung, daß Federn aus seinen Armen wuchsen und zu Flügeln wurden. Dann wurde ihm das Fliegen beigebracht. Anschließend «sang er seine Flügel weg», und nachdem er zur normalen Wirklichkeit zurückgekehrt war, ging er zurück ins Lager und besprach seine Erfahrung mit den andern.[78]

Im nördlichen Skandinavien verwandelten sich Lappen-Schamanen in Wölfe, Bären, Rentiere und Fische; und sibirische und Eskimo-Schamanen verwandelten sich häufig in Wölfe.[79] Ähnlicherweise wurden Schamanen bei den Yuki Indianern in Kalifornien, die die Kraft haben sollen, sich in Bären zu verwandeln, ‹Bärendoktor› genannt. Der Bärendoktor der Yuki «war wirklich ein Schamane, der den Bären als Schutzgeist hatte.»[80] Ein angehender Bärenschamane ‹freundete sich mit echten Bären an, fraß deren Futter und lebte manchmal bei ihnen›, sogar einen ganzen Sommer lang.[81]

Der alte schamanische Glaube an die Fähigkeit, daß man sich in ein Tier verwandeln könne, überlebte in Westeuropa bis zur Zeit der Renaissance.[82] Die christliche Kirche sah verständlicherweise Menschen, die sich in Tiere verwandeln konnten, als Magier, Hexen und Zauberer an und verfolgte sie durch die Inquisition. Doch ein Fachgenosse von Galilei, der Alchemist und Wissenschaftler Giovanni Battista Porta (1535–1615), besaß 1562 noch das alte Wissen, wie solch eine Metamorphose erfahren werden kann, und veröffentlichte es in seinem berühmten Buch: Magia naturalis.[83] Darin erklärt er, daß ein Mensch, der einen halluzinogenen Trank nimmt, «glauben würde, er sei in einen Vogel oder ein wildes Tier verwandelt worden.» Porta schreibt weiter, «manchmal scheint der Mensch in einen Fisch verwandelt, und indem er seine Arme ausbreitet, würde er auf dem Grund schwimmen: manchmal würde er hochspringen und dann wieder hinuntertauchen. Ein anderer würde glauben, er sei in eine Gans verwandelt, würde Gras fressen wie eine Gans, dann und wann schnattern und versuchen, mit seinen Flügeln zu schlagen.»[84] Ähnlich berichtet Castaneda, daß er mit Hilfe einer halluzinogenen Mixtur die Erfahrung erlebte, eine Krähe zu werden, und daß Don Genaro erzählte, daß Schamanen Adler und Eulen werden können.[85]

Die Einnahme einer halluzinogenen Droge ist jedoch keineswegs notwendig, damit ein Mensch die Verwandlung in einen Vogel oder ein anderes Tier erfährt. Tanz, begleitet durch Trommeln, ist die viel gebräuchlichere Methode, die von den Schamanen des größten Teiles der Naturvölker angewandt wird, um einen schamanischen Bewußtseinszustand zu erreichen, der für diese Erfahrung genügt. Die Einweihung der Schamanen bei den karibischen Indianern im Norden Südamerikas geht beispielsweise während nächtlicher Tänze vor sich, in denen sich die Neophyten in der Nachahmung von Tieren bewegen. Dies ist ein Teil des Lernprozesses, wie man sich in Tiere verwandelt.[86]

Aber nicht nur Schamanen und schamanische Eingeweihte benutzen das Tanzen, um sich in Tiergestalten zu verwandeln. In vielen primitiven Kulturen kann jeder mit einem Schutzgeist das Tanzen als Mittel benutzen, um sein *alter ego* (= anderes Ich)[47] zu erwecken. Bei den Küsten-Salish Indianern der Nordwestküste gibt die Jahreszeit des Wintertanzes dem einzelnen die Gelegenheit, mit seinem Krafttier bewußt eins zu werden.[87] «Der ‹Geist› des Tänzers findet seinen dramatisierten Ausdruck in Tanzschritten, Tempo, Bewegungen, Mienen und Gebärden: im schleichenden Schritt, dann in fliegenden Sprüngen des wild brüllenden ‹Kriegers› oder im schaukelnden Gang der plumpen, traurig weinenden ‹Bärenmutter›; in den gummiähnlichen, reptilartigen Windungen der ‹doppelköpfigen Schlange› . . ., in der ‹Eidechse›, die Tränen über ihr verschlungenes Kind vergießt, oder im mächtigen ‹WAL›, der nach kleineren Fischen schnappt.»[88] Oft trugen Schamanen der Nordwestküste bei solchen Tänzen besondere Masken und Ausstaffierungen, um die Vereinigung mit ihren Krafttieren zu verstärken. Bei den Tsimshian beispielsweise würde ein Schamane nicht nur mit der Maske eines Adlers tanzen, sondern auch kupferne Klauen tragen.[89] Der Wunsch nach Vereinigung mit den Krafttieren wird gut beschrieben in dieser von Cloutier wiedergegebenen Fassung eines Grizzlybärliedes des Tlingitstammes der Nordwestküste:

Wuh! Bär! Wuh
Wuh

So sagst du
Wuh Wuh Wuh!
Du kommst

Du bist ein schöner junger Mann
Du Grizzlybär
Du kriechst aus deinem Pelz heraus

Du kommst
Ich sage Wuh Wuh Wuh!
Ich werfe Schmalz ins Feuer

Für dich
Grizzlybär
Wir sind eins![90]

Viel tierähnliches Tanzen bei den Naturvölkern hat als Ziel die Einswerdung der Krafttiere mit den Tänzern, ganz gleich ob die Rituale in anderer Hinsicht rein schamanisch sind oder nicht. So hat der Tanz der Tiergötter bei den schamanischen Medizinbünden im Zuni Pueblo im amerikanischen Südwesten «eine starke Ähnlichkeit mit Sitzungen anderer Völker, in denen der Schamane inspiriert wird, worin die Tiergötter durch Tanzen, Rasseln und Trommeln herbeigerufen werden, und die Tänzer arbeiten sich in einen Zustand der Raserei hinein, indem sie die Bewegungen und das Brüllen der Tiere nachahmen.»[91] Die Tänzer, welche die Gestalt des Bären annehmen, tragen sogar manchmal echte Bärentatzen über ihren Händen.[92] Doch ist dieser Tanz der Tiergötter mehr als einfache Imitation, da der Zuni-Tänzer – ebenso wenn der nordamerikanische Prärie-Indianer einen Adler- oder Büffeltanz durchführt – danach strebt, über die bloße Nachahmung hinauszugelangen und eins mit dem Tier zu werden. So betonen die Strophen des Osage Indianerliedes ‹Der Aufbruch der Bison-Männer› die Hervorrufung des Bewußtseins der persönlichen Einheit mit dem Tier:

Ich erhebe mich, ich stehe auf,
Ich, unter dessen Hufen die Erde erzittert.

Ich erhebe mich, ich stehe auf,
Ich, dessen Schenkel voller Stärke sind.

Ich erhebe mich, ich stehe auf,
Ich, der voll Wut mit seinem Schwanz seinen Rücken peitscht.

Ich erhebe mich, ich stehe auf,
Ich, dessen Schultern vor Kraft strotzen.

Ich erhebe mich, ich stehe auf,
Ich, der im Zorn seine Mähne schüttelt.

Ich erhebe mich, ich stehe auf,
Ich, dessen Hörner spitz und gekrümmt sind.[93]

Wenn in ähnlicher Weise ein Zuni-Tänzer die Maske eines der *Kachina*-Götter trägt, tut er mehr, als daß er nur den *Kachina* darstellt. Wenn er durch das Tanzen, Trommeln, Rasseln und Heulen der Stierbrüller in einen veränderten Bewußtseinszustand versetzt wird, dann «wird er für diese Zeit tatsächlich die Verkörperung des Geistes, der nach seiner Meinung in der Maske wohnt.»[94] Wie ein Küsten-Salish es ausdrückte: «Wenn ich tanze, handle ich nicht, sondern folge genau deiner Kraft, folge genau dem Weg deiner Kraft.»[95]

Wenn Schamanen ihre Schutztiergeister tanzen, machen sie im allgemeinen nicht nur die Bewegungen der Krafttiere nach, sondern auch deren Stimmen. In Sibirien, bei den Eingeborenen in Nord- und Südamerika und wo auch immer führen Schamanen Vogelzwitschern, Brüllen, Brummen und andere Töne ihrer Krafttiere aus, sobald sie ihre Transformationen erfahren.[96] Wie Lame Deer von der Bärenkraft sagt: «Wir machen Bärengeräusche ... ‹Harruh› ...»[97] Ähnlich brummt Castaneda und macht eine Gebärde mit den Klauen als Antwort auf Don Juans Bemerkung, daß Vorzeigen seiner Klauen ‹guter Brauch› sei.[98]

Wovon Lame Deer hier spricht, ist nicht die unkontrollierte Besessenheit der karibischen Wodu-Kulte, sondern eher eine erneute Bestätigung des Schamanen für seine Einheit mit seinem Tierbegleiter. Wie Eliade es ausdrückt, bedeutet dies «weniger ein Besessensein als eine magische Verwandlung des Schamanen in dieses Tier.»[99]

Bei den Indianern von Mexiko und Guatemala ist der Schutzgeist im allgemeinen unter dem Begriff ‹Nagual› bekannt, abgeleitet von dem aztekischen *nahualli*. ‹Nagual› bezieht sich sowohl auf den Schutztiergeist als auch auf den Schamanen, der sich in dieses Krafttier verwandelt (zusammengesetzte Wörter, die von *nahualli* abgeleitet sind, haben die Bedeutung von ‹verkleidet, maskiert›).[100] ‹Nagual› wird im allgemeinen in Mexiko auch auf einen Schamanen angewandt, der *fähig* ist, solch eine Verwandlung durchzuführen, ganz gleich ob er es in jenem Augenblick gerade tut oder nicht. So nennt Castaneda den Don Juan einen Nagual und spricht auch über die weiteren Ableitungen von diesem Begriff.[101]

Bei dieser Gelegenheit stellt Castaneda das Nagual dem ‹Tonal› in einem längeren und auch etwas verwirrenden Gespräch mit Don Juan gegenüber.[102] Diese Verwirrung kann dadurch etwas geklärt werden, wenn man versteht, daß ‹Tonal› von dem Nahuatl oder Aztekischen Begriff *tonalli* kommt. Dieses Wort bezieht sich besonders auf die eigene Vitalseele und das Zeichen des Geburtstages, welches häufig ein Tier war. Das *tonalli* war Teil eines ausgeklügelten Kalendersystems mit Hinweisen auf Prädestination, etwa entsprechend dem eigenen Tierkeiszeichen in der westlichen Astrologie. So enthält die Vorstellung des Tonal die Einbeziehung von Schicksal, Prädestination und Bestimmung des eigenen Lebens von der Geburt bis zum Tod. Castanedas Gespräche stimmen im allgemeinen mit diesem Verständnis überein.[103] So könnte man annehmen, daß die eigenen Lebenserfahrungen in der normalen Wirklichkeit vom Tonaltier bestimmt würden; aber dieses Tier ist nicht dasselbe wie das Nagual des Schamanen, welches wie Schutztiergeister anderswo mit dem schamanistischen Bewußtseinszustand verbunden ist und jenseits der normalen Wirklichkeit liegt, wie Castaneda sagt.

Eine Verwechslung des Tonaltieres mit dem Nagualtier kommt so manches Mal in der anthropologischen Literatur über Mexiko und Guatemala vor. Dies kann auf falsches Wissen zurückzuführen sein, aber auch auf die Verschmelzung der beiden Tiere in ihren Kosmologien durch irgendwelche eingeborene mexikanische und guatemaltische Gruppen in Kolonialzeiten.[104]

Während von einigen Stämmen berichtet wird, daß praktisch jeder Erwachsene einen Schutzgeist habe, wie von den Nitlakapamuk Indianern aus Britisch Kolumbien und den Twana im Staate Washington, haben bei den übrigen nicht alle Erwachsenen Schutzgeister.[105] So versäumten bei den nordamerikanischen Prärie-Indianern oftmals einzelne, sie zu erwerben; man betrachtete sie deshalb meist als solche, die im Leben zu Mangel an Kraft und Erfolg verurteilt waren. Bei den Jívaro glaubten die meisten erwachsenen Männer, daß sie sie besäßen, weil sie das bestimmte Wissen hatten, bei der Visionssuche am heiligen Wasserfall erfolgreich gewesen zu sein. Für Frauen war es nicht so wichtig, ihn formell zu erwerben, weil die Stammesfehden, die größte

Ursache des gewaltsamen Todes, in erster Linie gegen erwachsene Männer und nicht gegen Frauen und Kinder gerichtet waren.[106]

Die berühmteste Methode, einen Schutzgeist zu erwerben, ist die Visionssuche oder Nachtwache an einem einsamen Ort in der Wildnis, wie bei den Präriestämmen Nordamerikas.[107] Die Jívaro Pilgerreise an einen heiligen Wasserfall ist ein südamerikanisches Beispiel solch einer Visionssuche. Auch bei den Jívaro aber könnte die nützliche Kraft eines Schutzgeistes erworben werden, ohne auf eine Visionssuche zu gehen. Es war typisch, daß Eltern eines neugeborenen Kindes ihm tatsächlich ein mildes Halluzinogen gaben, damit es ‹sehen› könne und hoffentlich so einen *arutam wakanI* oder Schutzgeist erwarb. Die Eltern wollten natürlich, daß das Kleinkind so viel Schutz wie möglich erhielte, um das Leben eines Erwachsenen zu erreichen. Es gab auch ein etwas stärkeres Halluzinogen *uchich maikua* oder ‹Kinder-Stechapfel›, das aus demselben Grund gereicht wurde, wenn das Kind etwas älter, aber noch nicht groß genug war, um die Visionssuche am heiligen Wasserfall mitzumachen.

Die Jívaro nahmen an, daß ein Kind wahrscheinlich nicht einmal das Alter von sechs, sieben oder acht Jahren erreichen würde ohne irgendeine Beschirmung durch einen Schutzgeist. Jedoch konnten die Eltern niemals sicher sein, daß ein Kleinkind oder Säugling wirklich eine Vision und Kraft erhalten hatte; deshalb war es für einen Knaben wichtig, daß er eines Tages auf die formelle Visionssuche ging, um absolut sicher zu sein, daß er einen Schutzgeist hatte. Das Leben in jener fehdereichen Zeit wurde für Frauen als nicht so gefährlich angesehen wie für Männer, aber Mädchen unternahmen doch eine kleinere Form der Visionssuche im Wald nahe dem Haus.

In Nordamerika vertraten die südlichen Okanagon im Staate Washington eine Ansicht ähnlich derjenigen der Jívaro. Bei den Okanagon wurden Schutzgeister im allgemeinen unfreiwillig von sehr jungen Kindern erworben, ohne auf eine Visionssuche zu gehen.[108] Die Visionen kleiner Kinder waren meist ähnlich denjenigen, die bei der formellen Visionssuche von Jugendlichen und jungen Erwachsenen gesehen wurden. «Der Geist erschien zunächst als Mensch, aber wenn er fortging, sah das Kind, was für ein Tier er war. Er konnte kommen, ohne daß das Kind oder seine Eltern an ihn gedacht hatten, und auch zu jeder Zeit des Tages oder der Nacht.»[109]

Walter Cline berichtet:

Nur ein sehr frühreifes Kind würde von seinem Schutzgeist im Alter von vier oder fünf Jahren wissen . . . Wenn es nicht ‹sehr aufgeweckt› war (auch als Jugendlicher oder junger Erwachsener), vergaß es sofort die Vision und was der Geist zu ihm gesagt hatte, und hatte in den meisten Fällen noch jahrelang keinen Kontakt mit dem Geist . . . Im Falle eines ernsten Notfalles während des Heranwachsens würde er aber bereit sein, ihm zu helfen.[110]

Mit anderen Worten ist es möglich, daß ein Mensch bereits den Schutz und die Kraft eines Hilfsgeistes hat oder hatte, ohne sich dessen bewußt zu sein. So *sah* 1957 ein Jívaro Schamane, daß ich einen Schutzgeist hatte, obgleich ich selbst davon nichts wußte.

Einem Schamanen ist es sehr einleuchtend, daß viele Abendländer ihren Schutzgeist haben, wie sich aus ihrer Energie, ihrer guten Gesundheit und aus anderen äußeren Merkmalen ihrer Kraft zeigt. Vom Standpunkt eines Schamanen ist es tragisch, daß gerade solche kraftvollen Menschen dennoch die Quelle ihrer Kraft nicht kennen und deshalb nicht wissen, wie sie sie voll ausschöpfen können. Eine ebensolche Tragik ist es vom selben Standpunkt aus betrachtet, daß lethargische, kranke und mutlose westliche Jugendliche offensichtlich ihre Schutzgeister verloren haben, die sie während ihrer Kindheit beschützt haben. Schlimmer noch, sie wissen nicht einmal, daß es eine Methode gibt, sie zurückzugewinnen.

Das Herbeirufen der Tiere

Versuchen Sie nun eine Übung zu machen, durch die Sie eine Möglichkeit haben, mit einem oder mehreren Ihrer unbekannten vergangenen oder gegenwärtigen Schutzgeister in Berührung zu kommen. Sie haben wahrscheinlich wenigstens einen in Ihrer Vergangenheit gehabt, sonst hätten Sie die Gefahren und Krankheiten Ihrer Kindheit nicht überlebt. Auch wenn er Sie seitdem lange verlassen hat, sollte die Übung Ihre verborgenen Erinnerungen daran wiederaufwecken. Diese Übung ist eine einfache, alte schamanische Technik. Ein Name dafür lautet: ‹Das Herbeirufen der Tiere›. Es gibt aber in anderen Kulturen auch andere Namen dafür. Sie ist ein Weg, auf dem die Menschen einer Gemeinschaft durch Tanz ihre Tieraspekte hervorrufen oder mit ihnen in Kontakt kommen.

Denken Sie daran, daß ein einzelner Schutzgeist entweder in Tier- oder in Menschengestalt erscheinen kann, obwohl Sie sehr wahrscheinlich den Tieraspekt Ihres Schutzgeistes sehen oder spüren werden.

Machen Sie diese Übung in einem ruhigen, halbdunklen Zimmer, aus dem Sie alle Möbel entfernt haben, die Sie bei Ihren Bewegungen stören könnten. Es könnte vorteilhaft sein, wenn Sie zwei gute Rasseln haben (lesen Sie im Anhang A über Trommeln und Rasseln nach). Jedoch sollten Sie nicht zögern, diese Übung zu versuchen, auch ohne daß Sie sich Rasseln besorgt haben. Die Übung besteht aus zwei Teilen: 1. dem Eröffnungstanz und 2. dem Tanz Ihres Tieres. Bei beiden Tänzen schütteln Sie gleichmäßig und laut eine Rassel in jeder Hand, wobei Ihr Tanz im Rhythmus der Rasseln verläuft. Beim ganzen Tanz halten Sie Ihre Augen halb geschlossen. Dadurch können Sie noch mehr Licht abschirmen, und Sie sind gleichzeitig in der Lage, zu beobachten, wo im Raum Sie sich befinden.

Der Eröffnungstanz

1. Still und aufrecht stehend, schauen Sie nach Osten und schütteln eine Rassel sehr schnell und kräftig viermal. Dies ist das Signal, daß Sie anfangen, aufhören oder einen wichtigen Übergang bei einer ernsthaften schamanischen Aufgabe machen. Denken Sie an die aufgehende Sonne, die letztlich allem Lebendigen Kraft gibt. (Eine Gesamtzeit von etwa 20 Sekunden)

2. Noch immer nach Osten blickend, beginnen Sie nun eine Rassel in einer stetigen Geschwindigkeit von etwa 150mal pro Minute zu schütteln, am Platz stehend. Tun Sie dies etwa eine halbe Minute nach jeder der Hauptrichtungen (indem Sie sich entweder im Uhrzeigersinn oder entgegen drehen, was Ihnen passender erscheint). Dabei denken Sie an Ihre Pflanzen- und Tierverwandten in allen vier Himmelsrichtungen, die bereit sind, Ihnen zu helfen. Nun schauen Sie wieder nach Osten und schütteln die Rassel über Ihrem Kopf in derselben Geschwindigkeit eine halbe Minute lang. Denken Sie dabei an die Sonne, den Mond, die Sterne und das ganze Universum oben. Danach schütteln Sie die Rassel gegen den Fußboden auf dieselbe Weise. Denken Sie dabei an die Erde, unsere Heimat.[111] (Eine Gesamtzeit von etwa drei Minuten)

3. Immer noch nach Osten schauend, nehmen Sie beide Rasseln in Ihre Hände und beginnen sie in derselben Geschwindigkeit zu schütteln wie bei Stufe 2, gleichzeitig tanzend, als ob Sie am Ort im Tempo der Rasseln traben. Mit diesem Eröffnungstanz geben Sie den Krafttieren – ganz gleich, wo sie sind – den Beweis Ihrer eigenen Aufrichtigkeit, indem Sie ihnen ein Selbstopfer Ihrer Energie in der Form des Tanzens darbringen. Dieses Tanzen ist eine Art Beten und Aufrufen des Mitgefühls der Schutzgeister. Im Schamanismus kann wahrlich gesagt werden, daß Sie tanzen, um Ihre Geister zu beschwören. (Insgesamt etwa fünf Minuten)

4. Aufhören mit dem Tanzen und Stufe 1 wiederholen. Dies zeigt an, daß Sie im Begriff sind, einen wichtigen Übergang zu machen, um Ihr Tier zu tanzen.

Sein Tier durch Tanz darstellen

5. Beginnen Sie nun, Ihre Rasseln laut und langsam etwa 60mal pro Minute zu schütteln, wobei Sie Ihre Füße im gleichen Tempo bewegen. Bewegen Sie sich langsam und ganz frei im Zimmer umher, wobei Sie versuchen, die Empfindung aufzuspüren, daß Sie eine Art Säugetier, Vogel, Fisch, Reptil oder eine Kombination daraus sind. Sobald Sie die Vorstellung eines solchen Tieres haben, konzentrieren Sie sich darauf und bewegen Ihren Körper langsam so, als seien Sie jenes Tier. Nun erreichen Sie den schamanischen Bewußtseinszustand. Öffnen Sie sich, um die Gefühle jenes Tieres zu erspüren, und zögern Sie nicht, Schreie oder Geräusche desselben zu machen, wenn Sie den Wunsch danach empfinden. Wenn Sie Ihre Augen halb geschlossen halten, können Sie vielleicht sogar die nichtnormale Umgebung erkennen, worin sich das Tier bewegt, und sogar das Tier selbst sehen. Das Tier sein und sehen geschieht im allgemeinen im schamanischen Bewußtseinszustand gleichzeitig. (Die Zeit dafür ist durchschnittlich etwa fünf Minuten.)

6. Ohne Pause gehen Sie über zu einer schnelleren Geschwindigkeit des Rasselns und Ihrer Bewegungen, etwa 100mal pro Minute. Machen Sie alles andere weiter wie in Stufe 4. (Die Zeit hierfür dauert durchschnittlich etwa vier Minuten.)

7. Ohne Unterbrechung erhöhen Sie Ihr Rasseln auf etwa 180mal pro Minute und setzen Ihr Tanzen wie vorher fort, aber in einem

schnelleren Tempo. (Die Zeit hierfür beträgt gewöhnlich etwa vier Minuten.)

8. Hören Sie zu tanzen auf und laden Sie in Gedanken das Tier ein, in Ihrem Körper zu bleiben. Während Sie das tun, schütteln Sie die Rasseln schnell viermal, wobei Sie sie an Ihre Brust ziehen. (Zeit etwa zehn Sekunden)

9. Wiederholen Sie Stufe 1. Es ist das Signal, daß die Aufgabe beendet ist.

Für einen tieferen Eintritt in den schamanischen Bewußtseinszustand empfehle ich, bei der vorstehenden Übung zusätzlich zu den Rasseln eine Trommel zu benutzen. Dazu brauchen Sie jemanden, der als Ihr Helfer fungiert, damit die Trommel genau im Tempo Ihrer Rasseln geschlagen wird (Auskunft über Trommeln siehe Anhang A). Ihr Helfer sollte seitwärts im Raum stehen und nicht versuchen, an irgendeiner Bewegung teilzunehmen, während er trommelt. Wenn der Trommler in den einzelnen Stufen der Übung erfahren ist, könnten Sie eventuell das Tiertanzen ohne die Rasseln machen, wodurch Sie Ihre Aufmerksamkeit stärker von der normalen Wirklichkeit lösen können.

Ganz typisch entdecken sich Abendländer beim ‹Tanzen ihrer Tiere› als Kranich, Tiger, Fuchs, Adler, Bär, Hirsch, Tümmler oder sogar Drache (denn es gibt keine ‹mythischen› Tiere im schamanischen Bewußtseinszustand; der Drache ist so wirklich wie die übrigen Tiere). Was gewöhnlich den Tänzern dabei klar wird, ist die Tatsache, daß unter unserem normalen menschlichen Kulturbewußtsein eine nahezu universelle emotionale Verbindung mit ‹alter egos› wilder Tiere besteht.[112] Bedenken Sie aber, daß – ganz gleich wie erfolgreich Sie beim Tanzen Ihrem Tier Ausdruck verliehen haben – dies allein kein Beweis dafür ist, daß Sie seine Kraft noch haben. Sie könnten auch nur eine Erinnerung daran tanzen. Eine erfolgreiche Erfahrung läßt jedoch die Schlußfolgerung zu, daß Sie wenigstens solch einen Schutzgeist in der Vergangenheit gehabt haben, wenn Sie ihn vielleicht zur Zeit auch nicht besitzen. Das Tanzen allein ist noch kein Beweis, ganz gleich wie man es ansieht.

Nebenbei sei noch gesagt, ganz gleich wie wild ein Schutztiergeist auch scheinen mag, so ist sein Besitzer in keiner Gefahr, weil das Krafttier absolut harmlos ist. Es ist nur eine Quelle der Kraft; es hat niemals Angriffsabsichten, sondern ist nur gekommen, weil Sie Hilfe brauchen.

Wenn man schamanische Praxis beibehalten will, muß man sich regelmäßig in sein Tier verwandeln, um das Tier zufriedenzustellen, damit es auch bleibt. Das bedeutet, das Tier durch Tanz zu üben, Lieder über das Tier zu singen und ‹große› Träume als Botschaften von diesem Hüter, dem Krafttier, zu erkennen. Ihr Tier zu tanzen, ist eine wichtige Methode, um es zufriedenzustellen und davon abzubringen, Sie zu verlassen. Das Schutztier, das im Geist eines Menschen wohnt, möchte das Vergnügen haben, noch einmal in materieller Form zu existieren. Das ist ein guter Tausch; denn der Mensch erhält dafür die Kraft der ganzen Art oder Gattung der Tiere, die durch diesen Schutzgeist vertreten werden. So wie ein Mensch sich wünschen könnte, nichtalltägliche Wirklichkeit zu erfahren, indem er ein Schamane wird, so kann ein Schutzgeist sich wünschen, normale Wirklichkeit zu erfahren, indem er in den Körper eines lebenden Menschen eintritt.

Trotz der besten Bemühung, so lernte ich vor Jahren bei den Jívaro, bleiben Schutzgeister nur ein paar Jahre bei Ihnen und verschwinden dann. Deshalb werden Sie im Laufe eines langen, kraftvollen Lebens eine Anzahl von ihnen nacheinander haben, ob Sie es merken oder nicht.

Tanzen ist nicht die einzige Möglichkeit, wie Sie physisch Ihr Krafttier daran gewöhnen können, daß es willig bei Ihnen bleibt. Eine andere Art besteht darin, es in reiner Wildnis oder abgelegenen Teilen öffentlicher Parks zu üben. Ich erinnere mich an einen jungen, im Schamanismus erfahrenen Mann aus dem Westen, der während der Woche in einem Buchladen arbeitete und sonntags mit seinem Puma in einen Regionalpark ging, um mit ihm über die Berge zu laufen. Niemand hat ihn jemals davon abgehalten, und er selbst fand dies befriedigender, als in die Kirche zu gehen.

Natürlich gibt es wahrscheinlich ein großes Problem, wenn Sie sich in aller Öffentlichkeit in Ihr Tier verwandeln: die Menschen werden das kaum verstehen, wenigstens nicht in unserer Kultur. Aber wie Castaneda mir einmal sagte, hatte Don Juan sogar bei seiner mexikanisch indianischen Bevölkerung ein sehr ähnliches Problem. Er berichtete, Don Juan habe ihm erzählt, daß einer der Gründe, warum er nicht mehr die halluzinogenische Datura-Salbe benutze, darin liege, daß Indianer angefangen hätten, auf ihn zu schießen, wenn er über Bäume sprang. Das Schicksal eines Schamanen ist eben nicht immer ein glückliches.

Merken Sie sich gut, daß Schutzgeister *immer* Wohltäter sind. Sie schädigen ihren Besitzer niemals. Und Sie sind es, der den Schutzgeist besitzt; er besitzt Sie niemals. Mit anderen Worten ist das Krafttier ein rein wohlwollender Geist, ganz gleich wie wild es auch manchmal erscheinen mag. Es ist ein Geist, der exerziert, nicht exorziert werden will.

Kapitel V

Die Reise zur Wiedererlangung der Kraft

Schamanen haben schon lange erfahren, daß die Kraft des Hüters oder Schutzgeistes den Betreffenden widerstandsfähig gegen Krankheit macht. Der Grund ist einfach: er verschafft einen *kraftvollen* Körper, der dem Eindringen fremder Kräfte widersteht. Vom Standpunkt des Schamanen ist einfach kein Raum in einem kraftgeladenen Körper für das leichte Eindringen der aufdringlichen, schädlichen Energien, die in der normalen Wirklichkeit als Krankheiten bekannt sind.

Ein Krafttier oder Schutzgeist – so lernte ich zuerst bei den Jívaro – vergrößert nicht nur die eigene physische Energie und die Fähigkeit, einer ansteckenden Krankheit zu widerstehen, sondern auch die eigene mentale Beweglichkeit und das Selbstvertrauen. Die Kraft macht es einem sogar schwerer zu lügen.

Kraftvoll zu sein, bedeutet gleichsam, ein Kraftfeld in sich und um sich zu haben; denn man ist widerstandsfähig gegen äußere Krafteinbrüche, die für den Schamanen gleichbedeutend mit Infektionen sind. Vom schamanischen Standpunkt sind Krankheiten meistens Krafteindringlinge. Sie gehören nicht zur Natur des Körpers, sondern werden hineingebracht. Wenn Sie Kraft-voll sind, werden Sie ihnen widerstehen. Deshalb ist der Besitz der Schutzgeistkraft die Basis für die eigene Gesundheit. Ernste Erkrankung ist meist nur dann möglich, wenn eine Person ent-geistigt ist, ihren aufladenden Generator – den Schutzgeist – verloren hat. Wenn ein Mensch bedrückt, schwach, anfällig für Krankheit wird, so ist das ein Zeichen dafür, daß er sein Krafttier verloren hat und deshalb den unerwünschten Kraft-‹Infektionen› oder -eindringlingen nicht länger widerstehen oder sie nicht mehr abwehren kann.

Sie mögen ganz erfolgreich in der Erfahrung gewesen sein, Ihr Tier zu tanzen. Jedoch ist das, wie wir schon sagten, keine Garantie dafür, daß Sie noch seine Kraft besitzen, da es Sie seither schon lange verlassen haben kann. Um absolut sicher zu sein, daß Sie ein Krafttier haben, sind besondere Techniken anzuwenden. Eine davon ist die schamanische Reise in die Unterwelt, um ein Krafttier zurückzuholen, das Sie verloren haben.

Während Schamanen diese Reise meistens allein unternehmen, gab es bei den Küsten-Salish Indianern im westlichen Staat Washington eine außergewöhnlich sorgfältige Methode, Schutzgeistkraft zu erneuern. Dort unternahmen die Schamanen die Reise gemeinsam als Gruppe.

Dabei formten sie im Geiste ein ‹Kanu›. Dieses ‹Geistboot› benutzten sie für die Reise, deren Ziel es war, den Schutzgeist ihres Patienten aus der Unterwelt zurückzuholen.[113] Es «war nicht die Seele eines Menschen in der allgemeinen Bedeutung des Wortes, sondern vielmehr sein Schutzgeist», der bei dem Patienten wieder zurückgeholt werden mußte.[114] Bei den Küsten-Salish Indianern wird der Schutzgeist im allgemeinen als *Krafttier* bezeichnet, wie schon besprochen wurde.[115]

Die Küsten-Salish Indianer sind einmalig in ihrer Methode der sorgfältigen Ausarbeitung des Gruppengeistkanus.[116] Sobald ein Mensch anfing, Symptome der Mutlosigkeit zu zeigen, was bei den Salish auch der stetige Verlust an Eigentum und Wohlstand andeutete, dann konnte der Betreffende ein halbes bis zu einem ganzen Dutzend Schamanen anstellen, die sich gemeinsam an die Aufgabe machten, seinen Schutzgeist zurückzuholen, indem sie in die Unterwelt reisten.[117]

In einer vereinbarten Nacht formten die Schamanen in ihrer Vorstellung zwei Kanus, indem sie sich in einem großen Haus in zwei parallelen Reihen aufstellten. Neben jedem Schamanen wurde sein magisches Zedernbrett in den Lehmboden gesteckt. Jedes Brett war mit Darstellungen der Erfahrungen seines Eigentümers verziert, als er die erste Vision eines Geistkanus hatte. Jeder Schamane hielt außerdem eine Stange von 1,80 bis 2,40 m Länge in der Hand, mit der er paddelte oder das Geistkanu abstieß. Der Schamane im Bug war der Führer, derjenige im Heck der Steuermann.

Begleitet vom Schütteln der Rasseln, dem Schlagen der Trommeln und dem Singen «sanken die Seelen oder Geistwesen der Schamanen hinunter in die Erde», indem sie in einem Geistboot fuhren, «welches die Macht hatte, ‹Land zu Wasser zu machen›, wohin auch immer sie reisten» in der Unterwelt.[118] Während sie in dem Geistkanu reisten, sang jeder Schamane, beginnend beim Führer, sein eigenes Schutzgeistlied. Eine große Zuschauermenge saß entlang den Wänden des Hauses und sang mit, um den Schamanen zu helfen.[119]

Manchmal dauerten Geistkanureisen bei den Küsten-Salish fünf oder sechs Nächte, wobei die Schamanen während des Tages schliefen und am Abend ihre Reise an der Stelle wieder aufnahmen, wo sie bei beginnender Morgendämmerung aufgehört hatten. Im allgemeinen aber dauerte die Reise nur zwei Nächte, wobei die erste Nacht die Reise ins jenseitige Land war und die zweite Nacht die Rückkehr. Sobald es den Schamanen gelungen war, den Schutzgeist ihres Patienten wiederzufinden, begannen sie die Heimreise. Wenn sie den Schutzgeist in den Patienten zurückversetzt hatten, stand dieser auf und tanzte.[120]

Das Geistkanu der Küsten-Salish ist die große, gemeinschaftliche Form einer viel gebräuchlicheren und einfacheren schamanischen Methode, einem Patienten Kraft zurückzugeben. Bei dieser Methode nehmen nur zwei oder drei wichtige Personen teil: der Schamane, die Person oder der Patient, dessen Kraft erneuert werden soll, und oft noch ein Helfer, der die Trommel des Schamanen schlägt. Einige Meisterschamanen können ohne die Hilfe eines Trommlers auskommen; doch ist solche Geräuschunterstützung meistens notwendig.

Ich selbst erlernte diese Methode 1961, als ich bei den Conibo lebte, deren Schamanen diese Technik häufig bei der Behandlung von Krankheiten anwenden. Gleich den Schamanen der Küsten-Salish reisten die Conibo in einem Geistboot hinunter in die Unterwelt, obwohl es meistens eher ein nicht alltägliches Flußdampfboot als ein Kanu ist! Außerdem wird die Conibo Mannschaft nicht von Schamanen gebildet, sondern von einem einzigen Schamanen, dem eine große Gruppe von Geistwesen hilft.

Die Verwendung irgendeiner Art von Geist- oder Seelenschiff bei der schamanischen Reise ist bei den Naturvölkern weitverbreitet. Es kommt in Sibirien wie auch in Malaysia und Indonesien vor, wo es im Zusammenhang mit dem ‹Totenschiff› steht.[121] Oft hat das Geistkanu die Form einer Schlange, wie bei den Eingeborenen Australiens, oder eines ‹Schlangenkanu› bei den Desana Indianern des südamerikanischen Tropenwaldes.[122] Bei anderen Gruppen wie den Tapirapé von Zentralbrasilien ist wenig bekannt über die besondere Form des Geistkanus, das von den Schamanen benutzt wird.[123] Manchmal kann ein Schamane auch ein Geistfloß benutzen, wie in Sibirien.[124]

Häufiger aber brauchen die Schamanen für ihre schamanische Reise kein Kanu oder sonstiges Wasserfahrzeug im schamanischen Bewußtseinszustand, sondern wenden immer dieselbe Basismethode an. Mit anderen Worten ‹sinken› sie in die Unterwelt, um einen Geist zurückzuholen, ohne sich um die Formung eines ‹Kanus› oder eines anderen Fahrzeugs zu kümmern. Ich meinerseits benutze nur dann die Vorstellung eines Kanus, wenn ich im Stil der Küsten-Salish mit einer Gruppe arbeite, obwohl ich in die Bootsmethode zuerst bei den Conibo eingeführt wurde. Jeder Schamane sollte nach einigen Jahren bereit sein, seine Methoden zu ändern und so anzupassen, wie es ihm für seine Arbeit am besten zu sein scheint.

Die Methode, in die ich Sie einführen möchte, ist eine verhältnismäßig einfache und grundlegende Umformung der Rückholreise. Dieselbe Grundtechnik kann nicht nur dazu benutzt werden, um einen Schutzgeist für einen anderen Menschen zurückzuholen, sondern auch dazu – mit gewissen Abänderungen –, um die verlorene Vital- oder lebengebende Seele eines Menschen zurückzuholen, der sich im Zustand eines Schlafwandlers befindet. Das allerdings ist fortgeschrittene Arbeit, die hier nicht behandelt wird.

Eines der wesentlichen Elemente dieser Methode besteht darin, sich neben den Patienten auf den Fußboden oder das Erdreich hinzulegen. Dieses Niederfallen oder Hinlegen des Schamanen neben den Patienten ist ein sehr weitverbreiteter Aspekt der Behandlungsmethode durch Reisen. Ein wesentlicher Grund für diese Praxis liegt darin, daß es im tiefen schamanischen Bewußtseinszustand sehr schwierig ist, sich aufrecht zu halten. Doch auch in einer leichten schamanischen Bewußtseinsänderung möchte sich der Schamane meistens hinlegen, um zu *sehen* und die Reise deutlich zu erfahren, indem er völlig entspannt ist und nicht darauf achten muß, daß seine Funktionen in der normalen Wirklichkeit beim Stehen oder Sitzen erhalten bleiben. Ein Stammesangehöriger der australischen Yaralde beschrieb eindrucksvoll die Notwendigkeit des Hinlegens beim *Sehen:*

> *Wenn du aufstehst, wirst du diese Szenen nicht sehen, aber wenn du dich wieder hinlegst, wirst du sie sehen, wenn du dich nicht zu sehr fürchtest. Wenn du dich fürchtest, zerreißest du das Gewebe (oder den Faden), an denen die Szenen aufgehängt sind.*[125]

Bei der hier erklärten Methode zur Rückholung des Schutzgeistes bringt die Person in der Rolle des Schamanen das Krafttier zurück und bläst es zunächst in die Brust des Patienten. Von den Jívaro habe ich gelernt, daß der Hüter eines Menschen sich hauptsächlich in der Brust ausruht, obwohl seine Kraft durch den ganzen Körper strömt. Ein Jívaro Schamane, der den *ayahuasca* Trank zu sich nimmt, sieht einen umgekehrten Regenbogen in der Brust desjenigen, der einen Hüter besitzt. Die Vorstellung, daß der Hüter hauptsächlich in der Brust wohnt, ist offensichtlich weitverbreitet; sie kommt beispielsweise sowohl bei den Eingeborenen Australiens als auch des westlichen Nordamerika vor.[126]

Die Fontanelle oder sog. ‹weiche Stelle› am Schädeldach, wo sich die Schläfen- und Hinterkopfknochen treffen, ist ein wichtiger Ein- und Ausgangspunkt für Kraft, und aus diesem Grunde bläst ein Schamane, nachdem er den Schutzgeist in die Brust geblasen hat, danach in die Fontanelle des Patienten. Damit beendet er die Übertragung der Reste der Kraft, die er zurückgeholt hat.

Aufspüren eines Kraftliedes

Bevor man die schamanische Reise beginnt, um ein Krafttier zurückzuholen, sollte man ein Kraftlied erwerben. Jeder Schamane hat wenigstens ein Kraftlied, das er zum ‹Aufwecken› seines Hüters und anderer Helfer benutzt, die ihn beim Heilen oder bei anderer Arbeit unterstützen. Um ein Kraftlied zu erhalten, muß man sich vornehmen, wenigstens einen Tag allein in einer natürlichen Wildnis zu verbringen, an einem Ort, wo man keine Menschen trifft und die natürliche Umwelt noch nicht zu sehr von Menschen verändert wurde. Der große Erforscher des Eskimolebens Rasmussen (1879–1933) drückt dies wie folgt aus:

> . . . *Die besten magischen Worte sind diejenigen, die zu einem kommen, wenn man allein draußen in den Bergen ist. Sie sind in ihrer Wirkung am kraftvollsten. Die Kraft der Einsamkeit ist großartig und geht über allen Verstand.*[127]

Eine entlegene Wald- oder Gebirgsgegend ist ideal, aber wenn kein solcher Ort in der Nähe ist, versuchen Sie das Beste in dieser Richtung zu erreichen, was möglich ist. Essen Sie kein Frühstück, und fasten Sie den ganzen Tag, wobei Sie ganz ruhig umhergehen und sich manchmal hinsetzen. Planen Sie keinen Weg im voraus; lassen Sie sich einfach von Ihren Füßen forttragen. Beim Gehen erspüren Sie dann, welchem Tier Sie sich ähnlich fühlen. Es könnte dasjenige sein, das Sie getanzt haben, braucht es aber nicht zu sein. Übernehmen Sie seine Gefühle, und freuen Sie sich den ganzen Tag an seiner Identität. Da dies Ihre erste Suche nach einem Lied ist, kann es sein, daß Ihnen nur die Melodie begegnet.

Wenn dem so ist, müßten Sie später dazu auch Ihre eigenen Worte finden. Zunächst aber gebe ich Ihnen die Worte eines meiner Lieder, die ich erwarb, als ich bei den Jívaro lernte:

Ich habe Geister,
Geister habe ich.
Ich habe Geister,
Geister habe ich.
Ich habe Geister,
Geister habe ich.
Ich, ich, ich.

(noch dreimal wiederholen und dann zur nächsten Strophe übergehen)

Meine Geister
Sind wie Vögel,
Und die Flügel
Und Körper sind Träume.
Ich habe Geister,
Geister habe ich.
Ich, ich, ich.

(noch dreimal wiederholen und dann zur ersten Strophe zurückkehren)

Wiederholen Sie das Lied so lange, wie Sie es für notwendig halten. Ein Kraftlied hilft einem auch in den schamanischen Bewußtseinszustand hinein, sowohl durch seine Worte als auch durch seine Melodie. Je öfter Sie das Lied bei schamanischer Arbeit benutzen, je wirkungsvoller wird es als Hilfe beim Wechseln Ihres Bewußtseinszustandes. Schließlich kann es ein kleiner ‹Schalter› werden, wenn Sie in den schamanischen Bewußtseinszustand überwechseln wollen.

Man kann sich auch ein besonderes Kraftlied aussuchen, das man während der Reise singt. Man findet das am besten heraus, wenn man tatsächlich eine Reise macht: es enthält gewöhnlich eine Beschreibung dessen, was man sieht. Cloutiers freie Bearbeitung des Schamanenliedes eines Tsimshian der Nordwestküste ist ein gutes Beispiel:

Ich fahre in meinem Kanu
überallhin
in meiner Vision

über Bäume
oder im Wasser
treibe ich dahin

überallhin
treibe ich
zwischen Wirbeln

überallhin
treibe ich
unter Schatten

ich fahre in meinem Kanu
überallhin
in meiner Vision

über Bäume
oder im Wasser
treibe ich dahin

wessen Kanu
ist dies
worin ich stehe

dasjenige
worin ich stehe
mit einem Fremden

ich fahre in meinem Kanu

überallhin
in meiner Vision

über Bäume
oder im Wasser
treibe ich dahin[128]

Sie können auch unfreiwillig ein Lied erhalten, während Sie träumen. Die verstorbene Essie Parrish, eine Pomo Indianer-Schamanin aus Kalifornien, gab den folgenden Bericht, wie sie ihr erstes Kraftlied träumte:

Ich werde nun eine andere Geschichte aus der Zeit erzählen, als ich noch jung war – wie ich zuerst ein Lied sang, als ich noch ein Kind war. Ich war damals elf Jahre alt. Ich erhielt dieses Lied nicht auf eine normale Weise – ich träumte es.

Einmal als ich schlief, kam ein Traum zu mir – ich hörte hoch im Himmel Gesang. Weil ich noch klein war, weil ich nicht erkannte, was es war, achtete ich nicht (bewußt) darauf – ich hörte einfach (passiv) zu, als jener Mensch da oben sang. Dennoch ließ er es mich kennenlernen – es war so, als ob es tief in meine Brust eindringe, als ob das Lied selbst in meinem Stimmapparat singen würde. Dann schien es mir, als ob ich den Mann sehen könnte, als ob ich ihn gerade noch erkennen könnte.

Als ich vom Schlaf erwachte, sang dieses Lied in mir den ganzen Tag. Obwohl ich gar nicht singen wollte, so sang dennoch das Lied in meinem Stimmapparat. Dann versuchte ich selbst, versuchte zu singen. Und erstaunlicherweise war das Lied ganz wunderschön. Ich habe es seitdem in Erinnerung.

Eines Tages begleiteten dann meine ältere Schwester und ich unsere Großmutter nach Danaká. Zu jener Zeit war sie auch noch klein, aber sie war dicker als ich. Wir reisten zusammen mit ihr (unserer Großmutter). Als wir nach Danaká hinübergefahren waren, wohnten wir dort.

Dann gingen wir eines Morgens früh nach Madrone Beach, um Seetang zu sammeln. Wir begleiteten unsere Großmutter. Während wir dort auf einem Stein saßen, spielten wir Puppen und schwatzten und lachten. Aber immer noch sang tief in mir jenes Lied. Und da es in meinem Stimmapparat sang, begann ich auch zu singen. Dabei geschah es, daß meine Schwester mich hörte.

«Was singst du da?» fragte sie mich. «Ich singe ein Lied», sagte ich.

«Wie schön es klingt. Wo hast du dieses Lied gehört?» forschte sie weiter. «Ich habe es geträumt», antwortete ich. Als ich das gesagt hatte, wurde ich verlegen. «Sing es bitte noch einmal», sagte sie. Ich antwortete darauf: «Es ist nicht für diesen Zweck. Du solltest es nicht lernen.» Aber weil sie stärker war als ich, zwang sie mich, es doch zu singen. Obwohl ich nicht singen wollte, zwang sie mich dennoch.

Dann sang ich das Lied . . .

«Aber erzähle es niemandem», bat ich. «Warum nicht?» fragte sie. «Sie könnten mich bitten zu singen.» «In Ordnung», sagte sie. Das stellte sich als nicht wahr heraus. Wir gingen am Abend nach Hause zurück. Obwohl meine Schwester versprochen hatte, es nicht zu erzählen, sagte sie es dem älteren Bruder meiner Großmutter – er war merkwürdig, eine einfältige Person. Er sagte: «Sie sagen, daß du ein Lied hast.» «So? Wer hat das gesagt?» fragte ich. «Deine ältere Schwester sagte, daß du ein wunderschönes Lied gesungen hast. Bitte singe es», sagte er. Also sang ich es noch einmal für ihn. Es gefiel ihm äußerst gut.

Das war das erste Lied, das ich sang, als ich noch klein war. Hier höre ich auf.[129]

Die Reise machen, um ein Krafttier zurückzuholen

Sie haben bereits gelernt, wie man die Anfangsreise in die Unterwelt macht. Diese neue Reise ist einfach eine Fortsetzung dessen, was Sie früher schon gemacht haben, aber es ist auch ernste schamanische Arbeit. Voraussetzung ist, daß Sie die früheren Übungen bereits erfolgreich durchgeführt haben. Studieren Sie sorgfältig vorher mehrere Male die Anleitungen, so daß Sie die einzelnen Stufen gut im Gedächtnis haben.

Sie brauchen einen Partner, der auch das Buch studiert hat. Zusätzlich brauchen Sie eine Trommel (oder eine Kassettenaufnahme mit schamanistischem Trommeln) und eine Rassel. Wenn Sie eine Trommel verwenden, brauchen Sie auch eine dritte Person, die trommelt. Nähere Informationen über Trommeln und Kassetten finden Sie in Anhang A.

Um jemandem ein Krafttier zurückzugeben, ist es nicht erforderlich, daß der Betreffende zu diesem Zeitpunkt gerade keines hat. Wie die Jívaro Ihnen berichten können, hat ein Mensch gelegentlich zwei Schutztiere zur gleichen Zeit. Wenn demnach eine Person bereits eines besitzt, so ist dann immer noch Raum für ein zweites. Ein zweites macht den Besitzer um so kraftvoller. In dem unwahrscheinlichen Fall, daß Sie bereits zwei haben, kann nach den Bedingungen, die ich gelernt habe, ein drittes Krafttier nicht in Ihren Körper eingehen, auch wenn eines zurückgeholt wird. Es wird dann einfach dahintreiben, vielleicht um zu einem späteren Zeitpunkt verfügbar zu sein.

Die folgende Reise ist dazu da, um ein Schutztier zurückzuholen, das Ihr ‹Patient› verloren hat. Da man während seines Lebens unwissend oder wissend die Hilfe einer Reihe verschiedener Krafttiere haben kann, gibt es keinen normalen Weg, um im voraus zu erraten, ob das Tier bereits von Ihrem ‹Patienten› getanzt wurde, oder ob er es aus einem anderen Grund gern zurückhaben möchte. Krafttiere kommen und gehen normalerweise ganz unbemerkt von dem betreffenden Menschen, besonders nach ein paar Jahren. Demgemäß ist die regelmäßige Durchführung dieser Übung ein wichtiger Weg für einen Menschen, um sicher zu sein, daß er Kraft besitzt. Und wenn ein Mensch Kraftverlust durch Depression oder Krankheit zeigt, sollte dieses Hilfswerk sofort zusätzlich zu dem unternommen werden, was orthodoxe Arztbehandlung oder Psychotherapie verordnet.

Die Stufen sind folgende:

1. Planen Sie mit Ihrem Partner und einer dritten Person, gemeinsam einen Abend zu verbringen. Enthalten Sie sich alkoholischer Getränke und bewußtseinsverändernder Drogen während des ganzen vorangegangenen Tages. Essen Sie mittags nur leicht und abends nichts.

2. Benutzen Sie ein Zimmer ohne Licht und Geräusche von außen. Räumen Sie alle Möbel aus dem Weg. Stecken Sie in einer Ecke des Zimmers auf dem Boden eine Kerze an, wo sie nicht viel Licht verbreitet.

3. Die Person, die als Schamane auftritt – in diesem Fall Sie selbst –, sollte alle Stufen des *Eröffnungstanzes* und des *Tiertanzens* durchmachen, wie sie auf den Seiten 100–103 beschrieben sind. Wenn Sie einen Trommler haben, lassen Sie ihn die Trommel im Rhythmus mit Ihrer Rassel schlagen, aber nur wenn Sie wirklich tanzen (siehe Abb. 6).

4. Schütteln Sie Ihre Rassel viermal in die sechs Richtungen (Ost, Nord, West, Süd, oben und unten), um die Aufmerksamkeit der Geister zu wecken, wo immer sie sein mögen. Dann pfeifen Sie viermal, um die Geister zu rufen. Als nächstes gehen Sie sehr langsam viermal um den Patienten herum, indem Sie die Rassel in einem langsamen,

Abb. 6: Das Schlagen der Trommel für die schamanische Reise. Gezeichnet von Barbara Olsen.

aber starken und stetigen Tempo schütteln, und stellen sich dann wieder neben ihn.

5. Dann pfeifen Sie Ihr Kraftlied – das Lied, mit dem Sie Ihre Geister um Hilfe anrufen – und schütteln Ihre Rassel zur Begleitung. Pfeifen Sie weiter, normalerweise ein paar Minuten lang, bis Sie spüren, daß eine leichte Änderung Ihres Bewußtseins eintritt.

6. Jetzt beginnen Sie wirklich die Worte zu singen und fahren gleichzeitig fort, die Rassel im selben starken, langsamen Schlag zu schütteln.

7. Wiederholen Sie Ihr Lied so lange, bis Sie merken, daß sich Ihr Bewußtsein ändert. Durch Übung und Erfahrung erkennt man sofort, wann diese leichte Trance erreicht ist. Einige der äußeren Zeichen sind gesteigertes Tempo beim Singen und Rasseln, zitternde Arme und sogar unkontrolliertes Frösteln. Dieser Zeitpunkt ist gekommen, wenn

Sie den fast unwiderstehlichen Wunsch haben, sich fallen zu lassen oder sich auf den Boden neben den Patienten zu legen. Halten Sie diesen Drang so lange wie möglich zurück, bis Sie nicht mehr anders können, als zu Boden zu stürzen.

8. Auf dem Boden drücken Sie Ihren ausgestreckten Körper gegen den des Patienten: Schulter an Schulter, Hüfte an Hüfte, Fuß an Fuß. Unverzüglich beginnen Sie nun in der Dunkelheit, Ihre Rassel genau über Ihrer Brust vor und zurück zu schütteln. Sobald Sie mit dem Rasseln anfangen, beginnt der Trommler im gleichen Rhythmus zu schlagen.

Abb. 7: Eingang in die Erde. Gezeichnet von Barbara Olsen.

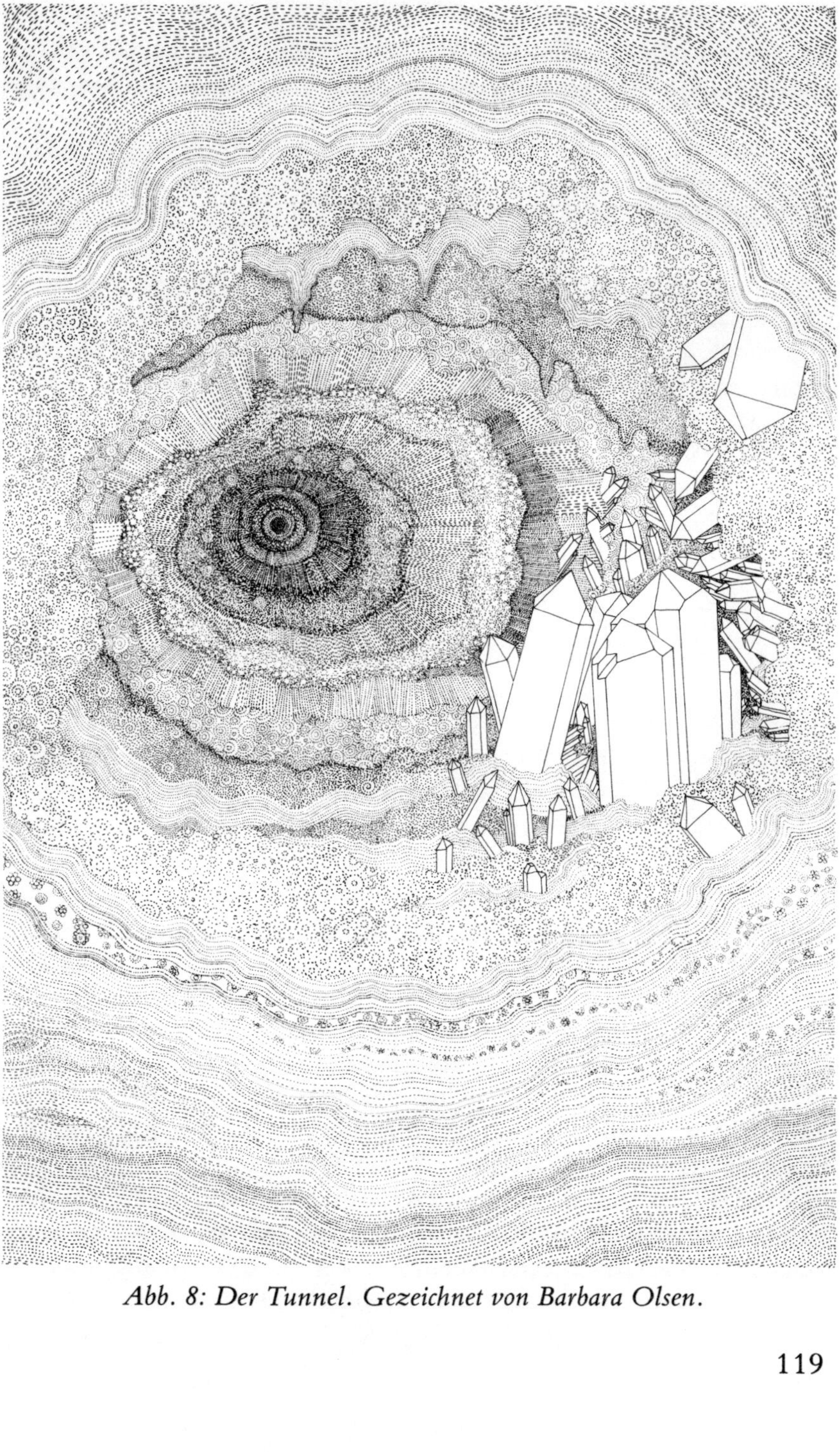

Abb. 8: Der Tunnel. Gezeichnet von Barbara Olsen.

9. Schütteln Sie Ihre Rassel in einer Geschwindigkeit von etwa 180mal pro Minute. Während Sie auf dem Boden liegen, bedecken Sie mit einem Unterarm Ihre Augen, um jegliches Licht von der Kerze abzuschirmen, und behalten Sie das Rasseln so lange bei, bis Sie klar Ihren Eingang in die Unterwelt vor sich sehen (siehe Abb. 7). (Nur Sie in der Rolle des Schamanen machen die Reise; Ihr Partner als der Patient hat keine Verpflichtung, irgendetwas zu sehen oder zu erfahren.)

Wenn Sie in den Eingang treten, hören Sie mit dem Rasseln auf; der Trommler aber sollte den Schlag kräftig im selben Tempo fortsetzen, das Sie vorgegeben haben. Er sollte dies während Ihrer ganzen Reise gleichmäßig fortsetzen, bis Sie ihm mit Ihrer Rassel viermal ein Zeichen geben (Stufe 14). Der Schlag der Trommel ist wesentlich für die Fortsetzung der Reise des Kanus. In einem gewissen Sinne *ist* die Trommel das Kanu, wie die Chukchee aus Sibirien sagen.[130] Während der Trommler weiterschlägt,

10. haben Sie weiter die Vision des Eingangs oder der Öffnung in die Erde, und gehen Sie dann hinein. Folgen Sie der Höhle oder dem Tunnel abwärts. Der Gang kann als eine lange, gerippte Röhre erscheinen; er kann als eine Reihe von Höhlen erscheinen; er kann ein fließender Strom sein (siehe Abb. 8). Gehen Sie weiter, wohin er auch führen mag. Gehen Sie um jedes Hindernis herum, das vor Ihnen erscheint.

11. *Umgehen Sie alle drohenden, gierigen Nichtsäugetiere, die Ihnen auf Ihrer Reise begegnen* (die schamanischen Gründe dafür werden in Kap. VII erklärt). Vor allem meiden Sie und umgehen Sie alle Spinnen oder Insektenschwärme, ebenso mit Fängen versehene Schlangen, mit Fängen versehene Reptilien und Fische, deren Zähne zu sehen sind. Wenn Sie nicht an Ihnen vorbeigehen können, kehren Sie einfach durch den Tunnel nach oben zurück, und versuchen Sie es noch einmal bei einer anderen Gelegenheit. Dies gilt für Ihre ganze Reise.

12. Wenn Sie aus dem Tunnel herauskommen, befinden Sie sich in der Unterwelt (siehe Abb. 9). In dieser ganz beliebigen Landschaft, die Sie sehen, suchen Sie nach einem Schutzgeist oder Krafttier für Ihren Partner. Suchen Sie weiter mit geschlossenen Augen, während der Klang der Trommel Sie auf Ihrer Reise trägt.

13. Das Geheimnis, wie man das Krafttier erkennt, ist ganz einfach: es wird Ihnen wenigstens viermal in verschiedenen Aspekten oder verschiedenen Winkeln erscheinen (siehe Abb. 10). Es ist ein Säugetier oder ein Vogel (hier macht eine drohende Haltung oder Gebärde

*Abb. 9: Ausgang aus dem Tunnel in die Unterwelt.
Gezeichnet von Barbara Olsen.*

Abb. 10: Ein Krafttier wird viermal gesehen. Gezeichnet von Barbara Olsen.

nichts aus), eine Schlange, ein anderes Reptil oder ein Fisch (vorausgesetzt daß diese letzteren nicht Ihre Fänge oder Zähne zeigen). Es kann sogar als ‹mythisches› Tier oder in menschlicher Gestalt erscheinen. *Niemals* ist es ein Insekt.

Überanstrengen Sie sich nicht, um das Tier zu finden. Wenn es sich Ihnen zur Verfügung stellen will, damit Sie es Ihrem Partner zurückbringen können, wird es das tun. Seien Sie auch nicht besorgt, ob es sich Ihnen in einer lebendigen Form, als Skulptur in Holz, Stein oder anderem Material darstellt. Alle seine Erscheinungsformen sind gültig. Nochmals, bemühen Sie sich nicht zu sehr. Ihre Suche sollte relativ mühelos vonstatten gehen; denn Sie setzen ja Ihre Kraft außerhalb Ihres normalen Selbstes ein.

14. Nachdem Sie das Tier viermal gesehen haben, drücken Sie es sofort mit einer Hand gegen Ihre Brust. Das Tier wird willig kommen; sonst hätte es sich nicht gezeigt. Während Sie auf diese Art das Tier festhalten, nehmen Sie Ihre Rassel und schütteln Sie viermal fest. Dies ist das Zeichen für den Trommler, sofort aufzuhören. Schütteln Sie dann die Rassel sehr schnell (in einer Geschwindigkeit von 210mal pro Minute), wodurch Sie dem Trommler das Tempo angeben. Kehren Sie schnell durch den Tunnel in das Zimmer zurück. Meistens dauert das weniger als dreißig Sekunden. Diese Rückreise sollte schnell vor sich gehen, um zu verhindern, daß Sie versehentlich das Schutztier verlieren.

15. Legen Sie die Rassel zur Seite, behalten Sie das Tier fest an Ihre Brust gedrückt, und erheben Sie sich auf Ihre Knie, so daß Sie den ausgestreckten Partner vor sich haben. (Der Trommler sollte aufhören zu trommeln, sobald er sieht, daß Sie sich hinknien.) Sofort legen Sie Ihre Hände, die den Schutzgeist umschließen, auf das Brustbein Ihres Gefährten und blasen mit aller Kraft durch Ihre geschlossenen Hände, um ihn in die Brust Ihres Partners zu schicken (siehe Abb. 11a). Dann heben Sie Ihren Gefährten mit Ihrer linken Hand in eine sitzende Position und legen Ihre gewölbten Hände auf das Schädeldach Ihres Partners (die Fontanelle). Kräftig blasen Sie wieder hindurch, um alle verbliebene Kraft in dessen Kopf hineinzublasen (siehe Abb. 11b). Nun nehmen Sie die Rassel wieder auf. Indem Sie sie schnell und kräftig schütteln, führen Sie sie im Kreis viermal um den ganzen Körper Ihres Gefährten, wodurch Sie die Vereinigung der Kraft mit dessen Körper vervollständigen.

16. Ganz ruhig erzählen Sie nun Ihrem Partner, was für ein Tier Sie

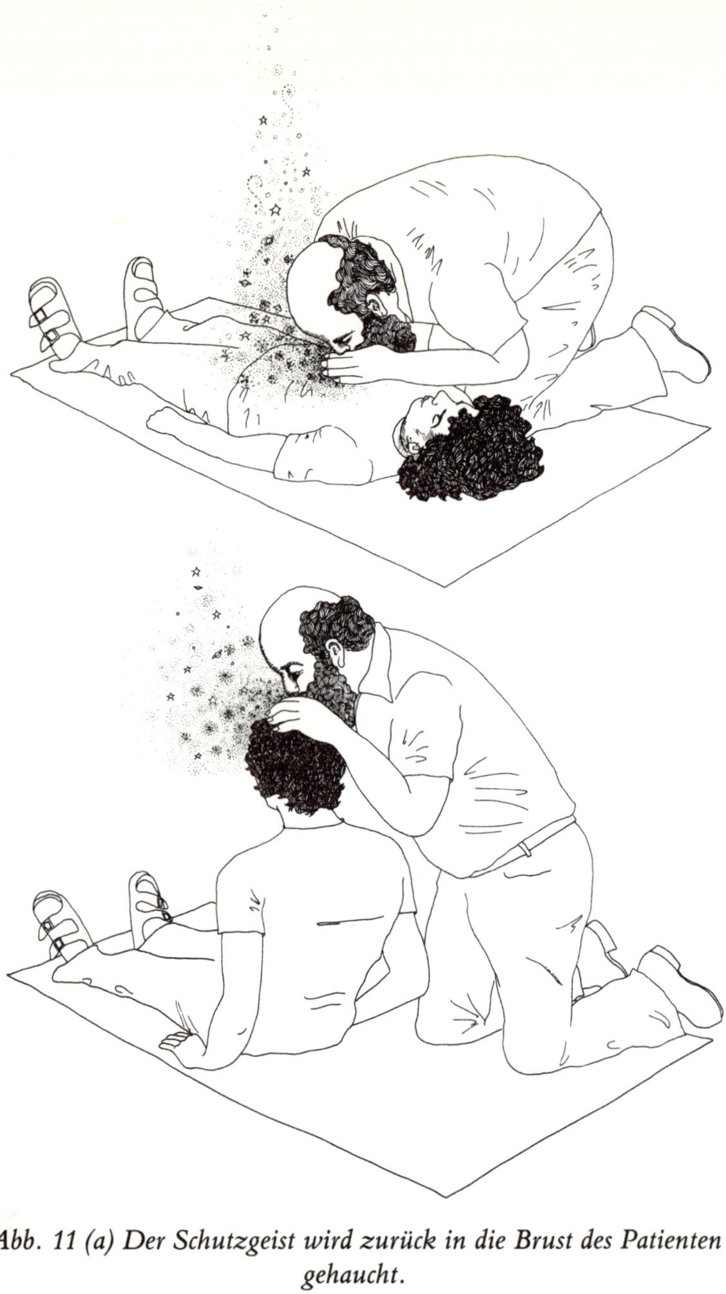

Abb. 11 (a) Der Schutzgeist wird zurück in die Brust des Patienten gehaucht.
(b) Der Schutzgeist wird zurück in den Kopf des Patienten gehaucht.
Gezeichnet von Barbara Olsen.

ihm gebracht haben. Wenn es ein Tier ist, dessen Namen Sie nicht kennen, dann beschreiben Sie ihm das Aussehen des Wesens. Beschreiben Sie auch alle Einzelheiten der Reise.

17. Helfen Sie nun Ihrem Partner, sein Tier zu tanzen, um dem Tier zu zeigen, daß es willkommen ist, indem ihm zur Belohnung die Erfahrung seiner Bewegungen in materieller Form gegeben wird. Beim Schütteln der Rassel erhöhen Sie langsam das Tempo entsprechend den Bewegungen Ihres Patienten. Der Trommler folgt der Tempoangabe des Schamanen. Nach einigen Minuten schütteln Sie Ihre Rassel viermal und beenden dadurch das Trommeln und den Tanz. Helfen Sie dann vorsichtig dem Tänzer, sich auf den Boden zu setzen. Schärfen Sie ihm ein, daß er sein Tier regelmäßig tanzen muß, damit es auch bei ihm bleiben will.

18. Jetzt können Sie mit Ihrem Partner den Platz wechseln, und dieselbe Reise kann dann zu Ihrem Nutzen unternommen werden. Wenn Ihr Tier zurückgebracht worden ist, tanzen auch Sie es.

Die meisten Abendländer sind überrascht, wenn sie die Lebendigkeit und Wirklichkeit der Reise erfahren, durch die ein Krafttier zurückgeholt wird. Offensichtlich ist ihre Fähigkeit, die schamanische Reise zu erleben und Seher zu werden, viel größer, als sie es erwarten. Wenn etwa Sie oder Ihr Freund keinen Erfolg hatten, seien Sie deshalb nicht entmutigt. Versuchen Sie es später noch einmal. Manche von denen, welche die größten Potentiale haben, sind langsame Starter.

Die durch Cloutier frei wiedergegebene Form eines Tsimshian Liedes von der Westküste Nordamerikas zeigt die dramatische Reise, um einen Otter als Schutzgeist zurückzugewinnen:

der Otter jagt
schwimmt auf mich zu
der Otter kommt
ich gleite mit ihm hinaus

ye hey
hyo
ye hey hey
hee

genau neben mir
lasse ich durch meine Geisteskraft

den Durchlaß entstehen
zum Jenseits aller Dinge

ye hey hyo
ye hey hey
hee

der Otter taucht hinein
schwimmt unter mir
durch den Tunnel
zum Jenseits aller Dinge

ye hey
hyo
ye hey hey
hee

der Otter ist in mir
tief in mir drin
der Geist-Otter schwimmt
in meiner Innenwelt

ye hey hyo
ye hey hey hee[131]

Reisen

Sie könnten daran interessiert sein, Ihre Reiseerfahrungen beim Zurückholen Ihres Schutzgeistes mit denen anderer zu vergleichen, die mit einem Partner arbeiten. Hier folgen nun einige repräsentative Beispiele aus meinen Workshops.

Im ersten Fall wartete der Betreffende genau, bis sich ein Tier zu vier verschiedenen Malen zeigte. Eine Großansicht von nur einem Teil des Tieres, zum Beispiel von einem Auge, genügt vollkommen, solange es eindeutig ist, daß es ein Teil dieses speziellen Tieres ist.

Ich ging in dasselbe Loch, das ich schon früher am Abend benutzt hatte. Zunächst war da Wasser. Dann schien das Wasser weniger zu wer-

den, so wie in Schleusen. Ich sprang immer wieder auf die nächste und dann wieder auf die nächste. Schließlich verwandelte sich das Wasser in Schlamm. Ich lief daran entlang, immer noch in derselben Höhle, aber dann erschien eine hölzerne Brücke. Da rannte ich über die Brücke. Sie bog im Winkel ab, und dann waren da Stufen. Ich stieg die Stufen lange Zeit hinauf, bis ich schließlich an eine Stelle kam, die wie eine afrikanische Ebene aussah. Dort gab es viele verschiedene Tiere, die kamen und wieder verschwanden. Schließlich erkannte ich, daß da eine Antilope an einem Wasserloch stand. Sie wurde sofort lebendig, sehr lebendig und erschien vier verschiedene Male. Oh, einmal war sie sogar über mir. Beim letzten Mal sah ich eine sehr große Nahaufnahme eines Auges. Deshalb brachte ich sie hierher zurück zu meinem Partner.

Im nächsten Fall gab das Tier eine ungewöhnliche Vorstellung seiner Kraft, indem es die Person zweimal angriff, bei einer Gelegenheit lief es direkt durch sie hindurch. Das ist etwas, was ganz allgemein bei Visionssuchen sowohl der nordamerikanischen Prärie-Indianer als auch bei den Jívaro vorkommt, ebenso wie die Erfahrung eines kurzen Gedächtnisschwunds hinterher, was diese Person auch berichtete. Ihr war über diese Dinge vorher nichts erzählt worden. Die Tatsache, daß das Krafttier ein Pferd ist, muß besonders betont werden; denn es könnte dies eine Ausnahme der allgemeinen Regel sein, daß Haustiere nicht als Schutzgeister dienen können. Aber das hier erscheinende Pferd ist ein wildes, ohne Reiter und ungezähmt.

Ich ging hinunter in mein Loch, das an einer Seite des Kliffs auf einer Insel ist, die ich einmal an der Küste von Spanien besuchte. Es führt in eine Unterwasserhöhle von etwa zehn Meter Durchmesser, die man mit dem Körper nur durch Tauchen erreichen kann. Ich saß darin und wartete darauf, daß etwas passierte, als ein Pferd auf mich zugelaufen kam. Sie wissen, wenn Sie ein Pferd auf sich zurennen sehen, ist das sehr erschreckend; deshalb glaube ich, daß ich die Besinnung verlor. Jedenfalls als ich wieder zu mir kam, was mir wie gleichzeitig erschien, sah ich einen weißen Widder, wo das Pferd gewesen war. Er bewegte seinen Kopf, als wollte er mir sagen, ich solle zur Seite sehen. Ich blickte mich um. Hinter mir sah ich dieses weiße Pferd mit einer braunen Mähne – es war dasselbe, das ich vorher gesehen hatte. Es kam wieder auf mich zugelaufen. Ich dachte, o Gott, hier kommt es wieder. Es kam auf mich zu und rannte durch mich hindurch. Dann sah ich wieder diesen Widder. Nun hatte ich also das Pferd zweimal und auch den Widder zweimal gesehen. Deshalb schaute ich herum und dachte: Gut, das ist zweimal; ich soll aber etwas viermal sehen.

Dann sah ich plötzlich Fische. Ich sah einen wie einen Riesenhai zweimal ins Wasser tauchen und herauskommen. Ich dachte: Gut, das ist zweimal. Es gab nun also drei Tiere, die ich zweimal gesehen hatte. Dann kam der Fisch wieder heraus. Das war nun also dreimal. Dann tauchte er noch einmal weg. Ich schaute dorthin, wo ich erwartete, daß er wieder herauskommen würde, und heraus kam dieser sehr häßliche getigerte Hai. Nun, das war er nicht.

Dann kam dieser Bär auf mich zugetorkelt, aber er drehte sich um. Es schien so, als ob ich ihn mit meiner Kraft hinwegbewegte. Danach kamen diese Wölfe auf mich zugelaufen, als plötzlich das Pferd wieder da war. Es bäumte sich hoch auf, um mich vor den Wölfen zu beschützen. Das war nun also dreimal mit dem Pferd. Doch es verschwand. Deshalb drehte ich mich um zu meinem Weg zurück, und da stand genau, wo das Loch ist: das Pferd, weiß mit brauner Mähne. So brachte ich es zurück.

Manchmal gelingt es dem Schamanen auf seiner Reise nicht, das Krafttier für seinen Patienten zurückzuholen. Die Erfahrung der folgenden Person beschreibt dies. Dennoch erweitert jede Reise das Wissen des Schamanen und verlangt von ihm schrittweise Integration mit dem übrigen Wissen, das er im schamanischen Bewußtseinszustand erwirbt.

Diese besondere Reise war für mich sehr merkwürdig. Es war eine Reise durch eine Welt, die absolut von nichts bewohnt war. Diese Welt war ganz und gar künstlich errichtet – eine Welt, vollständig von Menschen oder anderen intelligenten Wesen konstruiert, alles vollständige Räume und sehr geometrisch. Sie ähnelte einer Superraumstation, aber es gab überhaupt kein Zeichen von Leben dort. Es schien so, als ob irgendwo jemand versteckt sein könnte, aber so wie ein Roboter.

Im nächsten Fall – ähnlich wie in dem Bericht, wo ein Pferd das Krafttier war – demonstiert der Adler seine Kraft durch deutlich wildes Gehaben.

Ich ging in diese Höhle, die mir vertraut ist, und ging einfach immer weiter nach hinten. Dann stieß ich auf diesen Tunnel und ging schnell nach unten hindurch. Ich fühlte sozusagen, wohin ich ging. Als ich herauskam, war ich an derselben Stelle, die ich vorher schon besucht hatte. Ich sah einen Adler, aber er flog davon. Dann sah ich ein rotes Eichhörnchen auf dem Baum sitzen. Ich war mir nicht sicher, ob das rote Eichhörnchen oder der Adler das Schutztier sein würde. Ich wartete einige Zeit, und da plötzlich kehrte der Adler zurück und griff das Eichhörnchen an. Zuerst dachte ich, der Adler würde das Eichhörnchen töten und fressen, aber das tat er nicht. Er ließ es wieder los. Nachdem das Eichhörnchen verschwunden war, flog der Adler ringsumher. Ich sah ihn aus verschiedenen Winkeln, und ich brachte ihn zurück.

Wie ich schon berichtet habe, benutzen die Conibo die Wurzeln bestimmter Bäume, um in die Unterwelt hinabzusteigen. Die Person im folgenden Fall entdeckte unabhängig davon diese Technik für sich selbst. Es ist eine gute Schilderung, wie man schamanisches Wissen im schamanistischen Bewußtseinszustand sammeln kann, auch hinsichtlich der Methode. Um abzukürzen, wird nur der Anfang des Berichtes gebracht (der Tiger war das Krafttier für seinen Partner).

Ich ging durch das Loch hinunter und spazierte unterirdisch an den Wurzeln einer Kiefer entlang. Da der holperige Boden sehr unbequem war, kletterte ich auf eine Wurzel und ging daran hinunter. Die Wurzeln verzweigten sich immer weiter, wobei sie immer dünner wurden. Dann kam ich an die etwas hellerfarbige Wurzel, die ich auf meiner letzten Reise benutzt hatte, und ich folgte darauf dieser Abzweigung. Ich blieb auf dieser Wurzel, bis sie plötzlich aufhörte. Vor mir befand sich eine tiefe Quelle, deren Seitenwände vollkommen schwarz waren. Ich erkannte, daß ich dort hinunter müßte, also sprang ich direkt hinein. Ich fiel lange Zeit durch Dunkelheit, bis ich schließlich die Umrisse von etwas Schmalem und Geradem unten sah. Es war ein dickes Seil, das ein Teil der Hängebrücke war, die über die Quelle führte. Ich landete auf dem Seil und ließ mich auf die Brücke hinunter. Ich wanderte nach rechts. Als ich die Brücke verließ, sah ich einen prächtigen Tiger an der einen Seite stehen, der mich anschaute . . .

Synchronizitäten

Eines der interessantesten Merkmale einer erfolgreichen Schutzgeistreise ist die Synchronizität oder das auffällige Zusammentreffen von Ereignissen. Zum Beispiel kommt es vor, nachdem der Patient ein Tier erhalten hat, daß er dem Schamanen erklärt, er habe bereits vorher eine ungewöhnliche Beziehung zu diesem speziellen Tier gehabt. Das kann eine tiefe Kindheitserinnerung, eine kürzliche merkwürdige Begegnung oder eine längere Vorliebe gewesen sein, Bilder und Zeichnungen gerade dieses Tieres zu sammeln.

Eine andere Art von Gleichlauf, der oft vorkommt, besteht darin, daß der Patient einige derselben Einzelheiten der Reise erfuhr wie der Schamane, obwohl nicht darüber gesprochen worden war. Diese Art der Ähnlichkeit von Erfahrungen wird sogar noch dramatischer, wenn eine große Gruppe von Personen die schamanische Reise gemeinsam als die Mannschaft eines Geistbootes unternimmt. Nicht ungewöhnlich ist es dann, daß mehrere Personen der Mannschaft wiederholt demselben Tier begegnen und besondere Einzelheiten seiner Erscheinung in der Diskussion am Ende der Reise bekräftigen.

Bei der schamanischen Arbeit ist es wichtig, auf das Vorkommen positiver Synchronizitäten zu achten; denn sie sind Zeichen dafür, daß Energie wirkt, um Ergebnisse weit über die normalen Grenzen der Wahrscheinlichkeit hervorzubringen. Achten Sie unbedingt auf die Häufigkeit positiver Synchronizität als eine Art ‹Leitfeuer› entsprechend einem Richtungszeichen, das angibt, ob die richtigen Mittel und Methoden angewandt werden.

Wenn ‹gutes Glück› überraschend häufig ist, arbeitet der Schamane richtig und hat Nutzen von der Kraft. Es folgen einige typische Fälle, welche die Art positiver Synchronizität zeigen, die manchmal bei der Arbeit zur Rückführung von Schutzgeistern vorkommt.

Im ersten Fall sah die als Patient auftretende Person das Krafttier, sobald es in sie hineingeblasen war, ohne daß ihr von der als Schamane auftretenden Person etwas darüber erzählt worden war.

Der als Schamane auftretende Partner: *Ich ging hinunter in die Öffnung der Erde und weiter in einen Tunnel, durch den ich bereits viele Male gegangen war. Ich überquerte den kleinen Fluß, der hindurchfließt. Diesmal ging ich in einen dunklen Gang der Höhle, wo ich vorher noch nicht gewesen war. Ich war immer daran vorbeigegangen und hatte einen anderen Weg genommen. Da kam ich in eine Art Wüste, wo es verschiedene Formen von Kakteen gab. Ich sah eine Reihe verschiedener Tiere, wie man sie in der Wüste sieht. Dann sah ich einen Berglöwen. Das ging alles sehr schnell vor sich. Der Berglöwe lief immer wieder davon, als ob er mich necken wollte; aber dabei lief er in verschiedene Richtungen, so daß ich ihn aus vier verschiedenen Winkeln sah. Da brachte ich ihn zurück.*

Der als Patient auftretende Partner: *Gleich nachdem er mich aufgerichtet und mir in den Kopf geblasen hatte, sah ich unmittelbar das lebendige Bild einer Katze mit Zähnen, das Maul weit offen und fauchend. Ich stellte mir vor, daß es eine Beziehung geben müsse, weil es so wirklich lebendig war. Und dann sagte er mir, daß er mir einen Berglöwen eingehaucht habe.*

Im nächsten Fall hatte Partner A vorher eine einleitende Forschungsreise unternommen, auf welcher er ein altes Bauernhaus und eine Bergziege auf einem Hügel in der Nähe entdeckt hatte. Er hatte niemandem davon erzählt. Als dann Partnerin B (ohne von A's Erfahrung zu wissen) die Reise machte, um ein Krafttier für ihn zurückzuholen, fand sie ein Bauernhaus und eine Bergziege daneben auf einem Abhang. Sie brachte sie für ihn zurück. Diese Art von Synchronizität bedeutet vom schamanischen Standpunkt aus betrachtet, daß es keinen Zweifel über sein Krafttier und dessen Bereitschaft geben kann, zu ihm zurückgebracht zu werden.

Partner A: *Ich wurde direkt durch den Tunnel getrieben. Ich wußte, daß ich weit gehen mußte und ging deshalb auch ziemlich schnell. Ich kam an einer Stelle heraus wie auf einem Bauernhof. Er schien sehr alt und weit weg zu sein. Ich ging um das Haus herum und beobachtete es eine Weile. Alles war aus Holz, nichts modern. Dann kletterte ich hoch hinauf auf diesen Hügel und sah dort die Ziege, eine Bergziege. Dann kam ich zurück.*

Partnerin B: *Ich ging zu meiner Höhle und hinunter durch das Loch. Ich fühlte mich nicht sehr hoffnungsvoll, daß ich wirklich etwas finden würde. Dann sah ich plötzlich oben auf dem Felsen diese Bergziege – eine weiße und wirklich hübsche Ziege. Sie schaute mich an. Dann rannte sie weg, hinaus auf eine Wiese. Ich folgte ihr dorthin. Auf dieser Wiese stand weit draußen ein großes Bauernhaus. Es war eine wirklich schöne Wiese. Als ich zu dem Bauernhaus kam, sah ich die Ziege wieder auf dem Bergabhang. Ich sah die Ziege viermal. Als ich sie das fünfte Mal sah, wollte sie gerade in ein Loch hineingehen. Ich wollte ihr da hinunter folgen, weil sie so ausgelassen war, aber ich tat es nicht. Ich nahm sie und brachte sie zurück.*

Partner A: *Ich hatte ihr nicht erzählt, daß ich die Ziege gesehen hatte. Immer wenn so etwas passiert, fragt mein Verstand: Ist das wirklich eine Erfahrung von außerhalb, oder hat unser Unterbewußtsein sie erzeugt? Aber in Wirklichkeit ist das eine illusorische Frage.*

Das Geistboot einer Gruppe

Die Methode des Geistbootes der Küsten-Salish, die wir bereits beschrieben haben, kann so angepaßt werden, daß sie als eine wertvolle Gruppenerfahrung dient, bei der eine große Zahl Menschen sich zusammentun und das Boot formen, um jemandes Krafttier zurückzuholen.

Die Teilnehmer sollten alle erfolgreich die bisher beschriebene Arbeit erfüllt haben, und einer von ihnen sollte schon als Schamane anerkannt sein. Wenn Sie eine Gruppe bilden, die ein Geistboot aufbaut, sollten Sie im Idealfall jemanden als Patienten haben, der ernstlich depressiv, ent-geistigt oder sonstwie krank ist – jemanden, der wirklich Kraft braucht, so daß die Gruppenleistung voll eingesetzt werden kann.

Bei der Methode des Geistbootes legt sich der Schamane neben den Patienten, wie bei der üblichen Methode zur Rückholung des Schutzgeistes. Ein Unterschied zu der früher gelernten Technik besteht darin, daß die übrigen Mitglieder der Gruppe sich zusammentun, um ein Boot um das Paar zu bilden und in Begriffen der Reise in die Unterwelt als Paddler, Staker, Ausschauhaltende und Beschützer zu fungieren.

Die Grundstufen bei dieser Methode sind die folgenden:

1. Alle Teilnehmer außer dem Patienten sollten durch die Stufen des *Eröffnungstanzes* und des *Tiertanzens* gehen, wie auf den Seiten 101–103 beschrieben. Während dieser Tänze schlägt der Trommler im Gleichklang mit der Rassel des Schamanen. Haben die Teilnehmer

Rasseln, dann schütteln sie sie während des Tanzens im selben Tempo wie der Schamane.

2. In einem ruhigen, verdunkelten Zimmer legt sich der Patient auf einer auf dem Boden ausgebreiteten Decke auf den Rücken. Die als die schamanische Mannschaft arbeitenden Personen bilden die Umrisse eines Bootes um den langausgestreckten Patienten, wobei der Bug in dieselbe Richtung zeigt wie die Füße des Patienten. Die Mitglieder der Mannschaft stellen die Seiten des Bootes dar und sind die Paddler. Jeder einzelne setzt sich auf den Boden und bleibt in Berührung mit seinem Vordermann durch seine Beine, so daß eine ununterbrochene menschliche Kette gebildet wird.

Im hinteren Teil des Bootes, in der Mitte des Hecks, sitzt der Trommler. Quer über seinen Knien liegt die Trommel, die für den Rhythmus der Paddler sorgt, sobald das Boot in die Unterwelt reist (siehe Abb. 6).

3. Wenn die Paddler das Boot gebildet haben, löscht der Schamane als Leiter der Gruppe alles Licht außer einer Kerze hinter dem Trommler und steigt in die Mitte des Bootes.

4. Der Schamane macht jetzt dieselbe Arbeit, wie beschrieben in den Stufen 4 und 5 in dem Abschnitt: *Die Reise machen, um ein Krafttier zurückzuholen* (Seite 115).

5. Die Gruppe begleitet den Schamanen beim Singen seines Kraftliedes. Die Methode mit dem Geistboot ist wirkungsvoller, wenn die ganze Gruppe gemeinsam die Worte singt.

6. Jetzt macht der Schamane dieselbe Verrichtung, wie beschrieben in den Stufen 6 bis 9 des Abschnittes: *Die Reise machen, um ein Krafttier zurückzuholen* (Seite 117–120).

7. Gleichzeitig mit dem Trommelschlag fängt die Mannschaft an zu paddeln. Die Mannschaft kann körperlich zum Schlag der Trommel paddeln, braucht aber dazu keine materiellen Stangen oder Paddel. In der Dunkelheit des Zimmers stellen sich alle Teilnehmer – der Schamane, der Trommler und alle Mitglieder der Mannschaft – ihren Eingang in die Unterwelt vor.

Der Schamane in der Mitte des Bootes neben dem Patienten ist die einzige Person des Bootes, deren Aufgabe es ist, nach dem Schutzgeist zu suchen. Das ist allein seine Verantwortung. Die anderen Personen im Boot bemühen sich jedoch zu *sehen* und durchsuchen die Unterwelt, um irgendwelche entdeckten Gefahren sofort abzuwehren und Informationen zu sammeln, um sie nach der Reise mitzuteilen. Indem sie in das Kraftlied des Schamanenführers eingestimmt haben, um ihre Geister zu rufen, haben sie nun ihre eigenen Hüter bei sich. Mit Hilfe dieser Krafttiere werden sie zunächst den Tunnel und dann die Unterwelt durchsuchen. Wenn sie irgendein Reptil mit Fängen, irgendwelche gefräßigen Insekten oder irgendwelche Nichtsäugetiere sehen, deren Zähne sich zeigen, sollen sie ihre eigenen Krafttiere veranlassen, diese dem Boot fernzuhalten. Dazu können sie die Rufe ihres persönlichen Krafttieres nachahmen.

8. Nun verrichtet der Schamane die Aufgaben, wie beschrieben in den Stufen 10 bis 14 des Abschnittes: *Die Reise machen, um ein Krafttier zurückzuholen* (Seite 120–122).

9. Wenn der Schamane seine Rassel viermal schnell schüttelt, um anzuzeigen, daß er den Schutzgeist des Patienten hat, ist das ein Signal für den Trommler und die ganze Mannschaft, daß die Rückreise sofort angetreten werden muß. Alle stellen sich vor, daß das Kanu scharf wendet und durch den Tunnel zurückkehrt, wobei sie mit Höchstgeschwindigkeit paddeln. Sie alle und der Trommler halten ein, sobald der Schamane aufhört, seine Rassel zu schütteln; denn das bedeutet die Heimkehr des Bootes.

10. Der Schamane verrichtet die Aufgabe, wie beschrieben in den Stufen 15 und 16 des Abschnittes: *Die Reise machen, um ein Krafttier zurückzuholen* (Seite 123).

11. Um dem Patienten Raum zu geben, damit er sein Tier tanzen kann, bilden die Mitglieder der Bootsmannschaft einen Kreis und setzen sich mit dem Gesicht zur Mitte des Kreises auf den Boden. Wenn der Tanz beendet ist, hilft der Schamane dem Tänzer vorsichtig, sich wieder hinzulegen, um sich auszuruhen. Er legt seinen Arm um den Patienten, um ihm seine weitere Unterstützung anzudeuten, und beschreibt den anderen seine Erfahrungen auf der Reise. Dann können nacheinander Mitglieder der Bootsmannschaft ihre eigenen Erfahrungen während der Reise beschreiben. Der Schamane fügt Erklärungen hinzu, indem er deren persönliche Erfahrungen durch sein eigenes Wissen untermauert.

Jetzt nimmt der Schamane die Gelegenheit wahr, soweit dies sein eigener Wissensstand erlaubt, auszudeuten, in welcher Beziehung die individuellen Erfahrungen zum Patienten wie auch zum allgemeinen Wissen über nichtnormale Wirklichkeit stehen. Bevor diese Diskussion beginnt, kann der Schamane den Patienten fragen, ob er irgendetwas sagen möchte. Nicht selten berichtet der Patient unaufgefordert, daß das spezielle Tier oder der durch den Schamanen zurückgebrachte Schutzgeist eine ganz bedeutende Rolle im Leben des Patienten gespielt hat, insbesondere während seiner Kindheit.

Das Geistboot kann nicht nur dazu benutzt werden, um Schutzgeister zurückzuholen; man kann damit auch Vitalseelen zurückholen (hier nicht behandelt) und es ferner für Forschungsreisen benutzen. Letztere erfordern nicht die Anwesenheit eines Patienten in der Mitte des Bootes. In solchen Fällen hat der Trommler die Schlüsselposition, die am besten von einem erfahrenen Schamanen eingenommen wird. Die Mannschaft teilt ihre Erfahrungen nach jeder Reise mit, um die Sammlung schamanischen Wissens jedes einzelnen zu vergrößern.

Durch Forschungsreisen erhält der Schamane Hilfsgeister (siehe Kapitel VII) und das Wissen darüber, wie verschiedene Arten von Krankheit behandelt werden. Bei solchen schamanischen Reisen wird er oft von seinem Schutzgeist geführt und unterrichtet, der ihn auch an Orte mit besonderen Arten von Geistern bringt. Im folgenden Auszug aus einem Bericht von einem Tavgi Samoyed Schamanen Sibiriens über seine erste Reise in die Unterwelt bringt der Schutzgeist den Betreffenden an einen Ort, wo er lernen kann, wie Geisteskrankheit zu behandeln ist:

Wir sahen neun Zelte vor uns . . . Dann schien es mir, als seien wir auf der Straße. Wir betraten das erste Zelt, wo wir sieben nackte Männer und Frauen vorfanden, welche die ganze Zeit sangen, während sie ihre Körper mit ihren Zähnen zerbissen. Ich wurde sehr ängstlich.

«Jetzt werde ich dir das erklären, ich selbst, weil du es doch nicht erraten kannst», sagte mein Begleiter (Schutzgeist). «Ursprünglich wurden sieben Erden geschaffen, und durch die Geister dieser sieben Erden verlieren (die Menschen) ihren Verstand. Einige fangen einfach an zu singen; andere, die ihren Verstand verlieren, gehen weg und sterben; wieder andere werden Schamanen. Unsere Erde hat sieben Vorgebirge, auf denen jeweils ein Verrückter lebt. Wenn du ein Schamane wirst, findest du sie selbst.»

«Wo kann ich sie finden – du hast mich an den falschen Ort geführt» – dachte ich.

«Wenn ich dich nicht führe, damit du (die Geister) siehst, wie könntest du Magie für die Geisteskranken machen? . . . Dir müssen alle Arten von Krankheit gezeigt werden.»[132]

Kapitel VI

Die Praxis der Kraftanwendung

Schamanen sind geteilter Meinung darüber, ob es ratsam sei, den Menschen die Identität ihres Schutztieres mitzuteilen. Bei den Jívaro ist seine Natur eine ganz geheime Angelegenheit. Die Identität des Tieres preiszugeben, während man es noch besitzt, so meinen sie, könne den Hüter dazu bringen, den betreffenden Menschen zu verlassen. Bei den nordamerikanischen Präriestämmen jedoch ist es nicht ungewöhnlich, einzelne von ihnen öffentlich über ihre Schutzgeister sprechen zu hören. Deshalb überlasse ich Ihnen selbst das Problem. Vielleicht wegen meines Jívaro Trainings bevorzuge ich für meine Person, die Identität von Krafttieren nicht zu diskutieren. In meinen Workshops aber, wo Menschen ernsthaft zusammenarbeiten, um einander zu helfen, scheint die vertrauliche Mitteilung solcher Information zum Zwecke der Vertiefung des schamanischen Wissens und der Stärkung der Kraft normalerweise nicht zum Verlust des Schutzgeistes zu führen. Die Salish Sinkaietk Indianer aus dem Staate Washington sollen eine ähnliche Einstellung haben.[133]

Benutzen Sie die Kraft Ihres Schutzgeistes im täglichen Leben, indem Sie sich bewußt machen, wie Sie sich fühlen. Wenn Sie sich voller Kraft fühlen, ist das der Zeitpunkt, um größere Schwierigkeiten in Ihrem Leben zu überwinden oder eine ernste Herausforderung anzunehmen. Wenn Sie sich ent-geistigt fühlen, bemühen Sie sich am besten, Krisen zu vermeiden – und versuchen Sie dann auch nicht, jemandem schamanisch zu helfen.

Ein Krafttier um Rat fragen

Bevor Sie sich an fortgeschrittenere Aufgaben wagen, sollten Sie eine Anzahl Reisen hinunter in den Tunnel machen, um Ihr Krafttier zu sehen und es um Rat zu fragen. Diese Art der Befragung wird im allgemeinen in der anthropologischen Literatur ‹Weissagung› genannt. Ein einfacher Grund, sein eigenes Krafttier zu befragen, wäre zum Beispiel, Auskunft über irgendein persönliches Problem zu erhalten. Ein anderer Grund, das Krafttier um Rat zu fragen, ist die ungewöhnliche Ursache und Behandlung der Krankheit eines Patienten.[134] Zur Befragung befolgen Sie einfach die üblichen Stufen, die Sie gelernt haben, sofern Sie die Reise allein für sich durchführen. Wenn Sie darin sicher geworden sind, kann es sein, daß Sie zum Eintritt in den schamanischen Bewußtseinszustand kein Trommeln mehr brauchen. Zunächst aber nehmen Sie weiter einen Partner, der als Trommler-Assistent mitwirkt, oder Sie benutzen eine Kassettenaufnahme mit schamanischem Trommeln (siehe Anhang A).

Auch wenn die Kraft des Schutzgeistes bei Ihnen ist, bewegt sich dieser Hüter nach seinem Willen umher, indem er in Ihren Körper ständig ein- und austritt. Wie die Jívaro und andere Völker wissen, kann die Kraft sogar bis zu zwei Wochen in Ihnen bleiben, ohne daß der Schutzgeist in Ihren Körper zurückkehrt.[135] Sie brauchen aber manchmal nicht weit zu reisen, bis Sie Ihr Tier sehen, weil es in den meisten Fällen in Ihrer Nähe bleibt. Oft ist das eigene Krafttier im Tunnel oder genau außerhalb der Öffnung am anderen Ende. Wenn Sie Ihren Schutzgeist sehen, grüßen Sie ihn schweigend und stellen Ihre Frage, wobei Sie ihn deutlich vor sich sehen. Im allgemeinen wird das Krafttier seine Antwort geben, indem es seinen Körper vor Ihnen auf ungewöhnliche Weise bewegt. In anderen Fällen kann es Sie auf einer Reise durch bestimmte Teile der Unterwelt führen, wobei die Erfahrungen der Reise eine Art Antwort auf Ihre Frage sind. Auf welche Weise der Schutzgeist Ihnen auch antwortet, Sie sollten jedenfalls versuchen, alle Einzelheiten klar im Gedächtnis zu behalten, und dann kehren Sie durch den Tunnel zurück ins normale Bewußtsein.

Die ersten paar Male Ihres Einsatzes zu diesem Zweck ist es am besten, wenn Sie einfache Fragen stellen, die mit ‹ja› oder ‹nein› beantwortet werden können. Das macht es für Sie leichter, die Antwort zu verstehen, als wenn das Krafttier sich als Antwort vor Ihnen bewegt. Wenn Sie im Verstehen seiner ‹Sprache› erfahrener geworden sind, können die Fragen komplizierter werden. Als Hilfe für Sie, sich der Einzelheiten der erhaltenen Informationen zu erinnern, schlage ich vor, Tagebuch zu führen oder hinterher einen Kassettenrecorder zu besprechen. Dies ist ganz allgemein eine gute Angewohnheit bei Ihrer schamanischen Arbeit.

Warten Sie jedoch nicht, bis Sie ein echtes Problem haben, um Ihr Krafttier durch die Reisemethode zu besuchen. Es nur zu sehen, ist schon wohltuend, auch ohne Fragen zu stellen. Positive Synchronizitäten im eigenen Leben ereignen sich oft nach solchen Besuchen. Oft ergeben sie Lösungen für Probleme, die der betreffende Mensch gerade in seinem Kopf wälzte.

Die Reise machen, um eine Vorausschau zu erlangen

Die schamanische Reise kann auch auf jemandes Ersuchen als eine Art Vorausschau unternommen werden, was dem Betreffenden auf einer geplanten Reise in der normalen Wirklichkeit passieren wird. Ein europäischer Besucher bei den Yurak Samoyed Sibiriens berichtete folgendes:

Als ich zu meiner Sommerreise an die Tazorskaya Bucht aufbrach, fragte ich einen Zauberer (Schamanen) in Obdorsk, ob ich Glück auf dieser Reise haben würde. Er begann zu trommeln und machte sich sozusagen auf den Weg nach diesem Ort, indem er auf den Wolken reiste. Als er an den Purfluß kam, hatte er Kopfschmerzen, und ich würde auch dort krank werden. Sein Boot kippte in einem Wirbel an der Mündung des Purflusses um. Dasselbe sollte mir passieren. Schließlich kam er weiter oben am Tazfluß zum numkympoi*-Geist, der ‹Licht gab›. Also würde die Reise glücklich für mich enden, und ich würde sicher zurückkehren.*[136]

Leider gab der Berichterstatter nicht den Genauigkeitsgrad der Voraussagen des Schamanen an. Diese Art Information lassen sogar positiv eingestellte Anthropologen aus ihren ethnographischen Berichten gern weg. Eine Ausnahme ist Kensinger, ein hochangesehener Anthropologe, der jahrelang bei den Cashinahua Indianern in Peru lebte. Die Cashinahua unternehmen ähnlich wie die Conibo und die Jívaro häufig schamanische Reisen mit Unterstützung des *ayahuasca* Gebräus. Kensinger liefert das folgende ungewöhnliche persönliche Zeugnis für die Richtigkeit der Information, die sie auf der Reise erhalten hatten:

Mehrere Informanten, die niemals in Pucalipa waren und keine Bil-

der von der großen Stadt und dem Endpunkt der Autobahn am Ucayalifluß gesehen hatten, konnten ihre Besuche in dieser Stadt unter dem Einfluß von ayahuasca *mit so vielen Einzelheiten beschreiben, daß ich in der Lage war, bestimmte Geschäfte und Sehenswürdigkeiten zu erkennen. Am Tag nach einer* ayahuasca *Veranstaltung sagten mir sechs der neun Leute, daß sie den Tod meines* chai, *des ‹Vaters meiner Mutter›, gesehen hätten. Das geschah zwei Tage, bevor ich über Funk von seinem Tod benachrichtigt wurde.*[137]

Kraft speichern

Wenn jemandem ein Krafttier zurückgegeben wurde, fühlt der Betreffende sich meistens sofort besser und spürt dann, wie zunehmend während der nächsten Tage Kraft in seinen Körper fließt. Wenn Sie solch gutes Schicksal trifft, sollten Sie dadurch nicht übermütig werden. Sie sollten als wöchentlichen Brauch einführen, die Kraft zu speichern, indem Sie Ihr Krafttier befriedigen; denn der Schutzgeist ist nicht nur in Ihren Körper gekommen, um Ihnen zu helfen, sondern auch, um sich selbst zu helfen. Sie erhalten seine Kraft; er erhält dafür die Freude, wieder Leben in einer materiellen Gestalt zu erfahren. Deshalb sollten Sie jede Woche ein paar Minuten darauf verwenden, Ihr Tier zu tanzen – mit der Hilfe von Rasseln, wie Sie es bereits gelernt haben. Wer das wöchentliche Tanzen beibehält, ermutigt seinen Schutzgeist, bei ihm zu bleiben. Wer dies nicht aufrechterhält, wird dessen Kraft nicht lange behalten. Alle, die den Brauch beibehalten, ihr Tier wöchentlich einmal zu üben, berichten von ihrem Erfolg, ein Gefühl von Optimismus und Kraft zu besitzen. Meistens drücken sie es auch so aus, daß sie mit den Problemen des täglichen Lebens gut fertig werden, kaum krank sind und sich körperlich und geistig gesund fühlen.

Auch wenn Sie Ihr Krafttier tanzen und üben, müssen Sie damit rechnen, daß es zunehmend rastlos wird, weite Strecken zu reisen beginnt und die Nacht durch wandert, während Sie schlafen. Die Kraft bleibt bei Ihnen, auch wenn der Schutzgeist zeitweilig weg ist. Wie die Salish Sinkaietk sagen: «Kraft ist die ganze Zeit beim Menschen, aber der Schutzgeist kann weit weggehen.»[138] Wenn Sie aber anfangen, mitten in der Nacht niedergeschlagen und ent-geistigt aufzuwachen, dann bedeutet es, daß Ihr Schutzgeist nicht nur umherwandert, sondern Sie verlassen hat.

Ein ruheloses Krafttier bedeutet eine ständig schwächer und seltener werdende Verbindung mit Ihnen. Vielleicht haben Sie darüber gelesen, daß die Menschen in vielen primitiven Kulturen glauben, man werde ernsthaft krank oder könne sogar sterben, wenn man plötzlich erschüttert oder erschreckt wird. Aus schamanischer Sicht kann das insbesondere dann geschehen, wenn Ihr Schutzgeist eine lose Verbindung zu Ihnen hat. Ein ruheloser Schutzgeist kann dabei ausgestoßen werden und kehrt dann nicht mehr zurück.

Da der eigene Schutzgeist oder sogar die eigene Seele unterwegs sein kann, während man schläft, wird in primitiven Kulturen große Sorgfalt darauf verwandt, Menschen sanft zu wecken. Es wird bei solch weit voneinander entfernten schamanischen Kulturen wie den Murngin Australiens und den Warao Südamerikas im allgemeinen als gefährlich angesehen, plötzlich geweckt zu werden.[139] Die Murngin halten das offensichtlich sowohl am Tage als auch bei Nacht für eine Gefahr: «Während des heißen Nachmittags schlafen die Menschen häufig im Schatten, und wenn es notwendig wird, einen von ihnen zu wekken, so geschieht das niemals hastig, sondern mit großer Sanftheit und Rücksichtnahme . . .»[140] In Jívaro Häusern werden die Menschen so sanft wie möglich geweckt, oftmals durch jemanden, der zarte, innige Flötenmusik spielt. Es braucht wohl nicht gesagt zu werden, daß die Benutzung eines Weckers schamanisch nicht gesund ist. Tatsächlich ist es mancherorts üblich, daß schlafende Schamanen überhaupt nicht geweckt werden.

Die schamanische Behandlung von Schock oder Schreck macht die Reise erforderlich, um die Kraft zurückzuholen. Wenn zum Beispiel ein Mensch bei einem Autounfall verletzt wurde, so würde ein Schamane ihn ohne Berücksichtigung der Verletzung behandeln. Solcher Einsatz ergänzt selbstverständlich die orthodoxe ärztliche Behandlung, statt sie zu ersetzen. Die spezielle Behandlung, sofern das Opfer nicht im Koma liegt, besteht darin, seinen Schutzgeist zurückzuholen beziehungsweise festzuhalten, damit dieser ihm wieder Energie gibt. Wenn das Opfer im Koma liegt, erfordert die Behandlung zuerst die Genesung seines Lebensgeistes oder seiner Vitalseele (eine fortgeschrittene Technik, die hier nicht besprochen wird), damit er nicht stirbt. Die alte Redewendung, ‹sich zu Tode erschrecken›, ist möglicherweise noch ein Überbleibsel aus dem früheren schamanischen Wissen in Europa über solche Dinge.

Wenn man einen Schutzgeist verliert, bedeutet das nicht, daß seine

Kraft auch sofort verloren gegangen ist. Wie die Jívaro sagen: «Seine Kraft gleicht einem Duftstoff», der verweilt und sich erst nach mehreren Wochen auflöst. Während dieser Zeit sollte man sehr bald die Unterstützung eines Partners suchen, um ein anderes Krafttier zu erhalten. Wenn dies sofort geschieht, kann das Ersatztier die noch verweilende Kraft des vorherigen ‹einschließen›. Bei Anwendung dieser Technik kann ein Mensch über Jahre hinweg nach und nach etwas von der Kraft mehrerer Schutzgeister erwerben. Jedoch wird die gespeicherte Kraft nur so lange ‹eingeschlossen› bleiben, als der Mensch wenigstens ein Krafttier in seinem Besitz hat.

Große Träume

Vom schamanischen Standpunkt sind Träume von zweierlei Art: alltägliche Träume, und nicht-alltägliche oder Große Träume. Schamanen kümmern sich im allgemeinen nur um Große Träume. Ein Großer Traum ist es dann, wenn er mehrere Male in der Grundbedeutung während verschiedener Nächte wiederholt wird, oder wenn er als einmaliger Traum so lebhaft ist, als ob man wach sei, also ein ungewöhnlich kraftvoller Traum. Große Träume sind meistens Mitteilungen von Ihrem Schutzgeist, Ihrem Krafttier. Manchmal erscheint der Schutzgeist selbst in dem großen Traum, manchmal auch nicht.

Große Träume müssen als wörtliche Botschaften angenommen werden, die nicht erst wegen irgendwelcher verborgener Symbolik entschlüsselt zu werden brauchen. Wenn Sie zum Beispiel einen Großen Traum haben, daß Sie bei einem Autounfall verletzt werden, dann ist das für Sie eine Warnung von Ihrem Schutzgeist, daß solch ein Unfall stattfinden wird. Sie werden ihn vielleicht nicht verhindern können, aber Sie können ihn symbolisch selbst oder mit einem Freund in einer viel leichteren Art inszenieren und dadurch seine ernste Auswirkung verhindern. Mit anderen Worten ist nicht der Traum symbolisch, wohl aber Ihre Darstellung desselben. Sie können das leicht zu Hause durchführen, besonders wenn Sie einen Schamanenpartner haben, der Ihnen bei der Durchführung hilft, damit niemand verletzt wird. Formen Sie einfach den Traum in eine leichte, ungefährliche Art um, und bringen Sie es so hinter sich. Das ist eine Technik, die einst bestimmten Stämmen im nordöstlichen und westlichen Nordamerika bekannt war.[141]

Zum Thema Autounfälle folgt hier ein Bericht, den ich von einer Frau erhielt, kurz nachdem sie als Teilnehmerin an einem meiner Workshops etwas über Große Träume erfahren hatte:

Nicht lange nach Beendigung eines Workshops hatte ich eines Nachts einen äußerst starken Traum, der einen Autounfall mit mir im Wagen beschrieb. Nach Untersuchung des Bildes und all meiner Gefühle in jenem Traum stellte ich fest, daß ich nicht schwer verletzt war – in der Hauptsache nur schockiert durch die Erfahrung. Ein lebhaftes Geschehen bei dem Traumunfall bestand darin, daß ich zweimal auf Metall aufschlug. Ich war mir bewußt – zu jenem Zeitpunkt –, daß ich den Traum inszenieren mußte, um die Verwirklichung des Zusammenstoßes auf dieser Ebene des Bewußtseins zu verhindern. Da ich es aber genau wissen wollte, entschloß ich mich bewußt, nichts weiter mit Bezug auf den Traum zu unternehmen.

Etwa einen Monat später fuhr ich mit meinem Sohn im Wagen spazieren – ich war mir bewußt, wie sehr zugetan, liebevoll und positiv wir beide uns zusammen fühlten –, da materialisierte sich ein Wagen vor uns einen Augenblick vor dem Unfall. Während ich darauf wartete, daß der Wagen seine 180-Grad-Drehung beendete, war ich mir bewußt, daß ich im Wagen durch das Drehmoment gegen meinen Sohn gepreßt wurde und mich außerhalb etwas über dem Wagen befand und den Ablauf des ganzen ‹Traumes› beobachtete – noch einmal. Während des Geschehens war ich mir eines Gefühls tiefen Friedens und der Gewißheit bewußt, daß mein Schutzgeist genau hier bei mir war und mich vor jeder ‹Gefahr› beschirmte.

Als der Wagen krachend zum Halt kam, war ich in der Lage, die notwendigen Anweisungen mit völlig kühlem Kopf zu geben – die Verletzungen bei mir und meinem Sohn zu prüfen – ich war ganz sicher, daß der Rettungswagen schon gerufen worden war –, die entsetzten Zuschauer zu beruhigen, daß alles in Ordnung sei – einen zuverlässigen Mann zu fragen, meinen Sohn zu untersuchen, der in einem leichten Schockzustand zu sein schien. Dies alles wurde getan, während ich meinen eigenen Herzschlag prüfte – Schockzustand – und mein aufgeschlagenes Knie über die Rücklehne des Sitzes legte, bis ich aus dem Wagen getragen und in einem Krankenhaus versorgt werden konnte.

Es war nur ein einziger Aspekt des Traumunfalls anders als der wirkliche Unfall: ich war auf einer anderen Straße. Auch war mir im Traum niemand anders gezeigt worden als nur ich.

Zuerst hatte ich gedacht, die Frau in dem anderen Wagen habe unseren Wagen gerammt. Bei weiterer Untersuchung entdeckte ich, daß mein Wagen gegen ihren Wagen geknallt war, als sie vor uns fuhr. Auch meine Drehung im Kreis kam zum Halt, als ich gegen das Heck ihres Wagens stieß. Da alles wörtlich zu nehmen ist, stieß ich gegen Metall und vollendete den Unfall durch weiteres Krachen gegen Metall.

Obwohl drei Menschen in den Unfall verwickelt waren, erlitt ich als einzige einen körperlichen Schaden – die tiefe Wunde am Knie.

Eine wichtige Erkenntnis hat sich aus diesem Unfall ergeben: ich wurde nicht ernstlich verwundet und habe nur eine Narbe, die mich mahnt, irgendwelche weiteren Träume ernsthafter Natur sofort in Szene zu setzen! Es gibt noch etwas anderes in dieser ganzen Angelegenheit, das ‹paßt›. Als Sie damals meinen Schutzgeist zurückholten, zeigte er so etwas wie materiellen Wohlstand an. Die Narbe an meinem Knie – wenn auch überhaupt nicht schmerzhaft – wurde von den Versicherungsleuten für so ‹schlimm› erachtet, daß man mir eine ziemlich große Summe Schmerzensgeld gab . . . genug jedenfalls, daß ich mich heute ‹wohlhabend› fühle.

Sie können einen Großen Traum haben, der gut ist, also überhaupt nicht unheilvoll. Das kann als eine Aufforderung von seiten Ihres Schutzgeistes betrachtet werden, daß er das angenehme Vorkommnis des Traumes erleben möchte, indem Sie es tatsächlich ausführen. Wie bei einem ‹bösen› großen Traum sollte dies sobald wie möglich in Szene gesetzt werden. Natürlich brauchen Sie sich im Falle eines ‹guten› großen Traumes nicht auf eine symbolische Durchführung zu beschränken.

Schutzgeister sind nur gut; aber wenn die Botschaften Ihres Krafttieres nicht beachtet werden oder wenn Sie es nicht durch Tanzen üben, könnte es mißvergnügt, entmutigt werden und Ihren Körper verlassen wollen. Seine Unzufriedenheit könnte unbeabsichtigt in Ihr eigenes Bewußtsein fließen und dadurch Spannung und Unruhe hervorrufen. Wenn Sie nichts tun, um die Situation zu bessern, wird es Sie bald verlassen, und Sie werden wieder ‹ent-geistigt› sein.

Kraftübertragung aus der Distanz

Die Jívaro sind der Meinung, daß jemand, der einen Schutzgeist besitzt, praktisch gegenüber dem Tod immun ist – ausgenommen der durch Epidemien hervorgerufene Tod. Auch kann der Betreffende nicht ernsthaft verletzt oder ernsthaft krank werden – ausgenommen wieder der Fall von Epidemien. Es ist nicht erforscht, wie viele primitive Völker eine ähnliche Ansicht vertreten, doch kann der Jívaro Standpunkt über diese Fähigkeit des Schutzgeistes durch irgendwelche Regeln der normalen Wirklichkeit weder bewiesen noch widerlegt werden. Wenn jemand stirbt, ist das für den Jívaro der Beweis, daß er seinen Schutzgeist schon verloren hat. Da es im normalen Leben keine Möglichkeit gibt, tote Menschen zu befragen, ob sie tatsächlich ihre Schutzgeister vor dem Tod verloren hatten, kann man gegen den Jívaro Standpunkt nur als eine Glaubenssache argumentieren.[142]

Wegen der beschirmenden Kraft des Schutzgeistes wird ein Mensch nicht ernstlich verletzt oder ernstlich krank, solange er ihn nicht verloren hat. Verständlicherweise besteht also die dringende Heilungsaufgabe des Schamanen in solchen Fällen darin, den verlorenen Schutzgeist der Person so bald wie möglich zurückzuholen. Da unsere Gesellschaft nicht schamanisch ist, dürfte es normalerweise nicht erlaubt werden, die notwendige Arbeit im Krankenhauszimmer der bettlägerigen Person zu verrichten. Ausnahmen sind manchmal in den USA geduldet, wenn sowohl der Schamane als auch der Patient amerikanische Indianer sind. Tatsächlich werden in einigen Krankenhäusern des Navaho Reservats Besuche von eingeborenen Heilern in zunehmendem Maße ermutigt, da die westlichen Ärztekammern die Erfolge immer bewußter zur Kenntnis nehmen. Für Nicht-Indianer dürfte es jedoch noch einige Zeit dauern, bis schamanische zusätzliche Behandlung im Krankenhaus akzeptiert wird.[143] Inzwischen aber können Sie die folgende fernwirkende Technik anwenden, um die Schutzkraft wiederherzustellen. Nehmen wir an, ein Freund oder Verwandter liege in einem Krankenhauszimmer viele Kilometer entfernt, und Sie möchten ihm gern schamanisch helfen. Wenn sich der Betreffende in einem gefährlichen Zustand befindet, hat er wahrscheinlich seinen Schutzgeist verloren. In einem ruhigen, dunklen Zimmer schließen Sie Ihre Augen, singen Ihr Kraftlied schweigend oder laut für sich selbst und benutzen Ihre Rassel, wenn Sie sie bei sich haben. Mental rufen Sie Ihr Krafttier, es möge aufwachen, aktiv werden, um Ihnen zu helfen.

In der Dunkelheit richten Sie sich nach der Stadt oder dem Ort aus, wo die betreffende Person sich befindet, bedecken Ihre Augen mit Ihren Händen und stellen sich den Patienten genau in seinem Bett liegend vor. Per Distanz zur Heilung oder zu einem anderen Zweck zu arbeiten, erfordert beträchtliche Konzentration und Klarheit des ‹Sehens›, wie von den australischen Eingeborenen berichtet wird.[144] Sobald Sie sich die Person vorgestellt haben, gehen Sie auf die Reise in die Unterwelt, um ein Krafttier für diesen Menschen zurückzuholen. Sobald Sie sein Krafttier haben, schicken Sie es mental oder emotional zu dem Patienten, wie Sie ihn im Krankenhauszimmer gesehen haben.

Immer noch mit geschlossenen Augen rufen Sie nun Ihr eigenes Krafttier. Sobald Sie dessen Kraft stark um sich spüren, senden Sie etwas von seiner Kraft in den *Schutzgeist des Patienten,* um diesen zum Tanzen zu bewegen. Tun Sie dies so lange, bis Sie deutlich das Krafttier des Patienten aufstehen sehen und es anfängt zu springen, zu tanzen oder um und über den sich vorgestellten, lang ausgestreckt daliegenden Patienten zu laufen. Das kann aus jeder Entfernung getan werden. Natürlich klingt dies in Begriffen des täglichen Lebens verrückt und paßt gewiß nicht in irgendein Modell psychologischer Suggestion. Aber die positiven Synchronizitäten der Gesundung im Zusammenhang mit dieser Methode sind tatsächlich bemerkenswert. Wenn der Patient genesen ist, fragen Sie ihn, ob er Träume oder Visionen von irgendeinem besonderen Tier gehabt habe. Sie könnten überrascht sein, wie ich es oft gewesen bin, über das, was er Ihnen über seine eigenen Erfahrungen erzählt.

Seien Sie vorsichtig, wenn Sie Kraft von Ihrem eigenen Krafttier aussenden, um einer anderen Person zu helfen, daß Sie diese Kraft nur an dessen Tier senden. Senden Sie sie nicht direkt an die Person, weil dies Zerstörungen verursachen könnte. Lassen Sie die Kraft zur Sicherheit durch seinen eigenen Hüter einfiltrieren, welches das einzige Krafttier ist, das von direkter Hilfe sein kann. *Außerdem hüten Sie sich grundsätzlich davor, Ihre eigene Kraft auszusenden, um anderen zu helfen*. Sie würden sich selbst erschöpfen und – was wichtig für die Person ist, der Sie helfen wollen – würden es schwer haben, Ihre Arbeit fortzusetzen. Statt dessen sollten Sie immer die Kraft Ihres Schutztieres benutzen. Wenn Sie es so machen, werden Sie nach einer Heilungssitzung kraftgeladener sein denn je und keineswegs ermüdet oder erschöpft.

Solange der Patient in einer kritischen Verfassung ist, sollten Sie den Prozeß der Vorstellung seines Krafttieres über seinem ausgestreckten

Körper alle paar Stunden wiederholen. Wenn Sie erkennen, daß das Tier einfach daliegt, sich nicht rührt, nichts tut, dann ist das eine gefährliche Situation für den Patienten. Sie müssen es mit der Kraft Ihres eigenen Schutztieres wieder beleben, wie Sie es zuvor getan haben, bis es wieder rennt, springt oder über und um den Patienten herum tanzt. Nicht selten muß man das mehrere Tage lang alle paar Stunden tun, bis der Patient endgültig außer Gefahr ist. Doch auch danach ist es wünschenswert, diese Aufgabe weiter einmal am Tag durchzuführen. Wenn Sie dann später der Meinung sind, daß die genesene Person für schamanische Arbeit empfänglich ist, besuchen Sie sie, erklären ihr, was Sie getan haben, und schlagen ihr vor, daß sie selbst sich das Tier vorstellen und es mental in ihrem Zimmer ‹tanzen› solle, während sie im Bett liegt. Ich bin immer wieder überrascht, festzustellen, wie viele Abendländer, die krank oder verletzt sind, sofort die Möglichkeit der Existenz ihres Krafttieres annehmen und ganz glücklich sind, daß sie mit ihm in Beziehung treten können.

Das Knochenspiel

Krafttraining umfaßt verschiedene Wettkämpfe und Spiele, davon einige schwieriger und fortgeschrittener als andere. Für Personen, die den Schamanismus noch nicht kennen, jedoch keineswegs begrenzt auf diese, gibt es ein besonders gutes, das von den Indianern Nordwestamerikas mit solchen Namen wie Knochenspiel, Stockspiel oder Handspiel bezeichnet wird. Es wird mindestens von zwei Einzelpersonen gespielt, häufiger jedoch von zwei sich gegenüberstehenden Parteien aus jeweils mindestens einem halben Dutzend Teilnehmern. In dem Spiel versuchen die Parteien abwechselnd, den Ort eines bestimmten Knochens oder mehrerer Knochen zu *sehen*, die von der Gegenpartei versteckt wurden. Eine Person, die als der ‹Seher› oder ‹Zeiger› der Partei benannt wird, ist bemüht, den betreffenden Knochen oder die Knochen in den Händen der Gegenpartei herauszufinden, während die Gegenpartei zu verhindern sucht, daß der ‹Zeiger› die Knochen sieht, die versteckt wurden.

Schamanische Kraft und ‹Sehen› werden im Knochenspiel ernsthaft erprobt. Im Gebiet der Küsten-Salish im westlichen Teil des Staates Washington, wo das Spiel noch sehr volkstümlich ist, sind beispielsweise Schamanen (örtlich als ‹indianische Heiler› bezeichnet) als die besten Seher anerkannt. Wegen der Kraft der Medizinmänner wird es als vermessen angesehen, gegen sie anzutreten. Wie es ein Salish ausdrückt:

> *Sie haben einen mächtigen Verstand; es hat keinen Zweck, zu spielen, wenn diese indianischen Medizinmänner da sind . . . sie schauen dich einfach an und lesen, auf welcher Seite man ihn (den Knochen) gerade hat, und das ist alles . . . Das ist nicht einfach raten, das ist Wissen, verstehen Sie? Man kann sie nicht betrügen.*[145]

Bei den Paviotso oder nördlichen Paiute von Nevada kann sogar jemand bei Nacht in einer Höhle eine Vision suchen, um Kraft zu erhalten, damit er im Spiel *sieht*. Ein Paviotso drückt das so aus: Wenn die Vision kommt, kann er hinterher ‹durch alles sehen›.[146]

Bevor das Spiel beginnt, ist es wichtig, daß sich die beiden Parteien über einen entsprechenden Wetteinsatz einigen, damit die Teilnehmer auch sehr ernsthaft dabei sind, ihre ‹Kräfte› zu gebrauchen, um zu sehen oder Sehen zu verhindern. Bei den nordwestamerikanischen Indianervölkern wetteten in den alten Tagen ganze Bünde oder Dörfer, die gegeneinander spielten, und zwar sehr ernsthaft. Zum Beispiel konnte eine Gruppe ihren ganzen Wintervorrat an Lebensmitteln zum Einsatz bringen. Andere Gruppen verwetteten ihre Pferde oder sogar ihre Frauen.

Bei Spielen in meinen Workshops sind die Wetten viel weniger übertrieben. Die sich gegenüberstehenden Parteien werden sehr häufig über die folgenden Einsatzarten einig: zum Beispiel geben die Teilnehmer der Verliererpartei den Teilnehmern der Gewinnerpartei eine halbe Stunde Massage, oder die Verliererpartei bereitet den Gewinnern ein Fest. Es gibt viele Möglichkeiten, und man ist immer wieder über die neuen Einfälle überrascht, die von Teilnehmern vorgeschlagen werden.

Um den Wetteinsatz zu organisieren, tritt einer als Zeremonienmeister auf, der das Wetten koordiniert. Seine erste Aufgabe ist es, die Gruppe in zwei Hälften einzuteilen. Wenn die Teilnehmer im Kreis sitzen, kann dies einfach dadurch geschehen, daß die Personen auf der linken Hälfte des Kreises die eine Partei und die auf der rechten Seite die andere bilden. Ideal ist es, wenn jede Mannschaft die gleiche Anzahl Teilnehmer hat.

Der Zeremonienmeister ordnet dann an, daß jede Gruppe sich außer

Hörweite der anderen zurückzieht, so daß deren Besprechungen nicht mitgehört werden können. An diesen getrennten Orten überlegt jede Gruppe, welchen Einsatz sie bereit ist zu verlieren und welchen Einsatz sie annehmen würde, falls sie gewinnt. Die Einsätze brauchen nicht dieselben zu sein. Der Zeremonienmeister geht zwischen den beiden Gruppen hin und her und überbringt deren Angebote und Gegengebote. Er hat auch die Aufgabe, die Spielregeln zu erklären und im Falle von Mißverständnissen zwischen den Parteien als Schiedsrichter zu fungieren.

Die Verhandlungen können sehr langwierig sein, aber auch viel Spaß bereiten. Die hinausgezögerte Verhandlungszeit erhöht das Gefühl der Erwartung als Vorbereitung auf das Knochenwettspiel und ist ein wertvoller Bestandteil der Übung. Wenn durch die Vermittlung des Zeremonienmeisters die beiden Mannschaften über die Einsätze klargekommen sind, kann jeder anfangen, sich auf den Wettkampf vorzubereiten.

Allen Teilnehmern ist verboten zu sprechen, sobald die endgültige Gegenüberstellung in zwei Reihen vollzogen ist, damit das Spiel beginnen kann. Deshalb ist es wichtig, daß die Mannschaften vorher ihre Taktik und Strategie diskutieren und ausarbeiten. Das heißt mit anderen Worten: nachdem über den Einsatz entschieden ist, verbringt jede der Parteien einige Zeit damit, ihre Pläne auszuarbeiten. Darunter fällt die Auswahl ihres ersten *Zeigers* oder ‹Sehers› und möglichst auch unterstützender *Zeiger* für den Fall, daß der erste nicht erfolgreich ist. Einen *Zeiger* und unterstützende *Zeiger* herauszufinden, die wahrscheinlich zum Sehen gut geeignet sind, ist ein wichtiger Teil der Überlegungen.

An zweiter Stelle müssen ein erster *Verstecker* und unterstützende *Verstecker* ausgesucht werden. Eine Mannschaft könnte es auch vorziehen, zu warten, bis das Spiel wirklich angefangen hat, bevor unterstützende *Zeiger* und *Verstecker* ausgesucht werden, da es sich möglicherweise erst dann herausstellt, daß bestimmte Personen ihre Fähigkeiten im Sehen und Verstecken spüren. Da aber die Teilnehmer der beiden Parteien nicht sprechen dürfen, nachdem das wirkliche Spiel begonnen hat, muß Verständigung ohne Worte vereinbart werden, um anzuzeigen, daß jemand gern ein neuer *Seher* oder *Verstecker* sein möchte.

Der Zeremonienmeister sollte den Gruppen erklären, daß die besten *Seher* meistens mit geschlossenen Augen arbeiten; denn sie setzen sich ja schamanisch ein. Einige *Seher* sind sogar am besten, wenn sie der gegnerischen Partei ihren Rücken kehren und auf diese Weise arbeiten. Andere *Seher* aber arbeiten tatsächlich mit offenen Augen. Jeder lernt durch Erfahrung, was für ihn persönlich am besten ist.

Die Mannschaften müssen auch festsetzen, wie sie beim Sehprozeß helfen wollen. Sie können zum Beispiel beschließen, daß alle Körper sich berühren und Kontakt zum *Seher* herstellen, indem sie einen Kraft-‹Kegel› bilden. Die Gruppenteilnehmer sind auch angewiesen, die Konzentration des gegnerischen *Sehers* zu stören, wenn ihre eigene Seite die Knochen versteckt. Sie dürfen schreien, laut lachen, tanzen, die Geräusche ihrer Krafttiere nachmachen und was sie sonst noch wollen, um den *Zeiger* der gegnerischen Seite zu behindern.

Die Mannschaften können auch beschließen, vor Beginn des Spieles zur eigenen Unterstützung bei der Erweckung ihrer Geister Kraftlieder zu singen. Aber wenn das Spiel begonnen hat, sind keine Lieder mit Worten mehr erlaubt. Dadurch wird allerdings nicht verboten, Lieder ohne menschliche Worte zu singen. Denn ein Teil der Praxis des Knochenspiels besteht ja in der Tat darin, daß Sie Ihren Tieraspekt bewußt einsetzen.

Wenn beide Seiten bereit sind zu spielen, stellen sie sich einander gegenüber, etwa 1,20 m auseinander. Wird im Freien gespielt, zieht der Zeremonienmeister auf dem Boden zwischen den Parteien eine Linie; wenn im Raum, markiert der Zeremonienmeister diese Linie durch ein Seil oder eine Kerzenreihe (siehe Abb. 12). Es ist gegen die Regeln, mit irgendeinem Körperteil einschließlich der Hände über die Mittellinie zu kommen. Wenn solch eine Übertretung geschieht, gibt der Zeremonienmeister als Schiedsrichter der gegnerischen Partei eine *Spielmarke*.

Spielmarken können (drinnen) Truthahnfedern sein, die auf den Boden gelegt werden, oder (draußen) Stäbchen, die in den Boden gesteckt werden. Solche Spielstäbchen, meistens mit den Mannschaftsfarben bemalt, sind 20–25 cm lang, an einem Ende spitz und so dick wie Bleistifte. Etwa drei oder vier Spielmarken auf jeder Seite sind normalerweise ausreichend für ein kurzes Spiel. Jede Mannschaft legt ihre Spielmarken auf ihrer Seite der Mittellinie aus.

Das Ziel des Spieles ist es, alle Spielmarken zu gewinnen. Eine Mannschaft muß nicht nur die Spielmarken der anderen Mannschaft gewinnen, sondern auch ihre eigenen – eine Regel, die sich etwas von europäischen Spielen unterscheidet. Mit anderen Worten: wenn zum Beispiel jede Mannschaft drei Spielmarken ausgibt, dann muß jede

Abb. 12: Das Knochenspiel. Gezeichnet von Barbara Olsen.

Mannschaft zunächst die drei Spielmarken der anderen Partei gewinnen und dann ihre eigenen drei Spielmarken, um Sieger zu sein. Es ist wichtig, daß der Schiedsrichter die Verantwortung dafür übernimmt, auf diese Spielmarken aufzupassen und sie über die Linie zwischen den beiden Mannschaften hinüberzubringen.

Bei dieser verhältnismäßig einfachen Form des Handspiels werden nur zwei *Knochen* benutzt. Die beiden Knochen oder Stöckchen sind wenig kürzer, als eine Menschenhand breit ist; es sind meistens Geflügelknochen oder Holzzapfen von 1,5 cm Durchmesser. Diese Knochen oder Stöckchen sollten einander so ähnlich wie möglich sein – mit einer Ausnahme: um die Mitte des einen ist ein schwarzes Band geknüpft. Das Band dient zur Unterscheidung der beiden Knochen oder Stöckchen, die zusammengehören.

Die Art des Versteckens geht wie folgt vor sich: der Verstecker steht mit dem Rücken zur gegnerischen Mannschaft und schüttelt die beiden Knochen in seinen Händen, um zu verhindern, daß die gegnerische Partei weiß, welche Hand den Knochen mit dem Band enthält;

oder der Verstecker kann die Knochen in seinen Händen auch unter einer Wolldecke oder einem anderen Tuch auf seinem Schoß hin und her schütteln, wobei er die gegnerische Partei ansieht; oder der Verstecker kann die Knochen hinter seinem Rücken von einer Hand zur anderen wechseln, wobei er ebenfalls die gegnerische Partei ansieht.

Schließlich zeigt der Verstecker einfach seine beiden Fäuste vor, von denen jede einen Knochen enthält, und zwar genau geradeaus weg von seinem Körper und der gegnerischen Mannschaft entgegen. Das bedeutet, daß der Verstecker und seine Mannschaft bereit sind: die andere Partei möge nun erraten, wo sich der Knochen mit dem Band befindet. Von diesem Augenblick an ist bei dieser Art des Spieles keine Bewegung der Knochen mehr erlaubt.

Wenn der Verstecker seine Fäuste ausgestreckt hat, beginnt seine Mannschaft alle möglichen Arten störender Schreie und Bewegungen auszuführen, während gleichzeitig der Zeremonienmeister eine Trommel in gleichbleibendem Tempo schlagen sollte. Sobald er zu trommeln beginnt, ist es das Zeichen dafür, daß das *Zeigen* beginnt. Wenn er aufhört zu trommeln, ist es das Zeichen dafür, daß der *Zeiger* angegeben hat, welche Hand den markierten Knochen enthält.

Die Mannschaft mit dem *Seher* bleibt ruhig und konzentriert sich darauf, einen Schild der Ruhe um den *Seher* zu errichten, wie auch ihm Kraft zu geben, um ihm bei der richtigen Anzeige zu helfen. Sobald der *Seher* auf eine der Hände des Versteckers zeigt, gebietet der Zeremonienmeister dem Verstecker, diese Hand zu öffnen. Hat der *Seher* beim ersten Versuch richtig auf die Hand gezeigt, die den markierten Knochen enthält, so gewinnt die Mannschaft des *Zeigers* eine Spielmarke der gegnerischen Mannschaft. Sie wird auf die Gewinnerseite der Linie gelegt. Wenn der *Seher* nicht erfolgreich war, muß seine Mannschaft zurücktreten, braucht aber keine Spielmarke an den Gegner abzugeben. Mit anderen Worten können nur durch erfolgreiches Zeigen Spielmarken die Seite wechseln, nicht durch Mißerfolg. Solange eine Mannschaft erfolgreich ist, bleibt sie ohne Unterbrechung an der Reihe. Die Mannschaft, die alle Spielmarken gewinnt, hat damit auch den Einsatz der gegnerischen Partei gewonnen, der vorher abgesprochen worden war.

Es gibt viele regionale und Stammes-Varianten bei diesem Spiel der nordwestamerikanischen Indianer.[147] Die vorstehende Beschreibung ist eine vereinfachte Bearbeitung für Anfänger. Wenn Sie zu einem komplizierteren Knochenspiel fortschreiten möchten, das vier Knochen benutzt, lesen Sie Anhang B mit einer Version, wie sie von den Flathead-Indianern in Montana gespielt wird.

Kraftträger und der Quarzkristall

Wenn Sie in Wäldern oder anderen wildwachsenden Gegenden spazierengehen, achten Sie dort auf Gegenstände, die in Ihre Medizintasche gehören. Gegenstände, die Sie aus keinem klarbewußten Grund anziehen, können vom Standpunkt des Schamanen Kraftträger sein, deren geistiger Aspekt Ihnen durch eine Reise in der Unterwelt enthüllt werden kann. Tatsächlich kann es sein, daß Sie schon seit Jahren Kraftträger sammeln, ohne daß Sie es wissen. Was ist zum Beispiel mit jener Hasenpfote aus Ihrer Kindheit? Und was bedeutet der ungewöhnliche Kieselstein, den Sie an der Meeresküste fanden, die Feder, die Sie von einer Bergwiese mitnahmen? Das alles sind mögliche Kraftträger, Gegenstände mit kraftgeladenen Beziehungen und Erinnerungen.

Ein Schamane wird alle derartigen Gegenstände in einem Kraft- oder ‹Medizin›-Bündel aufbewahren. Er hat darin vor allem Gegenstände, die er während kraftgeladener persönlicher Erfahrungen im Zusammenhang mit schamanischen Aufgaben entdeckt hat. Wenn Sie an einem bestimmten Ort eine visionäre Erfahrung haben oder Kraft spüren, schauen Sie sich um und sehen Sie nach, ob etwas für Sie Bedeutungsvolles dort liegt, das Sie in Ihr Bündel stecken könnten.

Viele Schamanen verwahren ihre Kraftträger, ihre ‹Medizin›, in einer Tasche aus dem Fell wilder Tiere. Manche tun sie in einen Stoffbeutel, eine Ledertasche oder sogar in einen alten Karton. Ein Medizinbündel ist etwas, was ein Schamane gewöhnlich eingewickelt aufbewahrt und es öffentlich nur bei rituellen Anlässen auswickelt oder entrollt. Die Gegenstände darin sind höchst persönlich und – wie auch bei anderen Kraftträgern – ist es nicht gut, sie vorzuzeigen oder zu viel von ihnen zu reden; das grenzt an Prahlerei und könnte zu Kraftverlust führen. Wenn der Schamane sein Medizinbündel auspackt und die Kraftträger betrachtet, sind sie Gedächtnishilfen – sie beleben in seiner Erinnerung die schamanischen Erfahrungen, die mit ihnen verbunden sind.

Fast jeder kleine Gegenstand könnte in das Medizinbündel passen.

Wie bei anderen Dingen im Schamanismus liegt die Entscheidung darüber bei Ihnen. Nur Sie wissen, was in Begriffen Ihrer eigenen persönlichen Kraft-Erfahrungen für Sie bedeutungsvoll ist. Sie sollten regelmäßig Ihr Bündel öffnen und anhand des Inhalts Ihre Erinnerungen an sich vorüberziehen lassen, besonders wenn Sie vor schamanischen Aufgaben stehen. Sollte ein bestimmter Gegenstand keine Kraft-volle Erinnerung und Emotion mehr bei Ihnen hervorrufen, dann legen Sie ihn an einen würdigen Ort in der Natur zurück. Er wird nicht mehr gebraucht.

Während es prinzipiell eine fast unendliche Mannigfaltigkeit von Kraftträgern gibt, wird doch eine besondere Art regelmäßig in der Hand von Schamanen gefunden. Das ist der Quarzkristall. In Nord- und Südamerika, Australien, Südostasien und sonstwo schreiben Schamanen diesen spitzen sechseckigen Steinen eine einzigartige Bedeutung zu, die gewöhnlich durchscheinend bis milchigweiß sind. (Man kann sie in der Tunnelwand auf Abb. 8 erkennen.) Schamanen benutzen eine ganz unterschiedliche Größe, von der Länge eines Gelenks des kleinen Fingers bis zu selteneren Exemplaren von 30 cm Länge oder mehr.

Der Quarzkristall wird als der stärktste Kraftträger überhaupt von so weit auseinanderliegenden Völkern wie den Jívaro in Südamerika und den Stämmen in Australien angesehen.[148] Völker so entfernt voneinander wie die Ureinwohner im östlichen Australien und die Yuman Indianer des südlichen Kalifornien und des angrenzenden Niederkalifornien halten den Quarzkristall für ‹lebendig› oder sprechen von einem ‹lebendigen Stein›.[149] Die weitverbreitete Verwendung von Quarzkristallen im Schamanismus reicht Tausende von Jahren zurück. In Kalifornien beispielsweise wurden Quarzkristalle an archäologischen Fundstätten und prähistorischen Grabstätten bis 8000 Jahre zurückreichend gefunden.[150]

Der Quarzkristall wird wie andere Kraftträger als ein Hilfsgeist angesehen, und zwar sowohl in Australien wie auch am oberen Amazonas.[151] Jívaro Schamanen sind der Meinung, daß der Quarzkristall eine eigene Klasse unter den Hilfsgeistern bildet, nicht nur wegen seiner Kraft, sondern auch, weil er dem Schamanen immer als derselbe erscheint, ob er sich nun im schamanischen oder im normalen Bewußtseinszustand befindet. Mit anderen Worten: seine materielle und seine geistige Natur sind gleich. Die westlichen Yuman Schamanen treten in eine besondere Partnerschaft mit ihren Quarzkristallen und müssen sie ‹ernähren›; das erinnert an Jívaro Schamanen, die ihre Hilfsgeister mit Tabakwasser versorgen, um sie bei sich zu halten.[152]

Quarzkristalle sind in gewissem Sinne ‹erstarrtes Licht› und haben mit ‹Erleuchtung› und *Sehen* zu tun. Zum Beispiel gab es bei den australischen Wiradjeri ein Phänomen nicht unähnlich der Vorstellung vom ‹dritten Auge›. Schamanen in Ausbildung wurde ein Stück Quarz in ihre Stirnen ‹gesungen›, damit sie «fähig würden, direkt in die Dinge hineinzusehen».[153] Auch in Australien wurden häufig Quarzkristalle in die Haut von Auszubildenden gedrückt oder gekratzt oder über deren Körper gerieben, um ihnen Kraft zu geben, und bei den Wiradjeri wurde ‹verflüssigter Quarz› über ihre Körper gegossen.[154] Bei den Wiradjeri wurden Quarzkristalle ins Wasser getan, das Schamanenschüler trinken mußten, damit sie ‹Gespenster sehen könnten›.[155] In Südamerika sind die Steinchen in der Rassel eines Warao Schamanen Quarzkristalle und somit Hilfsgeister, die ihm beistehen, wenn er schädliche Eindringlinge aus Patienten herausholen muß.[156] Beim Tode verschmilzt die Seele des Warao Schamanen mit den Quarzkristallen in seiner Rassel und steigt in der Form von Licht zum Himmel auf.[157] Die Beziehung von Quarzkristallen zum Himmel und zu himmlischen Erscheinungen ist sehr bedeutungsvoll nicht nur mit Licht, sondern direkt mit der Sonne verbunden. Die Seele eines mexikanischen Huichol Schamanen kann aus ihrem himmlischen Aufenthaltsort in der Form eines Quarzkristalls auf die Erde zurückkommen,[158] und ein Huichol Schamane kann am Anfang seiner Praxis eine Reise in den Himmel unternehmen, um solch einen Kristall aus den Räumen hinter der Sonne zurückzuholen.[159]

Im Australien der Eingeborenen ist der Quarzkristall in ähnlicher Weise mit dem Himmel verbunden und kann von einem Schamanen am Fuß des Regenbogens gefunden werden, wo er in Wasser endet.[160] Der australische Kabi oder Wakka Schamane ‹mit vielen Kristallen in seinem Körper› kann in die tiefsten Wasserlöcher hinunterreisen, wo der Regenbogengeist lebt, und weitere Quarzkristalle erhalten. Ein solcher Schamane würde dort herauskommen, heißt es, «voller Leben und ein Medizinmann des höchsten Grades sein».[161]

Man könnte annehmen, daß der Quarzkristall einfach deswegen als so kraftvoll angesehen wird, weil er ein durchscheinender Stein ist, aber das ist auch der Glimmer, und letzterer wird selten, wenn überhaupt, in der schamanischen Literatur erwähnt. Das deutet darauf hin, daß etwas mehr als Transparenz eine Rolle spielt. Es könnte die Tatsache sein, daß Quarzkristalle manchmal Licht brechen können und dann regenbogenähnliche Farben zeigen. Aber ist das eine ausreichende Erklärung für seine einzigartige Bedeutung als ein Gegenstand, der bei der schamanischen Betätigung von Kraft eine Rolle spielt? Die Antwort könnte in einem sehr merkwürdigen Zusammentreffen liegen. In der modernen Physik wird der Quarzkristall auch bei der Kraftübertragung benutzt. Seine bemerkenswerten elektronischen Eigenschaften machten ihn früh zu einem Basisbaustein in Radiosendern und -empfängern. (Erinnern Sie sich an den Kristalldetektor?) Dünne Scheiben aus Quarzkristallen wurden später Basisbausteine für moderne elektronische Hardware[162] wie Computer und Chronometer. Während dies alles zufällig sein kann, ist es eine der vielen Synchronizitäten, welche das angesammelte Wissen des Schamanismus aufregend und häufig sogar erschreckend machen.

Schamanen benutzen seit langem ihre Quarzkristalle für *Sehen* und Zukunftsschau. Daher kann es nicht überraschen, daß Knochenspieler manchmal einen Quarzkristall bei sich haben, um das Glück anzuziehen.[163] Die Kristallkugel, die in den westlichen Kulturen wenigstens dem Namen nach bekannt ist[164], ist nur ein geschliffener Abkömmling des alten schamanischen Kristalls. Unter den Yualai (Euahlayi) Australiens benutzten die besten Schamanen Kristall-Sehen, um «Visionen der Vergangenheit, was gegenwärtig in der Ferne geschieht und die Zukunft zu sehen».[165] Sowohl der Yualai als auch der ferne Tsimshian der amerikanischen Nordwestküste schickten den Quarzkristall oder dessen Geist aus, um das Bild einer bestimmten Person zu holen. Diese Technik wurde bei den Tsimshian sogar dazu benutzt, um Heilung in der Ferne zu bewirken. Der Schamane schickte den Kristall zur Nacht aus, um das Bild der kranken Person zu holen. Wenn das Bild angekommen war, tanzte der Schamane um den Kristall, indem er seine Rassel schüttelte (vermutlich beim Eintritt in den schamanischen Bewußtseinszustand), und befahl dann dem Kristall als seinem Hilfsgeist, einen schädlichen Krafteinfluß aus dem Bild herauszuziehen. Die Person in der Ferne, deren Bild dies war, wurde dadurch geheilt.[166]

Der Schamane verwahrt im allgemeinen seine Quarzkristalle verborgen vor anderen Personen und vor den Strahlen der Sonne. Der Jívaro Schamane trägt sie in seiner Schultertasche aus Affenhaut, zusammen mit seinen anderen Kraftträgern, grünen Tabakblättern und einem kleinen Kürbisbecher, um die Blätter in kaltes Wasser einzutauchen. Der Schamane der australischen Eingeborenen verwahrt seine

Quarzkristalle genauso in seinem Beutel, zusammen mit seinen anderen Kraftträgern.[167] Er kann sie auch in seinem Magen aufbewahren, wo der Jívaro oft seine Hilfsgeister verbirgt.[168] Der Tsimshian Schamane trägt seinen Quarzkristall in einem Beutel, den er um seinen Hals hängen hat.[169] Der heutige Paipai (westlicher Yuman) Schamane bewahrt seinen Quarzkristall in einem kleinen Wildlederbeutel oder in seiner Hosentasche auf. Er verläßt sich bei der Ratsuche so sehr darauf, daß er in seinem Fall mehr als Schutzgeist denn als einfacher Hilfsgeist fungiert. So sagte ein Paipai Schamane aus:

> *Wenn du ihn in deiner Tasche trägst, sagt er dir in deinen Träumen alles, dieser* wii'pay *(Quarzkristall). Er sagt dir, was du tun wirst, was du ihn fragst. Und er gibt dir alles. Du mußt ihn in deiner Tasche tragen. Ja, wenn du ein Schamane sein willst, dann mußt du das tun.*[170]

Bei den Yuman Südwestkaliforniens und des angrenzenden mexikanischen Niederkaliforniens werden besondere Techniken angewandt, um Quarzkristalle zu lokalisieren und aus ihren Gängen im Berg herauszulösen.[171] Castaneda verweist ebenso auf besondere Techniken in Mexiko zu diesem Zweck.[172]

Wenn Sie Ihr eigenes Medizinbündel zusammenstellen, ist es wünschenswert, wenigstens einen Quarzkristall hineinzutun. Solche Kristalle sind der Mittelpunkt der Kraft in vielen Medizintaschen oder -kästen der Schamanen. Ihre Kraft verbreitet sich durch das Bündel und trägt dazu bei, den lebendigen Aspekt der Kraftträger mit Energie zu versorgen und diese zu speichern. Am einfachsten machen Sie es so, daß Sie verschiedene Läden mit Mineralien aufsuchen, bis Sie einen kleinen Quarzkristall finden, der Sie besonders anzieht. Tun Sie den ausgesuchten Kristall nicht sofort in Ihre Tasche oder zu Ihren anderen Kraftträgern. Zunächst müssen Sie ihn reinigen, da Ihnen seine Vergangenheit unbekannt ist. Dazu waschen Sie den Kristall im Wasser einer natürlichen Quelle oder im Ozean. Dann bewahren Sie ihn bis zu einer Winter- oder Sommersonnenwende getrennt von Ihrem Medizinbündel auf. Bringen Sie ihn an einen hochgelegenen, einsamen Ort, beispielsweise auf eine Bergspitze. Dort spalten Sie einen Zweig an einem Ende, stecken das nichtgespaltene Ende in die Erde und den Quarzkristall mit der Spitze nach oben in den gespaltenen Zweig. Lassen Sie ihn dort acht Tage in der Sonne zur ‹Wieder-Aufladung›, bevor Sie ihn in Ihren Medizinbeutel stecken.

Regelmäßig zwischen den Sonnenwenden sollten Sie den Kristall aus dem Bündel nehmen und seine Kraft ‹aufwecken›. Das geschieht dadurch, daß Sie mit seinem nicht spitzen Ende leicht auf einen Felsen schlagen, der an einer Quelle oder am Meer vorspringt.

Einige indianische Schamanen aus Mittelkalifornien besaßen sehr große Quarzkristalle, die als besonders kraftgeladen angesehen wurden. Vor vielen Jahren hatte ich bei den Küsten-Miwok Kaliforniens Gelegenheit zu beobachten, wie ein sehr großer Kristall in ähnlicher Weise ‹aufgeweckt› wurde, wie ich es oben beschrieben habe; nur wurde er so hart wie möglich auf einen bestimmten Felsen einige Schritte vom Ufer des Pazifischen Ozeans entfernt aufgeschlagen.[173] Bei einem solch großen Quarzkristall war das kräftige Aufschlagen eine gefährliche Sache; nach dem Glauben des Stammes würde die Welt enden, wenn der Kristall zersplitterte. Das mag für Abendländer ein sehr weit hergeholter Glaube sein, aber das ‹Enden der Welt› (dies ist nicht dasselbe wie das ‹Anhalten der Welt› bei Castaneda[174]) könnte eine sehr genaue Beschreibung dessen sein, was bei einem einzelnen Menschen geschehen würde. Der Schamane würde in der Gefahr schweben, die Welt für sich selbst zu endigen, was schließlich von seinem Standpunkt aus auf dasselbe herauskommt. Aber wie? Ein bekannter Physiker, David Finkelstein, erklärte, als er davon erfuhr, daß der Tod des Schamanen sehr wohl möglich sein könnte. Er gab an, daß das Zerschmettern eines solch großen Quarzkristalls Hunderttausende von Volt freisetzen würde oder genügend Energie, um den Medizinmann durch Elektrizität zu töten.[175] Die abendländische Wissenschaft ist offensichtlich an dem Punkt angekommen, daß sie den Quarzkristall als Kraftträger anerkennt, was Schamanen seit Jahrtausenden gewußt haben.

Kapitel VII

Das Extrahieren schädlicher Eindringlinge

Der Schamane benutzt nicht nur die ihm von den Tieren dargebotene Kraft, sondern auch diejenige der Pflanzen des Gartens Erde. Alle erhalten natürlich ihre Kraft von der Sonne.[176] Während die Tiere im allgemeinen als Schutzgeister auftreten, dienen die Pflanzen mehr als Hilfsgeister. Im Gegensatz zu Schutzgeistern sind Hilfsgeister nur der Besitz von Schamanen. Normalerweise steht Nichtschamanen die Pflanzenkraft nicht zur Verfügung.

Ebenso wie die mächtigen Schutzgeisttiere gewöhnlich wilde, ungezähmte Tierarten sind, so besteht der größte Teil der Hilfsgeister aus wilden, freiwachsenden Pflanzenarten. Es scheint so, als ob die meisten Haustiere und Gartenpflanzen einfach nicht die geistige Kraft haben, um für Schamanismus von Bedeutung zu sein. Vom schamanischen Standpunkt ist allein die Tatsache, daß bestimmte Tiere und Pflanzen gezähmt und für Nahrung und andere Forschungszwecke benutzt werden, schon kennzeichnend für deren Kraftmangel.

Pflanzenhelfer

Die einzelnen Pflanzenhelfer haben nicht annähernd so viel Kraft wie die Schutztiere, aber ein Schamane kann in den Besitz von Hunderten von Hilfsgeistern kommen, so daß deren gesammelte Kraft in vieler Hinsicht derjenigen eines Schutzgeistes entsprechen kann. Doch die besondere Bedeutung der wilden Pflanzen liegt in der Verschiedenheit ihrer individuellen Fähigkeiten. Diese Pflanzenhelfer haben zwei Wirklichkeiten: ihre alltäglichen und ihre nichtalltäglichen Aspekte. Die nichtalltägliche Natur einer Pflanze kann eine Insektenart sein, zum Beispiel ein Riesenschmetterling oder eine andere symbolhafte Art in tierischer oder sogar unbelebter Form.

Die meisten Menschen unserer westlichen ‹Zivilisation› sind im

Gegensatz zu unseren frühen Vorfahren beklagenswert unwissend über die Wesenheiten wilder Pflanzen. Demgemäß erfordert die Ansammlung von Hilfsgeistern für viele von uns zunächst ein gewisses Studium der Eigenschaften bestimmter wilder Pflanzen – ein Wissen, das bei den Naturvölkern selbstverständlich ist. Im folgenden mache ich Ihnen einen Vorschlag, wie Sie Ihren ersten Hilfsgeist erhalten können. Die Technik bleibt dieselbe bei weiteren Hilfsgeistern.

Gehen Sie ziellos durch ein Waldgebiet, eine Steppe, Wüste oder durch irgendeine andere unberührte Landschaft. Wenn Sie so durch die Wildnis schlendern, denken Sie ständig an Ihre Aufgabe: einer Pflanze zu begegnen, die Ihr Helfer sein kann. Wenn eine Pflanze Sie besonders anzuziehen scheint, setzen Sie sich zu ihr und machen sich mit ihren Merkmalen vertraut. Erklären Sie ihr, daß Sie sie ganz oder teilweise für Ihre Aufgabe brauchen, und entschuldigen Sie sich bei ihr, bevor Sie einen Teil pflücken oder sie ganz herausziehen. Wenn es sich um einen Strauch oder einen Baum handelt, brauchen Sie nur einen Zweig abzubrechen, der ausreicht, um eine botanische Bestimmung zu ermöglichen. Bei einer kleineren Pflanze kann es erforderlich sein, daß Sie eine ganze blühende Art herausziehen müssen. *Bringen Sie das Exemplar zu einem Fachmann, der seine Art bestimmen und Ihnen sagen kann, ob die Pflanze giftig ist oder nicht.* Ein erfahrener Bauer oder Landarbeiter kann Ihnen vielleicht schon die Auskunft geben; oder Sie wenden sich an das örtliche Museum oder Herbarium.

Sobald Sie wissen, daß die Art ungiftig ist, kehren Sie an denselben Fundort zurück, suchen ein lebendes Exemplar derselben Art, entschuldigen sich bei ihm und essen, ohne die Pflanze zu zerstören, vier kleine Bissen davon, zum Beispiel Stückchen von ihren Blättern. Dann wickeln Sie zwei weitere Stückchen davon ein und stecken sie in Ihren Medizinbeutel für spätere Verwendung, die noch erklärt wird.

Jetzt sind Sie bereit, den verborgenen, nichtalltäglichen Aspekt ihrer Pflanze zu erforschen. Am Abend desselben Tages und unterstützt durch das Schlagen der Trommel machen Sie die schamanische Reise in die Erde und suchen so lange, bis Sie zwei oder mehr Exemplare jener Pflanzenart sehen. Machen Sie Ihren Besuch bei den Pflanzen genauso, wie Sie es vorher im normalen Bewußtseinszustand gemacht haben. Studieren Sie die Pflanzen so lange, bis diese sich in eine nichtpflanzliche Geisterform verändern. Fast jede Form ist möglich, aber meistens sind es Insekten, Schlangen, Vögel oder auch Steine. Sobald Sie die Veränderung sehen, essen Sie sie in ihrer nichtmateriellen

Form im schamanischen Bewußtseinszustand genauso, wie Sie am Tage vorher ihren normalen materiellen Aspekt gegessen haben; doch diesmal nehmen Sie die *ganze* Wesenheit von beiden Formen zu sich. Dann kehren Sie von der Reise zurück. Wiederholen Sie den ganzen Vorgang, um immer neue Paare von Hilfsgeistern zu erwerben.

Während diese Arbeitsweise eine Beschreibung meiner eigenen Jívaro-Ausbildung ist, wird die Grundmethode auch aus anderen Teilen der schamanischen Welt berichtet. Das folgende Beispiel eines Weges, wie Pflanzen ihre verborgene Natur enthüllen und sich dem Schamanen zur Verfügung stellen, beschreibt eine Reise in die Unterwelt durch einen sibirischen Tavgi Samoyed Schamanen:

> *Als ich entlang der Küste ging, sah ich zwei Gipfel: einer davon war mit leuchtend-farbiger Vegetation bedeckt, der andere bestand nur aus schwarzer Erde. Zwischen ihnen schien ein kleines Inselchen zu sein, darauf irgendwelche sehr schöne rote Pflanzen in Blüte. Sie schienen den blühenden Sumpfbrombeeren zu ähneln. «Was ist das?» dachte ich. Es war niemand in der Nähe, ich hatte dies selbst entdeckt. Wenn ein Mensch stirbt, wird sein Gesicht blau und verändert sich: dann kann der Schamane nichts mehr tun. Wie ich feststellte, wuchs das rote Gras aufwärts, das schwarze abwärts. Plötzlich hörte ich einen Ruf: «Nimm einen Stein von hier!» Die Steine waren rötlich. Da ich ausersehen war zu überleben, nahm ich mir einen roten Stein. Was ich für Blumen gehalten hatte, waren Steine.*[177]

Um Hilfsgeister zum Heilen zu verwenden, sollten Sie wenigstens ein Dutzend Pflanzen zusammenbringen. Sie sollten wenigstens eine der folgenden Arten als Helfer in ihren nichtalltäglichen Aspekten darunter haben: Spinne, Biene, Wespe, Hornisse, Schlange. Je vielfältiger und größer die Zahl der Hilfsgeister eines Schamanen ist, je besser kann er Krankheiten behandeln.

Der Schamane braucht Hilfsgeister, um Personen zu heilen, die durch schädliche Krafteindringlinge leiden. Das Extrahieren dieser Eindringlinge ist eine fortgeschrittenere und schwierigere Art der schamanischen Heilung als die Herbeischaffung des Schutzgeistes. *Ich empfehle, daß Sie solche Aufgaben nur dann angehen, wenn Sie schon die schamanische Reise und das Arbeiten mit dem Schutzgeist beherrschen, Ihre Pflanzenhelfer erworben haben und es Ihnen sehr ernst mit dem Schamanismus ist.* Wie Eliade richtig feststellt, «um die bösen Geister aus dem Patienten herauszuziehen, muß der Schamane sie oft in seinen eigenen Körper aufnehmen; um das zu erreichen, kämpft und leidet er mehr als der Patient selbst.»[178]

Entfernung von Eindringlingen

Krankheit aufgrund von Kraft-Eindringlingen wird durch solche Symptome gekennzeichnet wie örtlicher Schmerz oder Unbehagen, oft zusammen mit erhöhter Temperatur, welche (vom schamanischen Standpunkt gesehen) mit der Energie des schädlichen Kraft-Eindringlings zusammenhängt. In gewisser Weise ist der Begriff des Kraft-Eindringlings nicht sehr verschieden von der westlichen medizinischen Vorstellung einer Infektion. Deshalb sollte der Patient wegen des normalen Aspektes eines Eindringlings (das heißt der Infektion) durch orthodoxe materielle Medizin und wegen des nichtnormalen Aspektes durch schamanische Methoden behandelt werden.

Kraft-Eindringlinge – wie ansteckende Krankheiten – scheinen am häufigsten in städtischen Gebieten vorzukommen, wo menschliche Besiedlung am dichtesten ist. Vom schamanischen Standpunkt geschieht dies, weil viele Menschen, ohne es zu wissen, die latente Kraft besitzen, andere durch die Ausbrüche ihrer persönlichen Kraft zu verletzen, wenn sie in ein gefühlsmäßiges Ungleichgewicht geraten, wie z. B. Zorn. Wenn wir von einer Person sagen, daß sie ‹Feindseligkeit ausstrahlt›, ist das fast ein latenter Ausdruck für den schamanischen Standpunkt.

Ein Schamane würde sagen, daß es gefährlich sei, nichts über Schamanismus zu wissen. Aus Unwissenheit über die schamanischen Prinzipien haben die Menschen keine Ahnung, wie sie sich gegen feindliche Kraft-Einströmungen abschirmen können, indem sie sich eine Schutzgeistkraft besorgen. Auch wissen sie nicht, daß sie selbst andere Menschen unbeabsichtigt verletzen. Schamanen sind der Meinung, daß Menschen, auch wenn sie nicht wissen, daß ihre feindseligen Kräfte in andere eindringen können, sehr häufig unbewußt ihren Mitmenschen Schaden zufügen.

Die schamanische Beseitigung der schädlichen Kraft-Eindringlinge ist eine schwierige Arbeit, weil der Schamane sie aus einem Patienten sowohl physisch als auch mental und emotional heraussaugt. Diese Technik wird in so weit auseinanderliegenden schamanischen Kulturen wie Australien, Nord- und Südamerika wie auch Sibirien angewandt.

Wenn Sie jemals den Film *Sucking Doctor* (= Sauge-Heiler) gesehen haben, der die Heilerfolge der berühmten kalifornischen Indianerschamanin Essie Parrish zeigt, haben Sie einen Schamanen gesehen, der eingedrungene fremde Kraft absaugt.[179] Westliche Skeptiker jedoch sagen, daß der Schamane nur so tut, als ob er etwas aus der Person heraussaugt: einen Gegenstand, den der Schamane bereits in seinem Mund eingespeichelt hatte. Solche Skeptiker haben sich anscheinend selbst noch nicht mit Schamanismus beschäftigt, um festzustellen, was da geschieht.

Was da geschieht, geht zurück auf die Tatsache, daß sich der Schamane zweier Wirklichkeiten bewußt ist. Wie bei den Jívaro zieht der Schamane eine eingedrungene Kraft heraus, die im schamanischen Bewußtseinszustand die Erscheinung eines bestimmten Wesens hat, wie z. B. einer Spinne, und von der er weiß, daß sie auch die verborgene Natur einer bestimmten Pflanze ist. Wenn ein Schamane diese Kraft heraussaugt, fängt er deren geistige Essenz in einem Teil derselben Pflanzenart ein, die sie in normaler materieller Form darstellt. Dieses Stück Pflanze ist mit anderen Worten ein Kraftträger. So kann beispielsweise der Schamane in seinem Mund zwei anderthalb Zentimeter große Stückchen derjenigen Pflanze aufbewahren, von der er weiß, daß sie das materielle ‹Heim› der gefährlichen Kraft ist, die herausgesaugt wird. Er fängt die Kraft in dem einen der beiden Stückchen ein, während er das andere als Helfer benutzt. Die Tatsache, daß der Schamane dann den Pflanzen-Kraftträger aus seinem Mund herausholt und ihn dem Patienten und den Zuhörern als Beweis im normalen Bewußtseinszustand zeigt, sagt nichts aus gegen die nichtnormale Wirklichkeit dessen, was für ihn im schamanischen Bewußtseinszustand vor sich geht.

In der folgenden Abänderung der Saugetechnik verwahrt oder benutzt der Schamane keine Pflanzenstückchen in seinem Mund. Ich habe dabei herausgefunden, daß diese besondere Verwendung von materiellen Kraftträgern für Abendländer mehr hinderlich als hilfreich bei ihrer schamanischen Saugetechnik zu sein scheint. So seltsam es klingt, sind Abendländer oftmals eher bereit, Energie als immateriell aufzufassen, als ihre primitiven Kollegen. Vielleicht ist das darauf zurückzuführen, daß Abendländer um die Unsichtbarkeit der elektrischen Energie und Strahlung wissen. Jedenfalls scheint der westliche

Schamane bei dieser Art Einsatz höchst wirkungsvoll nur den schamanischen oder Geist-Aspekt seiner Pflanzenhelfer zu benutzen.

Um die Saugetechnik erfolgreich durchzuführen, muß der Schamane seine Hilfsgeister wecken und sie anweisen, ihm bei dem Herausholen von Kraft-Eindringlingen aus dem Patienten zu helfen. Dazu benutzt der Schamane eines seiner Kraftlieder. Wir haben Sie bereits besprochen, und in Kap. V gab ich Ihnen den Text eines Liedes, der auch für diese Art Einsatz benutzt werden kann. Es folgt der Text eines anderen Liedes von einem Schamanen des Samoyed Volkes aus Sibirien, der seine Geister zur Arbeit ruft:

Kommt, kommt herbei,
Ihr magischen Geister;
Wenn ihr nicht kommt,
Werde ich zu euch gehen.

Erwacht, erwacht,
Ihr magischen Geister.
Ich bin zu euch gekommen,
Hört auf zu schlafen.[180]

Das Verfahren beim Extrahieren oder Entfernen eines Kraft-Eindringlings ist dasselbe wie bei der Durchführung einer Reise für einen Patienten – bis auf einen Punkt. Dieser Punkt wird auf der Reise schon sehr früh erreicht, bevor sich der Schamane sehr weit vom Eingang in die Erde entfernt hat und während er sich noch im Tunnel zur Unterwelt befindet. Wenn der Patient einen schädlichen Kraft-Eindringling hat, sieht der Schamane plötzlich eine der folgenden Tiergruppen: gierige oder gefährliche Insekten, scharfzähnige Schlangen oder andere Reptilien und Fische mit sichtbaren Hauern oder Zähnen. Er unterbricht seine Reise dann sofort, um mit diesen eingedrungenen Kräften fertig zu werden. Das bedeutet, allein der Anblick einer dieser Kräfte im Tunnel ist ein Zeichen dafür, daß sie sofort durch Saugen entfernt werden sollte. *Diese Arbeit sollte jedoch nur von einem Schamanen ausgeführt werden, der zwei Hilfsgeister identisch mit dem Geist des Kraft-Eindringlings hat, den er gerade gesehen hat.* Wenn ein Schamane auf diese Arbeit nicht vorbereitet ist, kehrt er entweder aus dem Tunnel zurück oder geht an dem eingedrungenen Kraftgeist vorbei, um einen Schutzgeist für den kranken Patienten zu holen, was eine wesentlich unterstützende Behandlung ist, bis die Extraktion des Eindringlings durchgeführt werden kann.

Es ist schwer zu erklären; aber der Anblick eines dieser Wesen im Tunnel bewirkt beim Schamanen die vollständige Gewißheit, daß dieses einen Teil des Körpers des Patienten auffrißt oder zerstört. In diesem Augenblick kann man eine unglaubliche Umstimmung erfahren und gewahr werden, daß das Insekt oder ein anderes Wesen böse und der Feind sowohl des Schamanen als auch des Patienten ist. Sogar ein Sioux Medizinmann wie Lame Deer mit großer Ehrfurcht vor den Pflanzen und den Tieren zeigt diese Erkenntnis, wenn er sagt, «die Spinne hat auch eine eigene Kraft, aber die ist schlecht».[181] (Siehe Abb. 13)

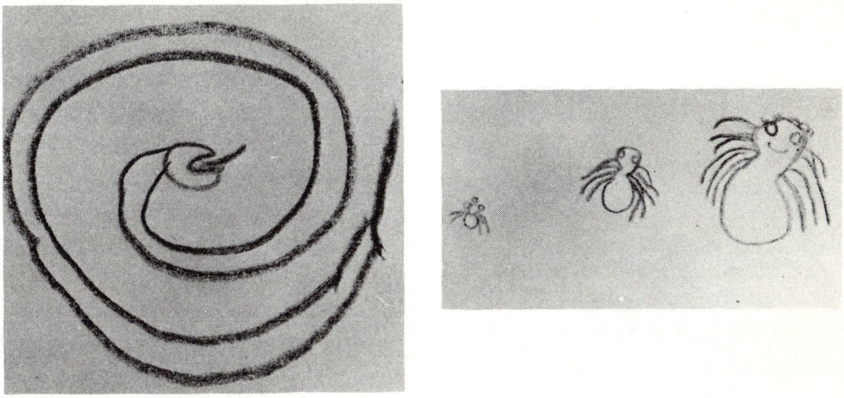

Abb. 13: Schädliche eingedrungene Kräfte in der Gestalt von Spinnen und einer Schlange. In Körpern von Patienten durch einen Jívaro Schamanen gesehen, während er im schamanischen Bewußtseinszustand war. Von diesem selbst entsprechend den Erfahrungen sofort gezeichnet.

Dieses Sehen und Vorüberziehen von gierigen oder gefährlichen Insekten oder anderen Wesen wird durch Cloutiers poetische Wiedergabe der Erfahrung einer Heilreise durch einen Tsimshian Schamanen angedeutet:

Weit weg von hier
riesige Bienenstöcke
ich wandere herum
um riesige Bienenstöcke

Die Geist-Biene
sieht mich
fliegt in die Höhe
und sticht mich

ich blute am ganzen Körper
viele Stacheln überall
ich werde sterben
ich werde sterben

weit weg von hier
riesige Bienenstöcke
ich wandere herum
um riesige Bienenstöcke

Großmutter
sieht mich
ihren kleinen Jungen
sie heilt mich

sie läßt mich wachsen
sie nährt mich
den kleinen Jungen
innerlich

weit weg von hier
riesige Bienenstöcke
ich wandere herum
um riesige Bienenstöcke[182]

Wenn ein qualifizierter Sauge-Schamane die genannten Wesen im Tunnel trifft und zwei Hilfsgeister der Art besitzt, die er gerade gesehen hat, muß er seine Reise sofort unterbrechen und sich aus seiner liegenden Position auf seine Knie erheben. Wenn die Methode der Fahrt mit dem Geistboot benutzt wird, weiß der Trommler, sobald er den Schamanen aufstehen sieht, daß die Reise abgebrochen wurde, und hört sofort auf zu trommeln, wodurch er das Boot ‹tot im Wasser› liegen läßt. Das Aufhören des Trommelns ist auch Botschaft an die ganze

Mannschaft, mit dem Staken oder Paddeln aufzuhören, da die Reise unterbrochen wurde.

Auf seinen Knien beginnt der Schamane sein Kraftlied zu singen, indem er seine Hilfsgeister ruft, damit sie ihm beim Saugen helfen, das er nun beginnt. Er zieht auch einen Korb oder eine Schale mit Sand zu sich heran, meistens einen Behälter, den er viele Male benutzt hat, um das hineinzuspucken, was er aus dem Patienten herauszieht. Indem der Schamane seine Rassel über dem Patienten schüttelt und kraftvoll singt, konzentriert er sich darauf, seine Hilfsgeister aufzurufen, damit sie ihm beim Saugen helfen (siehe Abb. 14). Die Anwesenden oder die Bootsbesatzung, die nun in einem Kreis mit dem Gesicht zum Patienten und dem Schamanen sitzen, unterstützen diese Bemühung, indem sie das Kraftlied mitsingen.

Der Schamane muß zunächst die schädlichen eingedrungenen Kräfte im Patienten lokalisieren. Zu diesem Zweck wendet er eine Weissagetechnik an. Beim Fehlen von *ayahuasca,* das ihm helfen würde, in

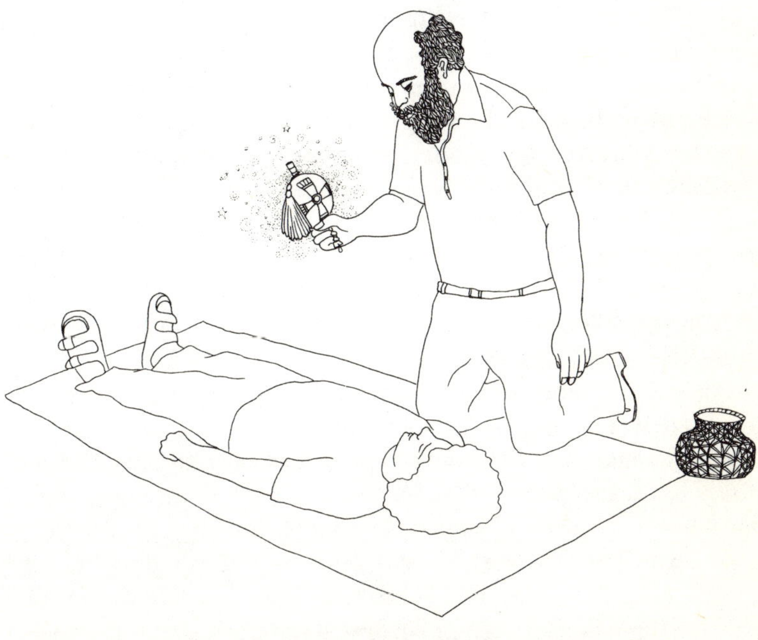

Abb. 14: Vorbereitung zum Heraussaugen eines schädlichen Kraft-Eindringlings. Gezeichnet von Barbara Olsen.

den Patienten zu sehen, kann der Schamane eine Technik benutzen, die der Verwendung einer Wünschelrute gleicht. Im schamanischen Bewußtseinszustand führt er mit geschlossenen Augen seine freie Hand vor und zurück über Kopf und Körper des Patienten und untersucht ganz bedächtig, wo an einer bestimmten Stelle im Körper des Patienten irgendeine besondere Hitze, Energie oder Vibration abstrahlt. Wenn ein erfahrener Schamane seine Hand etwa zehn Zentimeter über dem Körper langsam hin und her bewegt, nimmt er eine bestimmte Reaktion in seiner Hand wahr, sobald diese über der Stelle ist, wo sich die eingedrungene Kraft befindet. Eine andere Technik besteht darin, eine Feder über dem Patienten hin und her zu bewegen, bis sie die Vibration aufnimmt.

Sobald der Schamane diese besondere Stelle spürt, ruft er die beiden Hilfsgeister entweder schweigend oder durch seinen Gesang, während er gleichzeitig weiter seine Rassel über dem Patienten schüttelt. Sobald er deutlich in der Dunkelheit mit geschlossenen Augen die Helfer herankommen sieht, zwingt er sie in seinen Mund. Dort werden sie den Kraft-Eindringling fangen und absorbieren, sobald der Schamane ihn aus dem Patienten herausgesaugt hat. Wenn er die beiden Hilfsgeister endgültig in seinem Mund *sieht,* zwingt er alle seine übrigen Hilfsgeister mit seinem Willen, ihm beim Saugen zu helfen. Jetzt ist er bereit, die Arbeit der Extraktion zu beginnen.

An der betreffenden Stelle im Körper des Patienten, wo er den schädlichen Eindringling gespürt hat, saugt nun der Schamane mit seiner ganzen Kraft (siehe Abb. 15a). Dies kann durch die Kleidung hindurch geschehen, aber es ist meistens wirksamer, wenn er die Kleidung über jener Stelle öffnet und physisch an der Haut saugt, wo sich die eingedrungene Kraft befindet. Dies ist eine Handlung, die nicht nur körperlichen Einsatz, sondern auch seinen Geist und seine Gefühle erfordert, die im schamanischen Bewußtseinszustand kräftig erweckt und gänzlich für diese Aufgabe eingesetzt werden.

Der Schamane muß bei diesem Vorgehen sehr gut aufpassen, daß er dem von ihm gesehenen gierigen Geschöpf nicht erlaubt, durch seinen Mund und Hals in seinen Magen zu gelangen. Dieses Wesen ist jedoch gefühlsmäßig so abstoßend, daß es kaum von dem Schamanen hinuntergeschluckt wird. Wenn er es dennoch tut, sollte er sofort die Hilfe eines anderen Sauge-Schamanen in Anspruch nehmen, damit dieser es wieder herauszieht. (Dies ist ein weiterer Grund, warum es wünschenswert ist, daß die Schamanen mit Partnern arbeiten.)

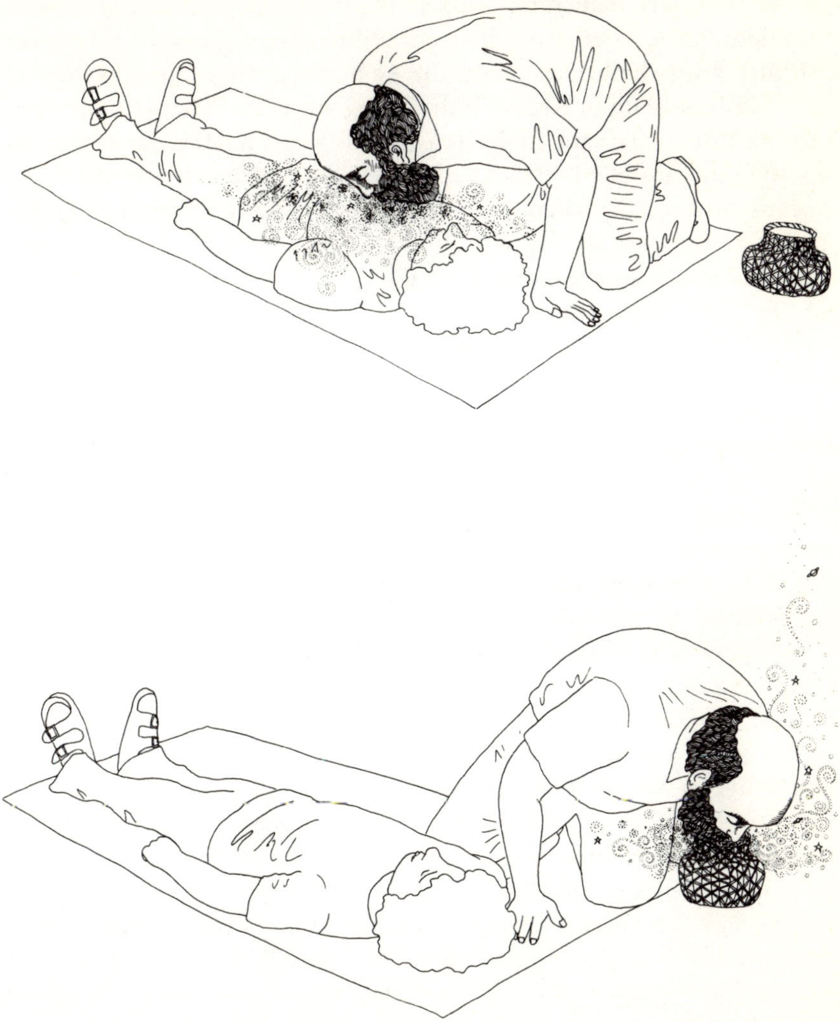

Abb. 15: (a) Heraussaugen eines Kraft-Eindringlings.
(b) Ausspucken des Kraft-Eindringlings.
Gezeichnet von Barbara Olsen.

Der Schamane saugt immer wieder und ‹erbricht trocken› so viele Male wie notwendig. *Es ist wichtig, daß die herausgesaugte Kraft nicht hinuntergeschluckt, sondern nach jedem Saugen in den Behälter auf der Erde oder auf dem Boden ausgespuckt wird.* (Siehe Abb. 15b) Dies geschieht mit kraftvollem, manchmal unfreiwilligem, heftigem Würgen, welches dem Schamanen ein echtes Gefühl der Reinigung gibt, von der gefühlsmäßig ekelhaften Kraft, die er herausgezogen hat, befreit zu sein. Während er den Kraft-Eindringling aus dem Patienten entfernt, kann sich der Schamane in Wellen ausgesogener Kraft eingehüllt fühlen, die ihn fast betäuben und seinen Körper erzittern lassen. Nach jedem trockenen Erbrechen stellt er seine Konzentration wieder her, indem er sein Kraftlied singt und sich darauf ausrichtet, seine Hilfsgeister wieder zu stärken, bis er selbst fähig ist, den Prozeß zu wiederholen. Er setzt dieses zyklische Saugen so lange fort, bis er schließlich beim Hin- und Herführen seiner Hand über den Patienten keinerlei örtliche Emanationen von Hitze, Energie oder Vibration mehr spürt.

Dann kann er noch einmal zusätzlich an den Stellen saugen, wo er schon gearbeitet hat oder noch etwas restlichen Schmutz von der eingedrungenen Kraft spürt, die er wieder trocken in den Behälter erbricht. Wenn er keine weitere Stelle mit Verseuchung oder Schmutz mehr erfühlen kann, beendet er den Saugeprozeß. Er kann aber noch etwas länger singen, um die beschützende Kraft seines Tieres und seiner Hilfsgeister um sich zu behalten.

Wenn er schließlich überzeugt ist, daß der Patient geistig rein ist, schüttelt er seine Rassel viermal kreisförmig über dem Körper des Patienten, wodurch er deutlich das gereinigte Gebiet kennzeichnet, um seine Grenzen für die geistige Welt festzulegen. Der Patient kann noch länger liegen bleiben oder sich aufsetzen.

An diesem Punkt angekommen, ist es wichtig, daß der Schamane den Behälter mit der erbrochenen oder ausgestoßenen Kraft des Eindringlings in sichere Entfernung von dem Patienten und der Gruppe hinausträgt. Dort gießt er den Inhalt aus. Er bringt den Behälter zurück, damit er später wieder mit reinem Sand oder Wasser gefüllt werden kann, sobald er gebraucht wird. Je nachdem wie stark sich der Schamane fühlt und was er für das Beste hält, kann die Reise sofort noch einmal unternommen oder auf später verschoben werden. Ideal wäre es, wenn die Reise sofort gemacht werden könnte, damit der Patient gleich ein Krafttier erhält, energiegeladen wird und dadurch widerstandsfähig gegen weitere schädliche Eindringlinge ist.

Ein Beispiel

Wie ich angedeutet habe, sollte man die Saugeart des Schamanismus nur dann ausführen, wenn man völlig vorbereitet ist, wie ich es oben beschrieben habe. Doch in dem folgenden Fall entdeckte ein junger Schamane mit nur geringer Kenntnis von der Saugemethode, daß er genau wußte, was er zu tun hatte, als diese Erfahrung sich entwickelte. Dies ist nicht überraschend, weil ein fähiger Lehrling, der einmal die Grundprinzipien der schamanischen Kraft und Heilung begriffen hat, meistens logisch aus diesen Prinzipien heraus operieren kann und neue Probleme schöpferisch löst. Seine Beschreibung macht deutlich, wie sich der Schamane manchmal zwischen schamanischem und normalem Bewußtseinszustand hin und her bewegt, wenn er eine Heilung vollbringt.

Der junge Mann entschloß sich, eine Reise zu unternehmen, weil er der Ansicht war, er brauche nur ein Krafttier zurückzuholen, und zwar aus tiefer menschlicher Anteilnahme «an einer jungen Frau in Wien, die in schweren Konflikt mit ihren Eltern geraten und an jenem Tag in einem erbärmlichen Zustand war». Er war weder geübt noch darauf vorbereitet, eingedrungene Wesen herauszusaugen, sondern vollbrachte eine schöpferische Leistung, indem er den soeben erwähnten ‹Schmutz› entfernte.

Ich ging hinunter wie gewöhnlich, aber gleich hinter dem Eingang gab es eine Biegung nach links, und plötzlich war alles schwarz. Keines der Merkmale, die ich früher gesehen hatte, einfach schwarz. Rechts genau vor der Schwärze befand sich eine unglaublich ekelhafte Art schleimiger Laokoon[183] *Masse, ineinander verschlungene Schlangen und Spinnen, deren Beine schwarz, blau und rot waren. Nachdem ich versucht hatte, in die Schwärze nach links zu gehen – was aber nicht möglich war –, ging ich auf die Masse zu, um zu prüfen, was ich da machen könnte. Sie war etwa zwei Meter hoch – wie ich schätzte. Sie wollte nicht weichen; also begann ich nach einer Weile hinaufzuklettern – eine schmierige Angelegenheit, glauben Sie mir! Oben war ein kaminähnlicher Schacht mit Stufen an einer Seite, also kletterte ich einfach weiter. Der Schacht stand senkrecht und war zuerst dunkel, wurde aber heller, als ich höher kam. Nachdem ich einige Zeit geklettert war, konnte ich immer noch kein Ende sehen. Deshalb ließ ich einfach die Sprossen los und flog den Rest des Weges. Der Schacht war sehr hoch und oben sehr hell. Ich kam in einer sonnenbestrahlten Landschaft heraus und befand mich auf einem flachen Dach.*

Ich untersuchte das Dach. Da war ein Eingang mit einer Treppe, dreieckig konstruiert, die an einer Seite hinaufführte, während an der anderen eine Tür war. Ich kletterte die Steigung hinauf, um von oben hineinzusehen. Gerade als ich mich hinunterbeugte, um hineinzusehen, wurde ich von einem Bären ergriffen und hineingezogen. Wir gingen abwärts. Der Bär trug mich unter seinem Arm und ging immer weiter. Nach einem Augenblick der Überlegung beschloß ich, mich aus seinem Griff herauszuwinden. Ich tat es. Er merkte es nicht und ging seines Weges. Ich befand mich dann in einer langen Höhle, ziemlich breit und oval, die ich später als das Innere meines eigenen Rumpfes identifizierte. Zu meiner Linken (nämlich an der Seite, wo seine Patientin in der normalen Wirklichkeit lag) stellte ich einige Spalten in der sonst stabilen Höhlenwand fest. Schwarzer Schleim triefte aus einigen der Spalten. Ich brach einige Steine heraus, und mehr schwarzer Schleim ergoß sich. Schließlich hatte ich eine Öffnung, die groß genug war, daß ich hindurchkam, und ich ging hinein.

Ich befand mich in einer Höhle ähnlich der ersten, nur war diese knietief (an einigen Stellen auch tiefer) mit diesem schwarzen Schleim angefüllt. Zum hinteren Ende hin war eine Öffnung, die fast vollständig mit schwarzen Steinen und dem dort aufgestauten Schleim verbaut war. Ich watete knietief hindurch. Hinter der Öffnung konnte ich Licht sehen, wie von einer warmen Sonne, die aber fast ganz hinter der Absperrung verborgen war. Zunächst wußte ich nicht, was ich tun sollte. Deshalb richtete ich mich auf meinen Knien auf (in normaler Wirklichkeit) und begann, den Körper der Patientin von außen mit meinen Händen zu prüfen. Ich konnte zunächst keinen klaren Eindruck gewinnen. Er fühlte sich an, als sei er mit Spinnweben bedeckt. Ich kratzte sie mit meinen Fingern weg und spürte dann deutlich einen Brennpunkt von Energie – weder heiß noch kalt, und doch beides – in der Gegend von Magen/Eierstock/Blase. Ich saugte heraus, was ich konnte, und spülte es im Waschbecken hinunter. Es war ganz widerlich. Nachdem ich meinen Mund von jeder Spur, was immer es war, rein gespült hatte, ging ich in die liegende Position neben der Patientin zurück und begab mich wieder in die Höhle. Der Pegel der schwarzen Flüssigkeit war jetzt viel niedriger, und sie schien auch etwas trockener zu sein. Ich stand da eine Weile und schaute mich um, weil ich nicht wußte, was ich nun tun sollte.

Dann hatte ich eine Inspiration. Ich zog meinen Pullover aus und zündete ihn an. Mit dieser Fackel entflammte ich überall in der Höhle den Schleim. Nach einer Weile war er zu einer Substanz heruntergebrannt, die wie Holzkohle und schwarze Asche aussah. Sie war nicht mehr schleimig. Ich weiß nicht, wie ich darin überlebt habe, während alles brannte; aber das schien kein Problem zu sein. Als das Feuer aufgehört hatte, durchsuchte ich die Höhle etwas genauer und entdeckte – am oberen Ende – einen Tunnel, der horizontal hinausführte, groß genug, daß ein Mensch bequem hindurchkriechen konnte. Ich ging hinein. Nach scheinbar fünf oder sechs Metern fiel er plötzlich etwa ein bis zwei Meter ab und bog dann zurück in die Richtung auf die Höhle. Ich ging hinein und entdeckte, daß sie nach zwei Metern endete, sich leicht verbreiternd. Ich begann im Boden am Ende des Tunnels zu graben. Bald kam Wasser herausgeflossen. Ich vergrößerte das Loch und verließ schnell den Tunnel, da das Wasser stärker floß und mich zu überschwemmen drohte.

Das Wasser floß mit großer Kraft in die Höhle und schwemmte die vom Feuer übriggebliebenen Reste zum anderen Ende der Höhle hinaus, wo das warme Licht schwach durch ein kleines Loch zu sehen war. Ich ging dort hinunter, da der Wasserdruck sich hinter den Steinblöcken aufstaute, welche die Öffnung versperrten. Ich trat einige Male dagegen. Die Öffnung wurde größer, und schließlich war sie weit offen. Es gab tatsächlich dort eine warme Sonne. Das schmutzige Wasser ergoß sich in ihre Richtung und ward nicht mehr gesehen. Licht und Luft fluteten wieder von diesem Ende in die Höhle. Es war nicht mehr so dunkel darin. Ich hatte gute Reinigungsarbeit geleistet, stellte ich fest. Wände und Boden der Höhle waren hellfarbig außer an einigen Stellen, wo Fetzen der schwarzen Materie hängengeblieben waren. Das Wasser bildete einen Bach, der durch die Mitte der Höhle zum unteren Ende floß, wo es gegen die Sonne verschwand, die außen schien. (Eine sehr große Sonne! Und auch ziemlich nahe!) Mit der frischen Luft, die von dort hereinblies, kamen Schwalben. Sie flogen in der Höhle umher, wodurch sie wieder voll Leben zu sein schien. Ich nahm eine mit, als ich die Höhle verließ, und gab sie (ein Krafttier) der Patientin.

An kritischen Punkten meiner Reise begann die Patientin schwer zu atmen, als ob sie spüren konnte, was vor sich ging. Sie erklärte später, daß sich der Druck in ihrem Unterleib ganz allmählich gelockert habe. Als ich ihr berichtete, was ich gefunden hatte, bestätigte sie, daß sie Verdauungs- und Eierstockprobleme hatte. In einem Brief sechs Wochen später berichtete sie von Veränderungen zum Besseren. Das Gefühl, festgefahren zu sein, war verschwunden, und massive Konflikte wurden jetzt in der äußeren Welt ausgetragen. Ich hoffe, daß ich sie bald wiedersehen werde. Vielleicht können wir dann eine Verbindung zum oberen Teil ihres Körpers herstellen.

Das ist die Geschichte. Vielleicht können Sie sie irgendwie verwenden. Ich fand sie besonders interessant, weil ich so oft nicht wußte, was ich tun sollte, und schließlich doch eine Menge Dinge getan habe, von denen mir niemand jemals erzählt hatte.

Eine der berühmtesten nordamerikanischen Indianer-Schamaninnen, welche die Saugemethode in den letzten Jahrzehnten angewandt hat, war die inzwischen verstorbene Essie Parrish. Sie war nicht nur eine *Seherin* von Kraft-Eindringlingen, sondern konnte sie auch hören. Sie sagte aus, daß, wenn sie in Trance war, «. . . man etwas im dort liegenden Patienten hören kann . . . man kann hören, daß die Krankheit Geräusche macht. Die Krankheit im Körper der Menschen ist etwas wie Verrücktheit, und sie (= die Krankheiten) leben; sehr oft machen sie Lärm, ähnlich wie Insekten; sie leben dort wie Insekten . . .»[184]

Patienten, Indianer ebenso wie andere, kamen von weither, um von Essie Parrish geheilt zu werden, und sie reiste auf Bitten von Kranken oft nach Nevada und Oregon. Sie hatte eine Vision gehabt, daß sie ihre schamanischen Methoden Nicht-Indianern genauso offenbaren solle wie Indianern, so daß schließlich jeder von dem Wissen Nutzen haben könnte. Wegen der Vision erklärte sie sich bereit, den bereits erwähnten Film *Sucking Doctor* (= Sauge-Heiler) zu drehen, und erklärte den Zuschauern nach den Heilungs-Sitzungen ihre Arbeitsweise. Da sie eine Spezialistin im Extrahieren von Kraft-Eindringlingen war, könnte der folgende von Robert L. Oswalt aufgenommene Bericht eine wertvolle ergänzende Erklärung der Saugemethode zur Entfernung von Kraft-Eindringlingen sein.

Die Arbeitsweise eines Sauge-Heilers

erzählt von Essie Parrish

Ich werde über die Behandlung von Menschen erzählen, weil Sie diese Dinge von mir wissen wollen. Ich bin eine Heilerin und werde mein ganzes Leben auf Erden eine sein – dafür wurde ich erschaffen. Ich wurde hier auf dieser Erde geboren, um Menschen zu heilen.

Als ich klein war, wußte ich nichts darüber – wann immer ich etwas träumte (= Visionen hatte) –, weil ich nur auf diese einzige Art träumte.[185] *Ich dachte, jeder sei so; ich dachte, alle Kinder seien so. Das waren die Dinge, über die ich zu erzählen pflegte – Dinge, die ich wußte und sah.*

Eines Tages wurde meine jüngere Schwester krank. Sie war so krank, mit vielen wunden Stellen im Mund, daß jeder dachte, sie müsse sterben. Mein Großonkel, der sie aufzog, muß etwas geplant haben, wovon ich nichts wußte – ich spielte draußen herum. Plötzlich wurde ich ins Haus gerufen. Ich erinnere mich genau; es war gegen vier Uhr nachmittags.

Als ich ins Haus gekommen war, sagte er: «Könntest du nicht etwas für deine kleine Schwester tun? Ich sage dir, daß du wie ein Prophet aussiehst.[186] *Du mit deinen prophetischen Fähigkeiten könntest sie vielleicht heilen. Du könntest etwas tun.»*

«Wer weiß, was ich jetzt wohl tun soll», dachte ich bei mir, weil ich noch klein war und es nicht wußte. Aber ich sagte: «In Ordnung.» Das war zu mir gesagt worden. Meine Kraft hatte gesagt: «Wenn jemand dich um etwas bittet, sollst du niemals sagen: Nein! Du bist nicht für diesen Zweck hier. Du bist jemand, der den Menschen hilft. Du bist jemand, der die Menschen heilt.» Deshalb sagte ich: «In Ordnung.»

Nachdem ich eingewilligt hatte, betete ich zum Himmel. Meine rechte Hand legte ich auf ihren Kopf. Als ich das getan hatte, kam ein Lied, das ich nicht kannte, in mich hinein. Erstaunlicherweise kam dieses Lied heraus aus mir. Aber ich sang es nicht laut heraus; es sang tief in mir. «Wie werde ich sie wohl heilen?» dachte ich bei mir selbst. Zu meiner Überraschung war sie ein paar Tage später gesund. Das war der erste Mensch, den ich heilte . . .

Unerwartet wurde ein anderer Mensch krank. Man sagte, er würde bald sterben an dem, was die weißen Menschen ‹doppelte Lungenentzündung› nennen. Er lag da wie tot. Der Weg zu einem (weißen) Arzt war weit. Seine ältere Schwester hatte nach mir geschickt. Sie sagte: «Ich bin gekommen, um dich um einen sehr großen Gefallen zu bitten. Ich möchte, daß du ihn besuchst. Sieh ihn dir an! Wenn ich auch sehe, daß er im Sterben liegt, so möchte ich doch, daß du nach ihm schaust.»

Als ich dann hingegangen war, legte ich meine Hand hier und dort auf ihn. Und ich saugte die Krankheit heraus. Erstaunlicherweise heilte ihn das. Während ich heile, werde ich immer tüchtiger. So wie die weißen Menschen lernen, so lerne ich auch. Jedesmal wenn ich Menschen behandle, mache ich Fortschritte (in der Erfahrung).

Nach einer langen Zeit – mehrere Jahre – wahrscheinlich waren es zwölf oder dreizehn Jahre – machte ich noch größere Fortschritte. Da entdeckte ich, daß ich etwas in meinem Hals hatte, womit ich Schmerzen heraussaugen konnte. Und die heilende Kraft meiner Hände – ich entdeckte die heilende Kraft meiner Hände. Diese Kraft ist immer bei mir. Doch andere Leute können sie nicht sehen; nur ich allein kann sie sehen.

Wenn ich so neben einem Menschen sitze, rufe ich Unseren Vater an.[187] *Das ist meine Kraft – diejenige, die ich Unseren Vater nenne. Dann steigt sie herab, meine Kraft kommt hinunter in mich. Und wenn jener kranke Mensch da liegt, sehe ich sie gewöhnlich (die Kraft). Diese Dinge scheinen unglaubhaft, aber ich, ich selbst, weiß es, weil sie in mir ist. Ich weiß, was ich sehe. Meine Kraft ist so. Sie können das bezweifeln, wenn Sie es nicht glauben wollen; Sie brauchen es nicht zu glauben; aber so ist meine Arbeit.*

Tief im Innern des dort liegenden kranken Menschen ist etwas. Es ist, als wenn man durch etwas sieht – wenn Sie ein feines Gewebe über etwas legen, können Sie hindurchsehen. Genauso sehe ich etwas im Innern. Ich sehe, was dort geschieht, und kann es mit meiner Hand fühlen – mein Mittelfinger ist der mit der Kraft.

Wenn ich mit der Kraft meiner Hand arbeite, ist das fast genauso, als wenn Sie angeln und der Fisch an Ihrem Köder reißt – es fühlt sich so an wie beim Fisch, der an der Angelrute zerrt – so ähnlich ist das. Der Schmerz, der irgendwo im Innern des Menschen sitzt, scheint meine Hand anzuziehen –, man kann ihn nicht verfehlen. Er läßt zu, daß man ihn berührt. Ich lege meine Hand nicht selbst dahin; es fühlt sich so an, als ob jemand – die Krankheit – mit einer Leine zieht. Es ist das, was die weißen Menschen einen ‹Magnet› nennen. In dieser Art ist die Krankheit in einem Menschen – wie ein Magnet.

Und dann berührt sie ihn. Und wenn die Kraft den Schmerz berührt, wird Ihr Atem angehalten – es geschieht etwas, so daß Sie nicht atmen können. Aber es entsteht keine Angst. Es ist, als wenn Ihre Brust gelähmt sei – Ihr Atem ist unterbrochen. Wenn Sie atmen würden, während jener Schmerz festgehalten wird, könnte die Krankheit sich verbergen. Da der Schmerz Ihre Atmung aussetzt, können Sie den Schmerz dort spüren – mit dem Ergebnis, daß Ihre Hand ihn herausnehmen kann. Wenn jedoch die Atmung nicht stillgelegt wäre, könnte ich den Schmerz nicht herausheben.

Wenn Sie ihn herausnehmen, können Sie ihn nicht sehen. Sie können ihn nicht mit Ihren bloßen Augen sehen, aber ich sehe ihn. Wenn ich ihn wegschicke, sehe ich, was für eine Krankheit es ist. Wenn die Krankheit in einen Menschen hineingeht, sprechen die weißen Menschen darüber ganz anders; auch wir indianischen Schamanen sprechen ganz anders darüber. Jene Krankheit, die in einen Menschen hineingeht, ist unrein. Ich nehme an, daß die Weißen es ‹Krankheitskeime› nennen, aber wir indianischen Heiler nennen es ‹unrein›.

Ich werde noch etwas mehr über die heilende Kraft meiner Hände sagen. Die Handfläche hat Kraft, und der Mittelfinger der Hand hat Kraft. Sie ist nicht immer da, sondern nur, wenn ich sie rufe (die Kraft).

Wenn irgendwo eine kranke Person herausgefunden werden soll, so kann die Kraft in meinen Händen sie finden. Wenn jemand von irgendwoher daran denkt, an mich denkt, arbeitet es dort an der Spitze des Mittelfingers, als ob er angeschossen würde – was die Weißen ‹Schock› nennen. Wenn Sie etwas wie Elektrizität berühren, werden Sie wissen, wie dieser Schock ist; so wirkt das hier am Mittelfinger. Wenn man von irgendwoher daran denkt, dann findet die Kraft es heraus und gibt eine Warnung. So weiß ich, daß mich jemand verlangt. Und es erweist sich immer als richtig. Das ist die Kraft in meinen Händen.

Es steckt noch viel mehr dahinter (hinter dem Thema der Heilung). Es steckt eine Heilkraft in meinem Hals. Hier irgendwo in meinem Hals sitzt die Kraft. Als diese Heilkraft das erste Mal in mich hinunterstieg, wuchs dort seit vier Jahren schon etwas. Es hatte mich wie Diphtherie befallen. Ich wäre fast durch die Einengung (des Halses) am Anfang gestorben, aber ich wußte die ganze Zeit, daß es sie (die Kraft) werden würde.

Aber die bei mir wohnten, wußten nichts davon; ich habe ihnen nie davon erzählt. Meine Kraft aber hatte mir gesagt: «Das ist, weil Kraft dort in dich eingetreten ist.» Als das eintrat (das Wachstum), riefen sie einen weißen Arzt, der mich untersuchen sollte. Der weiße Doktor hat es nicht erkannt; er sagte mir, daß es wahrscheinlich Diphtherie sei. Aber ich wußte, was es war. Als das Ding darinnen aufgehört hatte zu wachsen, genas ich.

Es fühlte sich an wie eine Zunge, was dort lag und sich zunächst auch bewegte, wenn ich sang. Es dauerte etwa vier Jahre, daß dieses Ding dort lag. Nachdem es in mir wuchs, verbesserte sich meine Stimme. Es sagte mir, zu welchem Zweck es sich dort entwickele. Es sagte mir: «Kraft entwickelt sich.» Ohne sie könne ich keine Krankheiten heraussaugen. Nur wenn es sich entwickelt habe, könne ich Schmerzen heraussaugen.

Dann gab sie mir diesen Stab mit Zeichen und sagte: «Dies ist deine Kraft. Diese Zeichen darauf sind Symbole. Sie sind Krankheitsbezeichnungen.» Und sie sprach weiter: «Es gibt viele Regeln zu beachten: Du kannst keine menstruierende Frau behandeln und kannst nicht in einem Haus heilen, wo jemand menstruiert. (In diesen Situationen) wird die Kraft nicht dein Freund sein; die Kraft wird sich nicht für dich erheben.» Das stellte sich später als wahr heraus.

Als ich das erste Mal mit meinem Hals heilte, tat ich das für eine junge Frau. Als ich sie behandelte und die Krankheit heraussaugte, kam etwas wie eine Blase aus meinem Hals; geradeso als ob man einen großen Luftballon aufblasen würde, kam es aus meinem Mund. Jeder dort sah es. Es war ziemlich aufgebläht, als es von meinem Mund wegflog. Jeder sah es. Wie Seifenblasen könnte man sagen; so sah es am Anfang aus.

Seit das passiert war, habe ich weiter Krankheiten herausgesaugt. Die Krankheit, die ich aussauge, arbeitet innen auch wie ein Magnet (als wenn die Kraft meiner Hände benutzt wird). An der Stelle hier, wo die Kraft, wie ich berichtete, in meinen Hals eindrang, arbeitet die Krankheit so schnell wie Elektrizität – es wirkt wie (ein) Blitz, wie ein Magnet. Und es verschließt den Atem. Wenn es das tut, wenn es den Atem abschneidet, kommt es wie ein Magnet äußerst langsam vorwärts.

Man merkt aber nicht, wie lange man seinen Atem anhält. Es ist so, als ob man in einer ‹Trance› wäre, wie es die Weißen nennen. Während die Krankheit zu mir kommt, bin ich in Trance. Es spricht immer zu mir und sagt: «So ist es. Es ist diese oder jene Art von Krankheit. Deshalb ist es so.»

Jene Krankheit fliegt und haftet an einer bestimmten Stelle im Mund. Unsere (Schamanen) Zähne haben die Kraft; unseren Zähnen ist etwas hinzugefügt. Dort steckt nämlich die Kraft, auf einem bestimmten Zahn. Dort haftet die Krankheit. Manchmal fliegt sie unter die Zunge. Wenn sie dort haftet, ist sie sehr schwer loszubekommen – sie ist, wie ich sagte, wie ein Magnet. Dann stirbt sie dort.

Ich spucke die tote Krankheit aus. Ich lasse sie auf meine Hand fallen, so daß viele Menschen sie sehen können. Sie sehen immer die Krankheit, die ich heraussauge. Aber sie dürfen sie nicht berühren – sie ist ansteckend. Wer immer die Krankheit anfaßt, in den würde sie eintreten. Wann immer sie auf meiner Hand liegt, haftet sie daran wie ein Magnet. Sie wird nicht hinunterfallen – auch wenn Sie Ihre Hand schütteln, wird sie nicht hinunterfallen. Auch wenn Sie sie abschütteln wollen, wird sie sich nicht lösen.

Sie können sie in etwas wie ein Stück Papier einwickeln oder in einen Korb legen. Wenn Sie das tun, sollten Sie zu diesem Zweck singen, Sie sollten zu diesem Zweck rufen. Einige Krankheiten bleiben dort eine Weile – bleiben einige Minuten –, aber andere sind schnell. Einige ‹schnelle› Krankheiten bleiben gerade ein paar Minuten, nachdem sie hingelegt wurden, und verschwinden dann.

Es gibt noch sehr viel mehr (über das Heilen zu erzählen). In diesen vielen Jahren, in denen ich Menschen behandelt habe, habe ich viele verschiedene Arten von Krankheit gesehen.[188]

Tabak-Fallen

Schädliche Kraft-Eindringlinge herauszusaugen ist, wie wir gesehen haben, eine fortgeschrittene schamanische Technik, die beträchtliche Vorbereitungen erfordert. Eine viel einfachere Technik sind ‹Tabak-Fallen›, wie sie von mir genannt werden; sie sind die Umarbeitung einer Methode, die ich von einem Lakota Sioux Medizinmann aus Süddakota erlernte. Diese Methode basiert auf dem Prinzip, daß die eingedrungenen Geister Tabak lieben und davon angezogen werden. Das stimmt überein mit der Jívaro Ansicht, wie Sie sich erinnern werden, daß der Schamane *tsentsak,* die für Krafteindringungen verantwortlichen Geister, ständig mit Tabakwasser tränkt. Die Sioux Methode benutzt Tabakstränge oder Miniatur-Stoffsäckchen, die Tabak enthalten.

Für Tabak-Fallen werden die Stränge als Köder benutzt, um die eingedrungenen Geister, die im Körper einer kranken Person sein können, anzulocken und zu fangen. Eine Art, wie dies gemacht wird, besteht darin, daß man einen Kranz von Tabaksträngen um den Patienten legt, der auf dem Erd- oder Fußboden liegt. Wenn dann der Schamane damit beschäftigt ist, schädliche Kraft-Eindringlinge aus dem Patienten zu entfernen, hat er als Hilfe auch die Tabakstränge, um die Geister herauszuziehen. Wenn seine Extraktionsarbeit getan ist, rollt er die Tabakstränge sorgfältig zu einem Ball zusammen und bringt diesen sofort an einen entfernten Ort. Dort wird der Ball auseinandergenommen, und die Tabakstränge werden derart über die Zweige eines Baumes gehängt, wie das mit Flittergold auf einem Weihnachtsbaum gemacht wird. Das geschieht deshalb, damit sich die Geister weit entfernt von den Menschen, denen sie schaden könnten, verteilen.

Eine andere von mir manchmal angewandte Technik besteht darin, die Tabakstränge zu benutzen, um eine ganze Gruppe von Personen zu reinigen, die in einem Kreis zusammensitzen. Bei dieser Methode wird der Strang an dem einen Ende des Kreises von der Person links vom Schamanen gehalten. Der Schamane entrollt den Strang dann ganz um den Kreis im Uhrzeigersinn, wobei er bei jeder Person genügend freies Spiel läßt, daß sie ein Tabakband daran befestigen kann. Als nächstes wird ein großes Stück roten Stoffes in derselben Richtung im Kreis herumgereicht, von dem jeder mit einer Schere ein kleines Viereck für sich abschneidet und Stoff und Schere weiterreicht. Ein Päckchen reinen Tabaks (gewöhnlich Bull Durham) wird herumgereicht, aus dem jeder eine Prise auf sein kleines Stoffviereck tut und die Seiten zu einem Beutel zusammenfaltet. Konzentriert nimmt dann jeder Teilnehmer ruhig seinen schlimmsten persönlichen Schmerz und projiziert ihn in seinen Tabakbeutel. Dann bindet jeder im Kreis den Beutel an das Band. Wenn das geschehen ist, steht der Schamane auf und geht außerhalb des Kreises um die Gruppe herum, indem er seine Rassel schüttelt. Dies geschieht zur Unterstützung, um den Schmerz, die Verletzung, die Krankheit, das Unglück aus den Betreffenden in ihr Tabakband zu schütteln, das sie vor sich halten. Der Schamane umkreist weiter die Gruppe und schüttelt seine Rassel, bis er spürt, daß er in den schamanischen Bewußtseinszustand eintritt.

Sobald der Schamane an seinen Platz zurückkehrt und seine Rassel hinstellt, beginnt für ihn der schwierigste Teil der Arbeit. *Dazu muß er sicher sein, daß er mit Kraft gefüllt ist, so daß keiner der schmerzhaften, krankheitsverursachenden Geister, die in den Tabakstrang projiziert wurden, in ihn eindringen kann.*

Indem er sein Kraftlied singt, ergreift er ein Ende des Tabakstranges und schreitet langsam in die Mitte des Kreises. Er legt dieses Ende sorgfältig auf den Boden und singt weiter. Dann beginnt er langsam und mit großer Sorgfalt, den Strang aus den Händen der Personen im Kreis zu ziehen, indem er ihn auf den Boden innerhalb des Kreises im Uhrzeigersinn in einer immer weiterwerdenden Spirale niederlegt. Bei dieser Prozedur kann der Schamane die Erfahrung machen, daß Wellen von Verzweiflung, Unglücklichsein und Schmerz über ihn hinwegspülen, während er langsam die miteinander verbundenen Tabakbänder niederlegt. Er spürt den Schmerz, den er von den Menschen im Kreis hinwegnimmt. Das kann eine fast überwältigende emotionale Erfahrung sein. Wenn schließlich das letzte Ende des Tabakstranges auf dem Boden liegt, singt er weiter sein Kraftlied, um sich selbst zu beschirmen. Dann wickelt er auf dem Boden kniend langsam und sorgfältig die Spirale zu einem Ball auf, indem er mit dem äußeren Ende beginnt. Während er das tut, kann er weiter intensiv die Gefühle von Schmerzen, Kränkung und Unglück der Zirkel-Teilnehmer spüren.

Sobald der Schamane damit fertig ist, nimmt er den Ball vom Boden auf und trägt ihn mit ausgestreckten Armen schnell hinweg aus dem Kreis an einen mindestens 400 Meter entfernten Ort. Dort entrollt er den Ball und drapiert die Bänder auf einem Baum. Er schließt seine Augen, stößt die den Baum umgebende Kraft von sich und geht sofort wieder weg. Die anderen können ihn aus der Ferne beobachten. Dann kehren alle wieder an ihren ursprünglichen Platz zurück, setzen sich im Kreis zusammen und geben sich die Hände, während sie das Kraftlied singen.

Der Patient werden

Eine verwandte Technik des schamanischen Heilens heißt: ‹Der Patient werden›. Diese Methode wurde mir vor einigen Jahren von einem Küsten-Salish Indianer-Schamanen im Staate Washington beigebracht. *Wie bei den anderen Methoden der Entfernung schädlicher Geist-Eindringlinge sollte der Schamane auch diese Methode nur dann anwenden, wenn er voll Kraft ist;* denn bei dieser Technik nimmt er an Bord oder auf sich die Kraft (Kräfte), die dem Patienten Leid zufügt. Der unsichtbare Mantel der Macht, der den Küsten-Salish Schamanen umgibt, verhindert, daß die Geister in ihn eindringen.[189]

Diese Methode wendet man wie folgt an. Zunächst bespricht der Schamane mit dem Patienten die Art des Schmerzes oder der Krankheit. Er findet alles nur Mögliche darüber heraus, wie man die Krankheit oder den Schmerz spürt, und entwickelt dann in sich das Gefühl, wie es ist, in dieser Situation zu sein. Er fragt den Patienten nach dem Beginn des Leidens und erfährt alle Einzelheiten, die der Patient zu jener Zeit spürte. Dann setzt er seine Befragung fort, um zu lernen, wie es ist, der Patient zu sein, was der Patient vom Leben erwartet, welches seine Probleme und Hoffnungen sind. Mit anderen Worten tut der Schamane sein Bestes, um zu lernen, wie es ist, dieser Patient zu sein. Im Gegensatz zur Psychoanalyse erfordert diese Arbeit normalerweise nur ein paar Tage, abhängig von den Fähigkeiten des Schamanen und seinem Verhältnis zum Patienten.

Wenn der Schamane überzeugt ist, daß er sich emotional mit dem Patienten identifizieren kann, ist er bereit, in die kritische Phase des Heilungswerkes einzutreten.

An diesem Punkt angekommen, begeben sich der Schamane und der Patient an einen Ort in der Wildnis, wo es keine menschliche Siedlung gibt. Der Schamane erweckt mit seiner Rassel und seinem Kraftlied seinen Schutzgeist, damit dieser ihm hilft. Der Patient sitzt während dieser Phase ruhig neben ihm.

Sobald sich der Schamane voll Kraft fühlt, ziehen der Patient und er langsam ihre Kleider aus und vertauschen sie miteinander. Wenn der

Schamane nun jedes einzelne Stück der Kleidung des Patienten anzieht, konzentriert er sich darauf, die Schmerzen und Beschwerden des Patienten zu übernehmen und die Persönlichkeit des Patienten anzulegen. Sobald der Schamane das letzte Kleidungsstück überzieht, sollte er zu spüren beginnen, daß er der Patient ist.

Nun fangen der Schamane und der Patient an zu tanzen, begleitet von der Rassel des Schamanen. Der Schamane ahmt jede Bewegung und Geste des Patienten nach, um der Patient zu werden. Wenn dann der Schamane spürt, daß sich sein Bewußtsein ändert, hält er seine Hände gegen den Körper des Patienten, bis er spürt, daß er alles Notwendige übernommen hat, um der Patient zu sein – und alles, was er sicher von dem Leiden des Patienten tragen kann. Wenn das Werk richtig getan ist, wird der Schamane spüren, wie Wellen von Krankheit oder Schmerz über ihn hinwegspülen.

In diesem Augenblick läuft der Schamane etwa hundert Meter in die unbewohnte Wildnis hinein, bleibt stehen und streckt seine Arme von sich. Er konzentriert sich mit aller Kraft aufs ‹Wegwerfen› der schmerzhaften eingedrungenen Kraft, die dem Patienten Leid verursachte und nun auf ihm ruht. Mit echten physischen Armbewegungen und mit irgendwelchen Schreien, die in ihm aufsteigen, wirft der Schamane die leidverursachende Kraft in den fernen Himmel, gegen den Horizont, mit all seiner Kraft.

Dieser Wegwerfprozeß kann einige Minuten oder länger dauern. Der Schamane wird wissen, wann er beendet ist: sobald er spürt, wie sich das ganze Elend des Patienten und auch die Persönlichkeit des Patienten von ihm entfernt. Dann wird sich der Schamane gereinigt und entspannt fühlen.

Nun kehrt er zu dem Patienten zurück, und sie tauschen ihre Kleider wieder aus. Der Schamane beendet das Werk, indem er ein Kraftlied singt und mit dem Patienten zusammen im Rauch eines Feuers steht, das aus wilder Salbei oder Zweigen von Zedern entzündet wird, um die Reinigung zu vervollständigen.

Eine Abänderung dieser Technik, besonders für Demonstrationszwecke, kann von Gruppen in Workshops angewandt werden. Zunächst begibt sich die Gruppe in eine Wildnis, die von Menschen unbewohnt ist. Ein Freiwilliger sitzt in der Mitte des Kreises der Teilnehmer und wird kurze Zeit von der ganzen Gruppe befragt. Jeder Teilnehmer stellt eine Frage, wie der Patient den Schmerz oder die Krankheit erfährt, über die Verhältnisse zu Beginn der Krankheit, die positiven und negativen Zustände des Patienten und alles andere, was dazu beiträgt, daß jeder Teilnehmer lernt, sich wie der Patient zu fühlen. Bei dieser Übung ist es nicht wünschenswert, daß Nicht-Schamanen individuell viel von der Kraft auf sich nehmen, welche das Leiden des Patienten verursacht. Das hier beschriebene Verfahren ermöglicht es, daß jeder nur einen kleinen Teil der schädlichen eingedrungenen Kraft auf sich nimmt, damit sich keiner in Gefahr bringt. Es ist wichtig dabei, daß der Führer der Gruppe allen Teilnehmern, die sich nicht voll Kraft fühlen, anrät, lieber nicht mitzumachen, sondern einfach Zuschauer zu sein.

Dann wird der Patient aufgefordert, so wie es ihm gefällt zu tanzen. Teilnehmer der Gruppe schütteln Rasseln und schlagen eine Trommel, wobei sie ständig ihr Tempo dem des Tänzers anpassen. Freiwillige werden gebeten, das Tanzen des Patienten in jeder möglichen Weise nachzuahmen, indem sie neben ihm tanzen. Jede Bewegung des Patienten sollte nachgeahmt werden.

Wenn einer der Tänzer den Punkt erreicht hat, wo er emotional spürt, daß er bis zu einem gewissen Grad der Patient geworden ist, sollte er den Patienten kurz berühren, ihm dabei etwas von der eingedrungenen Kraft abnehmen und etwa hundert Meter weit weglaufen – in die Wildnis hinein – und die Kraft weit von sich schleudern, wie bereits beschrieben.

Sobald alle Tänzer dies getan haben und sich gereinigt fühlen, kehren sie zur Gruppe zurück und umarmen den Patienten. Alle stehen zusammen und bilden einen Kraftkreis, indem sie sich an den Händen halten, den Patienten einbeziehen und ein Kraftlied singen (danach kann eine Reise unternommen werden, um das Krafttier des Patienten wiedereinzusetzen).

Offensichtlich hat diese Technik eine interessante Ähnlichkeit mit der Psychoanalyse, einschließlich des Prinzips der Gegen-Übertragung, und ist eine Bestätigung dafür, daß schamanische Techniken oft Aspekte der Heilmethoden vorausnehmen, die erst jüngst im Westen entwickelt wurden. Die Methode ‹Der Patient werden› der Küsten-Salish hat auch eine Entsprechung bei den !Kung Buschmännern Südafrikas, deren Schamanen:

> *... ihre flatternden Hände an beide Seiten der Brust des Menschen legen oder wo immer sich die Krankheit befindet. Sie berühren den Menschen leicht, oder häufiger noch lassen sie ihre Hände nahe der Oberfläche*

der Haut vibrieren. Manchmal legt der Heiler seinen Körper um die Person, wobei er seinen Schweiß – von dem geglaubt wird, er trage heilende Eigenschaften – auf die kranke Person reibt. Die Krankheit wird in den Heiler gesogen. Dann vertreibt der Heiler die Krankheit aus seinem eigenen Körper, indem er sie von seiner Hand weg in die Welt hinausschüttelt, wobei sein Körper vor Schmerz erschauert.[190]

Bei der !Kung Heilung zieht der Schamane «die Krankheit mit unheimlichen, welterschütternden Schreien und Klagen heraus, welche den Schmerz und die Schwierigkeit seiner Heilung anzeigen». Die Behandlung dauert mehrere Stunden.[191]

Nachwort

Albert Schweitzer (1875–1965) soll einmal gesagt haben: «Der Medizinmann hat aus dem gleichen Grund Erfolg, wie wir auch. Alle Patienten tragen ihren eigenen Arzt in sich. Sie kommen zu uns, ohne diese Wahrheit zu kennen. Wir sind dann am erfolgreichsten, wenn wir dem Arzt, der in jedem Patienten steckt, die Chance geben, in Funktion zu treten.»[192]

Vielleicht ist der Schamane unter den Praktikern der Heilkunst besonders geeignet, «dem Arzt in uns die Chance zu geben, in Funktion zu treten». Während das Fehlen der modernen medizinischen Technik die Urvölker gezwungen haben könnte, ihre latenten schamanischen Kräfte zur Heilung zu entwickeln, wird gerade heute immer mehr anerkannt, daß physische Gesundheit und Heilung manchmal mehr erfordern als technologische Behandlung. Es gibt eine neue Einsicht, daß physische und geistige Gesundheit eng miteinander verbunden sind und emotionale Faktoren am Anfang, beim Fortschreiten und bei der Heilung einer Krankheit eine bedeutende Rolle spielen können. Die neuerliche Anhäufung experimentellen Beweismaterials, daß Yoga-Praktiken und Biofeedback-Verfahren[193] Basiskörperfunktionen manipulieren können, welche die westliche Medizin bis vor kurzem als nicht willkürlich beeinflußbar angesehen hatte, ist nur ein Teil der neuen Erkenntnis über die Bedeutung psychisch-geistiger Praktiken für die Gesundheit.

Besonders aufregend und die schamanische Einstellung zu Gesundheit und Heilung unbedingt unterstützend ist der neue medizinische Beweis, daß man im veränderten Bewußtseinszustand willkürlich das körpereigene Immunsystem durch den Hypothalamus[194] in Aktion zwingen kann. Möglicherweise wird die Wissenschaft einmal herausfinden, daß der Patient eines Schamanen unter dem Einfluß von Schallunterstützung durch das Ritual ‹programmiert› wird, das Immunsystem des Körpers gegen Krankheit zu aktivieren.

Das aufkeimende Feld der Ganzheitsmedizin zeigt eine ungeheure Menge von Experimenten, welche viele bereits lange im Schamanismus praktizierte Techniken wiedererfindet, wie beispielsweise Visualisierung[195], veränderte Bewußtseinszustände, Aspekte der Psychoanalyse, Hypnotherapie, Meditation, positive Einstellung, Streß-Abbau und mentaler und emotionaler Ausdruck des persönlichen Willens zur Gesundung und Heilwerdung. In gewissem Sinne wird Schamanismus im Westen wiederentdeckt, weil er gebraucht wird.

Verbunden mit der wachsenden Einsicht in die Unzulänglichkeiten rein technologischer Behandlung von Krankheiten ist die Unzufriedenheit mit der Unpersönlichkeit der modernen, auf Verdienst ausgerichteten und gesetzlich festgelegten Medizin.[196] In der Eingeborenenwelt sind Schamanen häufig Angehörige derselben weitverzweigten Familie wie der Patient, mit einer emotionalen Verpflichtung der Sorge für das persönliche Wohlbefinden des Patienten, nicht vergleichbar mit dem Fünfzehn-Minuten-Arztbesuch in der heutigen Gesellschaft. Der Schamane arbeitet auch die ganze Nacht oder mehrere Nächte an der Wiederherstellung eines einzelnen Patienten, wobei er selbst und der Patient als eine Zwei-Einheit beteiligt sind, die das Unbewußte beider in einer heroischen Partnerschaft gegen Krankheit und Tod verflicht. Aber dieser Zweierbund ist mehr; denn er ist gleichzeitig ein Bund mit den verborgenen Kräften der Natur, unsichtbar bei Tage, wo die materiellen Einflüsse des täglichen Lebens das Bewußtsein vollstopfen. Stattdessen wagt sich das Paar – der Schamane zusammen mit seinem Patienten – in die Klarheit der Dunkelheit hinein, wo der Schamane ohne Unterbrechung durch äußere und oberflächliche Ablenkungen die verborgenen Kräfte *sieht,* die in den Tiefen des Unbewußten arbeiten, und sie nutzbar macht oder bekämpft zum Wohle und Überleben des Patienten. Einige Schamanen sind natürlich keine Angehörigen der Familien ihrer Patienten und nehmen tatsächlich in gewissen Gruppen auch Bezahlung für ihre Arbeit an. Aber wie bei den Tsimshian Gitksan der Nordwestküste Nordamerikas ist es nicht ungewöhnlich, daß der Schamane die Bezahlung zurückgibt, falls der Patient stirbt.[197]

Die Errungenschaften der westlichen wissenschaftlichen und technologischen Medizin sind natürlich in ihrem eigenen Bereich wunderbar. Aber ich hoffe, daß einstmals schamanische Kenntnisse und Methoden von den Abendländern anerkannt werden, so wie Schamanen die abendländische technologische Medizin anerkennen. Bei ge-

genseitiger Achtung können beide Wege dazu beitragen, die ganzheitliche Einstellung zu Heilung und Gesundheit zu verwirklichen, die so viele Menschen suchen. Um Schamanismus anzuwenden, brauchen wir nicht in wissenschaftlichen Begriffen zu verstehen, warum er wirkt, so wie wir auch nicht zu wissen brauchen, warum Akupunktur wirkt, damit sie heilsam ist.

Es gibt keinen Kampf zwischen schamanischer Praxis und moderner ärztlicher Behandlung. Jeder indianische Schamane aus Nord- oder Südamerika, den ich jemals in dieser Sache befragt habe, stimmte mir zu, daß es keine irgendwie geartete Rivalität gibt. Jívaro Schamanen sind beispielsweise vollkommen einverstanden, wenn ihre Patienten einen Missionsarzt aufsuchen. Tatsächlich drängen sie ihre Patienten, sich jede technologische Behandlung zu verschaffen, die möglich ist. Der Schamane will an erster Stelle, daß sein Patient gesund wird. Jede Art von technologischer Behandlung oder Medikation (= Arzneiverordnung), die zur Erstarkung des Patienten beiträgt und jede mögliche Krankheit zu bekämpfen hilft, ist willkommen.

Das beste Beispiel einer sich gegenseitig unterstützenden Kombination aus Schamanismus und westlicher technologischer Medizin ist die bekannte Arbeitsweise von Dr. O. Carl Simonton und Stephanie Matthews-Simonton bei der Behandlung von Krebskranken. Obwohl die Simontons schamanische Methoden nicht bewußt nachmachten, sind einige ihrer Techniken zur Unterstützung der Chemotherapie unglaublich ähnlich denjenigen der Schamanen. Die Patienten der Simontons sind manchmal, wie berichtet wird, überraschend erfolgreich, Linderung von ihren Schmerzen zu erhalten und das Abklingen ihrer krebsartigen Zustände zu erreichen.[198]

Als Teil ihrer Behandlung entspannen sich die Patienten in einem ruhigen Zimmer und sehen sich auf einer Fußreise, bis sie einen ‹inneren Führer› treffen, der ein Mensch oder ein Tier sein kann. Der Patient bittet dann diesen ‹Führer› um Hilfe bei der Gesundwerdung.[199] Diese Ähnlichkeit mit der schamanischen Reise, die Wiedergewinnung eines Krafttieres und dessen schamanischer Einsatz, ist ebenso offensichtlich, wie sie bemerkenswert ist.

Ferner veranlaßten die Simontons ihre Patienten, ohne ihnen den Inhalt nahezulegen, sich ihre Krebsarten vorzustellen und Zeichnungen davon anzufertigen.[200] Die Patienten zeichneten spontan Schlangen und andere überraschend ähnliche Wesen wie diejenigen, welche von Schamanen als schädliche, in den Körper ihrer Patienten eingedrungene Kräfte gesehen wurden. (Siehe zum Beispiel die Jívaro Zeichnungen auf Abb. 13) Die Simontons ermutigen dann ihre Patienten, sich ihre Krebsarten als ‹Schmerzwesen› vorzustellen und sich in dieser Vision davon zu befreien.[201]

Doch die Ähnlichkeit mit dem Schamanismus hört da nicht auf. Die Simontons fanden heraus, daß sie ihre Patienten darin üben konnten, sich die Aussendung ihrer weißen Blutkörperchen vorzustellen, welche die Krebszellen verschlingen und sie aus ihrem Körper ganz so hinauswerfen, wie ein Schamane sich die Aktion seiner Hilfsgeister vorstellt und ihnen befiehlt, die schädlichen Kraft-Eindringlinge aufzusaugen und sie aus dem Körper seines Patienten zu entfernen. Einer der Hauptunterschiede besteht darin, daß die Patienten der Simontons als ihre eigenen Heiler auftreten, was selbst dem besten Schamanen schwierig erscheint. Vielleicht könnte den Krebspatienten noch mehr geholfen werden, wenn ein Schamane mit ihnen arbeiten würde. Von einem Patienten sollte nicht gefordert werden, sein eigener Schamane zu sein, genausowenig wie von ihm verlangt werden kann, seine technologische Behandlung auf die Eigenverordnung von Patent-Medizinen zu begrenzen, die er aus der örtlichen Apotheke kauft.

Eines Tages – und ich hoffe, es wird bald sein – wird eine moderne Art des Schamanen Seite an Seite mit orthodoxen westlichen Ärzten arbeiten. Tatsächlich beginnt sich dies schon durchzusetzen, wo eingeborene Schamanen existieren, wie in einigen nordamerikanischen Indianerreservaten und an einigen Stellen in Australien. Ebenso aufregend ist die Aussicht, daß Ärzte in schamanischen Methoden der Heilung und Gesundheitsvorsorge ausgebildet werden, damit sie beide Methoden in ihrer Praxis kombinieren können. Ich bin glücklich über die Tatsache, daß eine kleine Zahl junger Ärzte schon an meinen Training-Workshops teilgenommen hat und begeistert zu sein scheint von dem, was sie dort gelernt haben. Nur die Zeit wird erweisen, wie erfolgreich sie bei der Anwendung schamanischer Methoden in ihrem Beruf sein werden.

Was auch immer Ihre eigenen Interessen und Hoffnungen hinsichtlich des Schamanenweges sind, eine grundlegende Frage besteht: Wohin gehen Sie von hier aus? Sie brauchen kein Schamane zu werden, um die Arbeit fortzusetzen, die in diesem Buch beschrieben wurde. Ein Schamane zu sein, schließt den ernsthaften Versuch ein, den Menschen zu helfen, die Probleme mit ihrer Kraft und ihrer Gesundheit haben. Vielleicht fühlen Sie sich nicht wohl dabei, eine solche Verantwortung zu übernehmen. Auch den meisten Menschen in den Gemeinschaften der Naturvölker geht das so. Aber in jedem Fall können Sie daran arbeiten, sich selbst zu helfen, indem Sie ernsthaft und regelmäßig die Methoden anwenden, die Sie hier gelernt haben. Sie können allein arbeiten, auch ohne einen Trommler, indem Sie eine Tonbandkassette mit schamanischen Trommeln benutzen, wie in Anhang A beschrieben. Das ist die Technologie des 20. Jahrhunderts, verbunden mit Schamanismus!

Diejenigen von Ihnen, die Berufsschamanen werden wollen, muß ich darauf hinweisen, daß es mehr zu erfahren und zu lernen gibt, als in diesem Buch behandelt werden konnte: Wildnis-Wanderung, Visionssuche, die schamanische Erfahrung von Tod und Auferstehung, die Orphische Reise in die Unterwelt, Schamanismus und das Leben nach dem Tode, Himmelsreise.[202] Inzwischen jedoch ist das wichtigste für Sie, regelmäßig das zu üben, was Sie gelernt haben. Sie können dabei von einem Freund oder Verwandten unterstützt werden, der bereit ist, mit Ihnen als Partner zu arbeiten, indem Sie an schamanischen Training-Workshops teilnehmen und einen Kreis für schamanisch interessierte Personen einrichten, die sich regelmäßig treffen, um sich gegenseitig und anderen zu helfen.

Wie ich schon sagte, können Sie einfach arbeiten, um sich selbst zu helfen, aber es könnte auch sein, daß Ihnen das nicht genügt und Sie anderen ebenfalls schamanisch helfen möchten. Ihre größten Widerstände dabei werden kulturelle und gesellschaftliche sein, nicht schamanische; denn wir leben in derselben Zivilisation, welche diejenigen verfolgte und vernichtete, die das alte Wissen besaßen. Sie werden nicht auf einem Scheiterhaufen verbrannt, aber Sie werden dafür auch nicht den Nobelpreis für Medizin erhalten.

Bei den Koryak in Sibirien gab es eine nützliche Unterscheidung zwischen Familien-Schamanismus und Berufs-Schamanismus.[203] Familien-Schamanismus war die Hilfe bei direkten Verwandten durch diejenigen, die weniger fortgeschritten und weniger kraftvoll im schamanischen Wissen waren. Berufs-Schamanismus wurde von den fortgeschritteneren und kraftvolleren Heilern ausgeübt und bedeutete die Behandlung aller möglichen Klienten. Wenn Sie anderen schamanisch helfen wollen, schlage ich vor, Sie folgen dem Modell des Familien-Schamanismus, indem Sie arbeiten, um nahestehenden Freunden und Familienangehörigen zu helfen, die Ihnen sympathisch sind. Und denken Sie immer daran: Sie arbeiten, um die westliche orthodoxe medizinische Behandlung zu *ergänzen,* nicht um mit ihr zu konkurrieren. Es geht nicht darum, ein Purist zu sein, sondern anderen zu helfen, Gesundheit und Glück zu erlangen, in Harmonie mit der Natur zu leben, auf jede mögliche Weise.

Im Schamanismus gibt es letztlich keinen Unterschied, ob Sie anderen helfen oder sich selbst. Indem Sie anderen schamanisch helfen, werden Sie selbst kraftvoller, selbsterfüllter und fröhlich. Schamanismus geht weit hinaus über eine vordergründige, selbstsüchtige Transzendenz der normalen Wirklichkeit. Er ist Transzendenz für einen breiteren Zweck, für die Hilfe an der Menschheit. Die Hellsichtigkeit im Schamanismus ist die Fähigkeit, das zu beleuchten, was andere als Dunkelheit wahrnehmen, und dadurch zu *sehen* und zu reisen für eine Menschheit, die gefährlich nahe dem Verlust ihrer geistigen Verbundenheit mit all ihren Verwandten ist: den Pflanzen und Tieren dieser guten Erde.

Ich verabschiede mich jetzt von Ihnen mit einem Gedicht von Josie Tamarin; sie ist eine aus der kleinen, aber wachsenden Zahl junger Leute, die den Weg des Schamanen erforschen.[204] Dieses Gedicht dient uns als Erinnerung, daß wir nur in der Praxis der schamanischen Methoden den Weg finden, den kein anderer für uns finden kann. Wie ein Geist einem sibirischen Samoyed Schamanen sagte: «Schamanisierend wirst du deinen Weg finden, durch dich selbst.»[205]

Lied für die Reise

Der Adler schwingt sich empor in Türkis und Indigo
Gold einfangend auf weißen Federspitzen
im Rhythmus von Wind und Stille
singend und herabstoßend mit Strömungen und Stürmen
allein, der Weitschauende, Himmelstänzer.
Sonnenfeuer taucht hinunter ins Labyrinth der Unterwelt
und Adler steigt herab auf Rosen- und Malven- und Bernsteinlicht
zu einem Horst für den langen Traum der Nacht

Kopf unter Flügel gebogen
Adler eingekreist in Schlaf
widerspiegelnd frühe Sippschaft
mit jenen geschuppten und geringelten Wesen

welche die Sonne verschlucken in ihrer Schlingenfalle
während die verlorene Welt wartet in Dunkelheit und Traum;
und Götter und Göttinnen in Traumwelten
schlagen den Puls des Gebetes
tanzen neben kleineren Feuern
trommeln nach größerem Licht
Gesang erschaffend aus verlorenen Schreien
entfachend die glühende Asche des Herzens
lobpreisend Farbe:
grün des Wachstums, gold vom Mais
weiche reiche Brauntöne von Hirsch und Erde
Regenbogenprismen aus Nebel und Sonne
und übermütige Frühlingsanemonen
orange und ocker aus herbstlich verbranntem Zitronentod
nach des Sommers blauer Hitze
und der weißen Ruhe im Mittelpunkt
der Stille des Winters

und als Hoffnung zu flackern beginnt
in dem endlosen dunklen Tunnel der Nacht
regen sich des Adlers Träume
und im Schlaf erwecken sie schattenflügelige Räubergeister
die für uns alle tauchen
in andersartige Elemente
unergründliche Meere aus Kobalt und Schwarz
tauchen durch die Oberfläche
entlang wässeriger Umrisse gespiegelten Mondbildes
Abwärtsreise im Wasserstrudel
und jetzt brauchen wir des Adlers scharfe Vision:
Schimmer der Turbulenz unten
dunkle Gestalten in Massen und verschlungen
in vulkanischer Gewalt ist die Sonne gefangen
durch Schlangen eifersüchtig und rasend im Kampf
umrundend das Licht;
Schnabel und Krallen krümmen sich
Flügel ziehen gegen der Gezeiten Wirbel
sich mitbewegend ohne sich zu ergeben
jener Macht
und sie hören auf

für einen endlosen Augenblick stehen Herzen still im Schlaf
Trommeln schlagen nicht
als Federn, Schlangen, silbrige Fänge und Krallen
einander umschlingen im Tod unserer Träume;
und in diesem Augenblick ist die Sonne befreit
und beginnt leuchtend zu schweben
zu jener dünnen Membran, wo Meer und Himmel sich treffen
verlassend ein Abbild erfrorener Raserei weit unten
und schließlich durchbrechend
mit dem zarten Klang aus Schweigen und Farbe
Dämmerung wird heraufgetragen auf Flügeln von Licht

Leben regt sich
Licht erregt uns alle
und ein Adler schwingt sich empor zur Sonne
auf den Seufzern unseres Erwachens.[206]

Anhang A

Trommeln, Rasseln und andere Hilfsmittel

Da wir nicht in einer primitiven Stammesgesellschaft leben, haben Menschen, die sich schamanisch betätigen wollen, manchmal Schwierigkeiten, die erforderlichen Trommeln und Rasseln zu erwerben. Einige dieser ‹neuen Schamanen› haben die flache, einseitige Trommel entdeckt, die von irischen Musikern benutzt wird und der Trommel der Eskimo und sibirischen Schamanen ähnelt. Ich jedoch benutze im allgemeinen zweiseitige Felltrommeln, insbesondere wegen ihres tieferen Klanges, der bei Gruppenarbeit wirksamer ist, beispielsweise bei der Reise im Geistboot. Einige der besten werden von den Taos Indianern Neumexikos aus ausgehöhlten Klötzen von Pappelholz hergestellt und mit ungegerbtem Tierfell überzogen.

Sie sollten jedoch nicht zögern, irgendeine Trommel, die Sie schon besitzen oder sich ausleihen können, auszuprobieren: die einseitige stehende afrikanische, die Wirbeltrommel mit Sangsaiten (die Sangsaiten entfernen) oder eine andere Art. Da das Trommeln mit der Hand nicht die erforderliche Klangschärfe erzeugt, müssen Sie mit verschiedenen Trommelstöcken, Hilfsmitteln oder sonstwie experimentieren. Auf einigen Trommeln arbeitet man gut mit einem Küchenspachtel aus Gummi, auf anderen mit einem einfachen Hartholzstock und auf großen mit einem leicht wattierten Stock. Sie sollten auch untersuchen, was es in Ihrem örtlichen Musikaliengeschäft gibt. Wenn Sie gern selbst basteln, wäre es möglich, daß Sie sich eine eigene Trommel bauen. Als Ratgeber dafür empfehle ich sehr die Broschüre von Bernard S. Mason: Wie man Trommeln, Tamtams und Rasseln herstellt: Primitive Schlaginstrumente für den modernen Gebrauch, herausgegeben von Dover Publications Inc., 180 Varick Street, New York, New York 10014 (engl. Titel: How to Make Drums, Tomtoms and Rattles: Primitive Percussion Instruments for Modern Use).

Die Hopi, Zuni und Rio Grande Pueblo Gruppen der südwestlichen Vereinigten Staaten machen hervorragende, schön verzierte Rasseln aus getrockneten Kürbissen. Diese werden manchmal in Läden für indianisches Kunsthandwerk in Santa Fé, Neumexiko, angeboten. Ein leichterer Weg, eine Rassel zu erwerben, führt in Ihren örtlichen Musikinstrumentenladen. Ich empfehle die ‹Professional Maraca› (LP 281), hergestellt von der Firma Latin Percussion Inc. Besser als die meisten käuflich zu erwerbenden Maracas hat sie den harten, trockenen Klang vieler Schamanenrasseln. Wenn Sie sich selbst eine Rassel machen wollen, sollten Sie das schmale Ende eines Kürbis abschneiden, sehr kleine Kieselsteinchen hineintun und mit Epoxyharz (= Kunstharz) einen Griff an das Kürbisende anleimen. Viele verschiedene Kürbissamen sind in den Katalogen der meisten Samenhändler aufgeführt, wenn Sie Ihren eigenen Kürbis ziehen wollen. Ganz gleich ob Sie eine Rassel kaufen oder selbst herstellen, ist es wahrscheinlich für Sie sinnvoller, sie nach Ihren eigenen Vorstellungen zu bemalen.

Eine neue und wichtige Entwicklung für die Schamanenarbeit ist die Verwendung von Tonbandkassetten mit schamanischen Trommeln, welche es ermöglicht, allein zu reisen. Über das Verstärkersystem einer Stereoanlage wiedergegeben, haben sie im Zimmer prinzipiell dieselbe Wirkung wie eine echte Trommel.*

Das Center for Shamanic Studies, Box 673, Belden Station, Norwalk, Connecticut 06852, USA, erteilt auch Auskunft über weitere Training-Workshops in Schamanismus und schamanischem Heilen an verschiedenen Orten der Vereinigten Staaten, Kanadas und Europas.

* Die Kassette *Drumming for the Shamanic Journey* erhalten Sie direkt von Dolphin Tapes, P.O. Box 71, Big Sur, California, 93920, USA. Der Preis dieser Kassette beträgt zur Zeit $ 9.95 inkl. Luftfracht. Bitte Ihre Bestellung mit beigelegtem Bankscheck dorthin richten.

Anhang B

Das Handspiel der Flathead-Indianer

wie beschrieben von Alan P. Merriam[207]

Die folgende ausgezeichnete Beschreibung der Regeln und Methoden des Handspiels der Flathead-Indianer basiert auf persönlicher Feldforschung, die von Merriam im Sommer 1950 in Montana durchgeführt wurde. Die Regeln und Praktiken gleichen in etwa denen, wie sie von den Salish und anderen Stämmen im Nordwesten der USA angewandt werden. Es gibt auch eine Aufzeichnung von Flathead *Stockspiel-Liedern,* die Ihnen helfen können, das Spiel besser zu verstehen.[208]

Die Vorbereitungen zum Spiel sind zwanglos: jeder einzelne, der den Wunsch und die Stimmung verspürt, kann mit dem Spiel beginnen. Er regelt auch die äußeren Bedingungen für das Spiel, zu dem zwei Stangen oder Bretter von handlicher Größe und nicht zu schwer gehören, etwa drei bis fünf Meter lang. Diese Bretter oder Stangen werden etwa anderthalb Meter auseinander parallel auf den Boden gelegt ... Der erste Mann auf jeder Seite wird meistens der Mannschaftskapitän seiner Seite, obwohl diese Regel nicht zwingend ist; jedenfalls nimmt er normalerweise die Wetten für seine Seite entgegen und schreibt die Namen und die Wetteinsätze auf ein Stück Papier.

Wenn genügend Wetten abgeschlossen sind oder besser, wenn keine weiteren Wetten mehr kommen, nehmen die Spieler einschließlich aller, die gewettet haben und mitspielen wollen, Stöcke in die Hand: irgendein Stück Holz von passender Länge, um damit den Rhythmus auf der Stange oder dem Brett vor sich zu schlagen, und setzen sich hinter die parallelen Bretter, so daß sich die beiden Parteien ansehen. Im allgemeinen ist die Zahl der Spieler auf jeder Seite acht bis zehn. Das Spiel könnte mit beliebig vielen Spielern durchgeführt werden, obwohl man selten mehr als ein Dutzend oder weniger als fünf Spieler auf jeder Seite sieht.

Der Kapitän verwaltet fünf hölzerne Stöckchen, jedes etwa 20 bis 25 cm lang, an einem Ende spitz und 2 cm im Durchmesser. Diese Stöckchen sind gewöhnlich in leuchtenden Farben angestrichen, so daß sie vom Zuschauer leicht identifiziert werden können.

Zu der Zeit, als der Verfasser das Stockspiel beobachtete, schienen zwei Arten von Stöckchen am meisten benutzt zu werden. Entweder waren alle zehn Stöckchen hellblau angestrichen oder hatten abwechselnd rote und gelbe Streifen; im letzteren Fall waren die Farbstreifen bei den beiden Sätzen zu je fünf Stöckchen umgekehrt, das heißt, im einen Fall rot und gelb und im anderen gelb und rot. Diese fünf Stöckchen werden auf jeder Seite in den Boden vor die parallelen Stangen gesteckt, gewöhnlich von den Spielern weg geneigt.

Wenn die Stöckchen eingesteckt sind, werden zwei Sätze zu je zwei Knochen vorgezeigt. Diese Knochen unterscheiden sich in der Größe und gewissermaßen in der Form, je nachdem ob es Knochen für Männer oder für Frauen sind. Knochen, die von Männern benutzt werden, nimmt man im allgemeinen vom Schenkelknochen eines Pferdes; sie sind etwa 6 cm lang und 2,5 cm im Durchmesser. Die Knochen waren glänzend poliert und hatten bei dem am häufigsten benutzten Satz zur Zeit der Beobachtung an den Enden einen Anstrich von hellblauer Farbe in einer Breite von ungefähr 7 mm. Dieser besondere Satz von Männerknochen gehörte zu der Spielausrüstung mit den blauen Zählstöckchen, die ich oben erwähnt habe; sie gehörten einem der ausdauerndsten Stockspieler im Reservat. Während der markierte Knochen früher in der Mitte durch Bänder aus Sehnen oder Fellstreifen gekennzeichnet war, werden bei der heute üblichen Markierung drei Streifen von schwarzem Isolierband 1 cm breit genommen, mit einem Zwischenraum von etwa 3 mm.

Von Frauen benutzte Knochen sind dagegen beträchtlich kleiner, um zu zeigen – wie dazu erklärt wird –, daß Frauenhände kleiner sind als die der Männer. Oft sind sie aus dem Schenkelknochen eines Hirsches hergestellt, etwa 5,5 cm lang und 1,5 bis 2 cm im Durchmesser. Der markierte Knochen wird wieder durch Isolierband gezeichnet, aber meistens nur durch zwei statt drei Streifen . . .

Es gibt mindestens zwei Möglichkeiten für den Beginn des Spieles, von denen die erste vielleicht ‹korrekter› ist als die zweite. Der Kapitän jeder Seite nimmt ein Paar Knochen, das heißt einen markierten und einen unmarkierten Knochen, verbirgt sie in seinen Fäusten in der unten beschriebenen Weise und zeigt dann seine Fäuste geradeaus und nach den Seiten. Jeder Kapitän errät dann beim anderen die Lage des unmarkierten Knochen; wenn jeder richtig rät oder wenn jeder falsch rät, gilt das als Fehlstart, und das Verfahren wird wiederholt. Wenn aber einer richtig und der andere falsch rät, muß letzterer seine Knochen und einen Zählstock abgeben. Dann beginnt das wirkliche Spiel. Bei der zweiten Möglichkeit des Eröffnungsspiels nimmt ein Kapitän – meistens derjenige, der die Vorbereitungen begonnen hat, indem er seine Wette zuerst abgab – einen Satz Knochen und versteckt sie. Indem er einen in jeder geschlossenen Faust hält, fordert er sein Gegenüber auf, die Inhalte zu bestimmen; wenn richtig geraten ist, wandern die Knochen und ein Zählstab auf dessen Seite. Wenn er falsch rät, wird das Spiel umgekehrt. Diese zweite Art, das Spiel zu beginnen, welche der Seite, die die Knochen besitzt, einen gewissen psychologischen Vorteil verschafft, wird selten angewandt.

Sobald die erste Position der Knochen durch eine der oben beschriebenen Methoden bestimmt worden ist, bricht die Seite, die in ihren Besitz gelangt ist, in Gesang aus, wobei gleichzeitig mit den kurzen Stöckchen, die vor dem Spiel verteilt wurden, auf das parallele Brett oder die Stange geschlagen wird. Der Kapitän besitzt beide Knochenpaare, und nach einiger Zeit des Singens und Pantomimens wirft er einen Satz einer Person zu und behält vielleicht den anderen Satz für sich oder gibt ihn auch einer anderen Person. Wer die Knochen erhält, läßt seinen Stock sofort fallen und beginnt die sorgfältige Pantomime, welche den Versteckvorgang begleitet. Die Wahl derjenigen, welche die Knochen verstecken sollen, ist augenscheinlich ganz willkürlich, obwohl diejenigen, die sie am besten handhaben können oder dafür bekannt sind, daß sie beim Stockspiel viel Glück haben, offensichtlich am häufigsten gewählt werden.

Die das Spiel begleitende Pantomime hat verschiedene Formen, und die Fähigkeit eines Spielers wird häufig an seiner Geschicklichkeit gemessen, die Knochen zu verbergen. Informanten sagten oft: «Sie müssen die Bewegungen kennen, um ein guter Stockspieler zu sein.» Gleichzeitig scheint aber hinter keiner der Bewegungen eine besondere Bedeutung zu stecken. Ein Mann kniet dabei meistens, während eine Frau mit untergeschlagenen Beinen dasitzt. Männer werfen die Knochen als Vorbereitungsgeste meistens erst in die Luft, fangen sie wieder auf und beugen sich vor, bis das Gesicht tatsächlich den Boden berührt, wobei sie die Knochen vor der Brust verstecken. Mancher richtet sich dann wieder auf und zeigt seinen Gegnern, wie er die Knochen verteilt hat; dann wiederholt er den Vorgang auf andere Weise. Er kann die Knochen hinter seinem Rücken oder ganz charakteristisch mit gekreuzten Armen und Händen in den entgegengesetzten Achselhöhlen halten. Nach den vorbereitenden Bewegungen findet das endgültige Verstecken oft unter einem Hut oder einem Taschentuch statt, welches vor den Spielern auf den Boden gelegt wurde. Frauen manipulieren gern die Knochen in ihrer Bluse, unter einem Schal oder Taschentuch oder hinter dem Rücken; sie leihen sich auch oft von einem Mann einen Hut, unter dem die Knochen aus einer Hand in die andere vertauscht werden. Während dieses Vorbereitungsspiels singt die Partei mit den Knochen ständig, schreit und beschimpft die Spieler der gegnerischen Seite. Die Knochen werden immer wieder versteckt, den gegnerischen Spielern gezeigt und erneut versteckt; das Vorbereitungsspiel kann in Extremfällen volle zehn Minuten dauern.

Inzwischen ist die Mannschaft, die raten muß, meistens ganz still. Der wirkliche Rater ist sehr häufig der Kapitän, obwohl er die Verantwortung auch einer anderen Person übertragen kann . . . Typisch ist, daß er auf einen der Spieler mit einer besonderen Geste zeigt, wobei er die linke Hand scharf zur rechten Schulter führt; sobald er die Schulter berührt, schießt der rechte Arm aus der Beuge am Ellbogen vor. Das erweckt den Anschein, als ob der Schlag mit der linken Hand den rechten Arm vorwärtstreibt. Wenn der Arm ausgestreckt ist, zeigt nur der Zeigefinger auf eine der Personen, welche die Knochen hat. Das wird dann beim Zeigen auf den anderen Spieler wiederholt und kann während der ganzen Manipulation der Knochen so gemacht werden; solche Bewegungen bedeuten jedoch noch kein wirkliches Raten.

Die beiden Spieler mit den Knochen arbeiten unabhängig; wenn einer von ihnen zum Raten bereit ist, gibt er seine Absicht zu erkennen, indem er beide Arme ausstreckt, die Knöchel gegen die Rater, während er die Knochen in seinen geballten Fäusten versteckt; der andere Spieler folgt ihm bald. Beim Hinhalten der Knochen zum Raten ist manchmal eine Hand ausgestreckt, während die andere über der Brust gekreuzt und in der entgegengesetzten Achselhöhle versteckt ist. Das Raten muß schnell geschehen, oder die Knochen werden weggezogen, und die Manipulation beginnt von vorn. Der Rater zeigt seine Wahl mit der oben beschriebenen Bewegung an. Im Falle der endgültigen Entscheidung wird die Armbewegung von einem hörbaren Grunzen begleitet, welches bedeutet, daß die Entscheidung gefallen ist. Vier mögliche Arten des Ratens gibt es, die sich alle auf beide Sätze von Knochen beziehen: 1. Wenn der Rater mit dem Zeigefinger nach rechts zeigt, will er sagen, daß beide nicht markierten Knochen in den beiden linken Händen seiner Gegner sind. 2. Wenn er nach links zeigt, bedeutet seine Entscheidung, daß die beiden nicht markierten Knochen in den rechten Händen der Spieler sind. 3. Wenn er geradeaus zeigt und der Arm schräg zum Boden geneigt ist, deutet er seine Meinung an, daß die beiden nicht markierten Knochen in der Mitte sind; das heißt, in der rechten Hand des Spielers zur Rechten und in der linken Hand des Spielers zur Linken. 4. Wenn er Daumen und Zeigefinger ausstreckt mit der Handfläche nach oben und die drei übrigen Finger geschlossen hat, gibt er seine Entscheidung zu erkennen, daß die nicht markierten Knochen an der Außenseite sind; das heißt, in der linken Hand des Spielers zur Rechten und in der rechten Hand des Spielers zur Linken.

Sollte der Rater bei beiden Knochen eine falsche Wahl treffen, muß er der gegnerischen Seite zwei Zählstöckchen geben; sollte er bei beiden richtig raten, erhält er beide Paare Knochen, aber keine Stöckchen. Wenn er bei einem Satz richtig rät, werden ihm diese Knochen zugeworfen, aber der andere Satz bleibt auf der ursprünglichen Seite, und der Rater muß ein Stöckchen abgeben. Mit anderen Worten: die Knochen bleiben so lange im Besitz, wie der Rater getäuscht wird; ein falsches Raten kostet ihn ein Stöckchen. Das Spiel kann also gewonnen werden, wenn eine Seite nur einen Satz Knochen hat; denn bevor das Spiel von einer Seite gewonnen werden kann, muß sie in den Besitz beider Sätze kommen. Wenn beide Sätze Knochen in ihren Besitz gekommen sind, beginnt die zweite Partei zu singen, auf das Brett zu schlagen und die Knochen zu verstecken.

Um ein Spiel zu beenden, muß eine Seite alle zehn Stöckchen gewinnen, obwohl jede Seite das Spiel mit fünf beginnt. Wie vorher angegeben, werden alle Stöckchen so in den Boden gesteckt, daß sie von den Spielern weggeneigt sind und sich vor dem parallelen Brett vor ihnen befinden. Wenn Stöckchen gewonnen werden, legt man sie hinter das Brett, bis alle zehn im Spiel sind; dabei werden sie entweder wieder in den Boden gesteckt oder sauber aufeinandergelegt. Erst wenn alle zehn Stöckchen hinter die parallelen Stäbe gelegt worden sind, befindet sich das Spiel in vollem Gange. Wenn man also annimmt, daß die Seite A beim Spielbeginn im Besitz der Knochen ist und A macht sechs direkte Gewinne, so bedeutet das natürlich, daß sie mehr Stöckchen gewonnen hat, als Seite B besitzt. In diesem Fall wirft Seite B ihre fünf Stöckchen hinüber, aber beim sechsten erfolgreichen Gewinn wird Seite A ein Stöckchen von vor dem Brett nehmen und es hinter das Brett legen, wodurch ein sechstes Stöckchen ins Spiel gebracht wird. Wenn dann Seite A die Knochen verliert und eine falsche Wahl trifft, muß sie mit einem neuen Stöckchen bezahlen, nicht einem Stöckchen, das sie von Seite B gewonnen hat.

Das Spiel wird so lange fortgesetzt, bis eine Seite alle zehn Stöckchen gewonnen hat ...

Einfühlungsvermögen und eine Art ‹Ahnung› spielen eine Rolle im Spiel. Wenn zum Beispiel eine Seite nur noch ein Stöckchen übrig hat, wird es fast immer vor das Brett gesteckt und kräftig von dem Kapitän in den Boden geschlagen; das macht es selbstverständlich schwerer für die andere Seite, davon Besitz zu ergreifen. Wenn eine Seite einen Satz Knochen erraten und gewonnen hat, werden diese Knochen sofort hinübergeworfen. Oft wird der Kapitän dieser Seite sie dann manipulieren, obwohl er natürlich noch den anderen Satz erhalten muß; er kann auf die Knochen in seiner Hand schauen, sie der Zuschauermenge zeigen und dann seine Wahl entsprechend der Lage treffen, wie sein Paar gefallen ist.

Das Stockspiel wird heutzutage von Männern allein, von Frauen allein oder von gemischten Parteien gespielt. Kleine Kinder werden ermutigt mitzuspielen, und bei vielen Gelegenheiten wird der Kapitän den Kindern die Knochen zum Verstecken zuwerfen, manchmal so kleinen Kindern, daß ihre Fäuste kaum die Knochen verbergen. In solch einem Fall wird dem Kind viel Mut zugesprochen.

Anmerkungen

Vorbemerkung: Vom Übersetzer ergänzte Hinweise auf deutsche Literatur bzw. Begriffserklärungen sind in Schrägschrift gesetzt. Buchangaben finden sich in der nachfolgenden Bibliographie

1 *Die Bücher von Carlos Castaneda sind als Fischer Taschenbücher erschienen (siehe Bibliographie). Die Begriffe der alltäglichen und nichtalltäglichen Wirklichkeit schlüsselt er in Bd. 1457 auf: Die Lehren des Don Juan – ein Yaqui-Weg des Wissens, Seite 173ff.*

2 Darüber berichtet zum Beispiel Mandell, Seite 73.

3 Elkin 1945, Seite 66–67 und 72–73. *Über diese Fähigkeit bei den tibetischen Lamas berichtet Alexandra David-Neel: Heilige und Hexer, Kap. 6: Mystik und Sport, Seite 169ff.*

4 *Bonin erklärt im ‹Lexikon der Parapsychologie› psychedelisch abgeleitet von dem griechischen Wort ‹delosis› = Enthüllung als die charakteristische Eigenschaft eines tranceartigen Zustands gesteigerter Sensibilität; auch für die Stimulanzien wird dieser Begriff gebraucht (Pharmaka, Musik usw.) Über psychedelische Erfahrungen ‹nach Weisungen des Tibetanischen Totenbuches› berichten Timothy Leary, Ralph Metzner und Richard Alpert. (Bibliographie unter ‹Leary›)*

5 *Laut Brockhaus Enzyklopädie sind die Jívaro ein südamerikanischer Indianerstamm in Ecuador, der eine gesonderte Sprachgruppe bildet. Bekannt sind die eigenartigen Kopftrophäen, von denen Seler in Bd. IV der ‹Gesammelten Abhandlungen zur amerikanischen Sprach- und Altertumskunde›, Seite 184–185, einige Beispiele zeigt: die Lippen der Kopftrophäen sind mit Dornen zugesteckt; denn es handelt sich um abgeschnittene und präparierte Feindesköpfe.*

6 *Eines dieser kritischen Bücher über Castaneda schrieb Richard de Mille: Die Reisen des Carlos Castaneda, das 1976 in Santa Barbara, Kalifornien, erschien. Aber auch Hans Peter Duerr: Traumzeit, setzt sich kritisch mit Castaneda auseinander, Seite 127–138, ebenso in seinen zweibändigen ‹Beiträgen aus Ethnologie und Anthropologie: Der Wissenschaftler und das Irrationale›, Stichwort Castaneda in beiden Bänden.*

7 *So bezeichnet von Hans Peter Duerr: Traumzeit, Seite 42 und Anmerkung 76 (Seite 216)*

8 Rückblickend könnte man sagen, daß sie fast wie die DNS waren, obwohl ich (Harner) zu jener Zeit, 1961, noch nichts von DNS wußte. DNS = Desoxyribonucleinsäuren sind die stofflichen Träger der genetischen Information der Zellen und Bakteriophagen, die sich aus vier Bestandteilen zu zwei Ketten verdrillen und schlangenförmig umeinanderwinden: Doppelhelix nach Watson und Crick, 1953.

9 *Wir erinnern in diesem Zusammenhang an Michael als Drachentöter in Offb 12, aber auch St. Georg als Drachentöter. Diesem Thema hat Walter Kettler sein Buch gewidmet: Narren, Drachentöter und andere Heilige – alte Legenden und neue Einsichten, der auf die hier angesprochene Symbolik eingeht.*

10 *Die Stellen aus der Offenbarung wurden nach der Einheitsübersetzung der Heiligen Schrift von 1980 zitiert. Dort stehen auch Hinweise auf entsprechende Stellen im Alten Testament: Dan 10,13.20; Dan 2,35; Gen 3,1.14; Sach 3,1; Ijob 1,6.*

11 *Den Bericht über die Conquistadores hat Las Casas geschrieben: Kurzgefaßter Bericht von der Verwüstung der Westindischen Länder. Sevilla del Oro – das goldene Sevilla – wurde in der Mitte des 15. Jh. von dem spanischen Hauptmann José Villanueva Maldonado am Ostabhang der Anden in Ecuador gegründet, da es dort alluviale Golddepots gab, wodurch die Stadt ihren Namen bekam. Sie wurde 1599 bei einem Jívaro Aufstand vollkommen zerstört und von der restlichen weißen Bevölkerung als Macas wiedergegründet, errang aber nie wieder ihre frühere Größe oder Bedeutung. Laut Encyclopaedia Britannica hat Macas heute etwa 3000 Einwohner, eine Militärbasis mit Flugplatz und eine Salesianermission, die Schulen und Krankenhäuser im südöstlichen Ecuador unterhält.*

12 *Der Stechapfel Datura gehört zu den Nachtschattengewächsen, die seit alters als wirksames schmerzstillendes Heilmittel galten. Blätter und Samen werden gegen Krämpfe, Asthma und Rheuma verwendet. Von den Inkapriestern des Sonnentempels in Sogomossa wird berichtet, daß sie aus Datura sanguinea einen Rauschtrank bereiteten, um sich mit den Geistern der Verstorbenen in Verbindung zu setzen. Näheres über den Stechapfel und seine Verwendung in anderen Kulturen bringt die Brockhaus Enzyklopädie unter diesem Stichwort.*

13 Dieser Bericht enthält keine Empfehlung für den Leser, ayahuasca oder maikua einzunehmen. Stechapfelsorten sind tatsächlich sehr giftig; ihr Einnehmen kann ernste, schwer zu behandelnde Folgen hervorrufen, einschließlich den Tod.

14 Genauere Angaben über Jívaro Schamanismus hat Harner in seinem Buch gemacht: The Jívaro: People of the Sacred Waterfalls, Seite 116–124 und 152–166, ferner in seinem Artikel: The Sound of Rushing Water.

15 *Wir werden hier an die altägyptischen Tiermasken von Käfern (statt hier Schmetterlingen), Jaguaren, Schlangen, Vögeln und Affen erinnert. Auch hier waren die eingeweihten Priester und Könige (= Pharaonen) gleichzeitig Heiler für ihr Volk.*

16 *Eine genaue Untersuchung des Ursprungs hat Mircea Eliade in seinem Buch: Schamanismus und archaische Ekstasetechnik, Seite 457ff. durchgeführt, worin er sich der Meinung anschließt, daß das Wort ‹Schamane› mit dem buddhistischen ‹samana› zusammenhängt: Asket, ein nach Weisheit Strebender. Joan Halifax: Die andere Wirklichkeit der Schamanen, Seite 11, weist auf den Zusammenhang mit dem vedischen śram hin: «sich aufheizen oder Entsagung üben». Nach Halifax reicht das Schamanentum bis in die Zeit des Neandertalers zurück.*

17 Harner fügt hier ein, daß er im weiteren Verlauf des Buches der Einfachheit halber nur die männliche pronominale Form verwendet, wenn er vom Schamanen oder seinem Patienten spricht, wobei aber eindeutig gesagt werden müsse, daß Schamanen wie auch Patienten beiderlei Geschlechts sein können.

18 Zitiert aus Mircea Eliade a.a.O., Seite 15.

19 So zitiert aus Robert H. Lowie: Primitive Religion, Seite XVI–XVII. *Lowie hat 1950/51 vier Vorträge aus seinen völkerkundlichen Forschungsgebieten gehalten. Bibliographie unter Lowie: Beiträge.*

20 Zitiert aus Knud Rasmussen: Intellectual Culture of the Iglulik Eskimos, Seite 112. *Von Knud Rasmussen gibt es in deutscher Übersetzung von F. Sieburg: Rasmussens Thulefahrt, Frankfurt/Main, 1926, und: Die große Schlittenreise, die 1980 bei Engelbert wieder nachgedruckt wurde.*

21 Rasmussen: Intellectual Culture, Seite 118–119

22 Zitiert nach Eliade a.a.O., Seite 142–143; Elkin (1945) Seite 96–97; A.W. Howitt: The Native Tribes, Seite 406 und 582–583.

23 Zitiert aus Harner: The Sound of Rushing Water (1968), Seite 28 und (1973a) Seite 15–16

24 Zitiert nach Waldemar Bogoras: The Chukchee, Seite 441

25 Bogoras wie vor, Seite 438. *Am 24. 1. 82 zeigte Adolf Holl im Zweiten Deutschen Fernsehen ein Experiment mit Trancen, ausgeführt durch Prof. Felicitas Goodman (Columbus, Ohio), beschrieben in seinem Buch: Religionen, ab S. 154. Eine der Versuchspersonen erlebte dabei eine außerkörperliche Reise.*

26 Rasmussen: Intellectual Culture, Seite 124

27 Elkin (1945), Seite 107, 108

28 Joan Halifax: Die andere Wirklichkeit der Schamanen, Seite 80, nach Biesele.

29 Spencer/Gillen: The Arunta: A Study of a Stone Age People, Seite 424, 266

30 Myron Eells: The Twana, Seite 667

31 Rasmussen a.a.O., Seite 126

32 Rasmussen wie vor, Seite 127

33 A. A. Popov: How Sereptie Djaruoskin of the Nganasans became a Shaman, Seite 138

34 Persönliche Mitteilung von Essie Parrish der Kashia Pomo an Harner 1965

35 Franz Boas: The Mythology of the Bella Coola Indians, Band 2, Seite 37; *von Franz Boas sind 1895 in Berlin erschienen: Indianische Sagen von der Nord-Pacifischen Küste Amerikas.*

36 John C. McGregor: Southwestern Archaeology, Seite 304–305

37 Ruth L. Bunzel: Introduction to Zuni Ceremonialism, Seite 528–534; ferner persönliche Mitteilung an Harner von 1980. *Über die ‹Geheimen Medizinbünde› schreibt auch Wolfgang Lindig: Geheimbünde und Männerbünde der Prärie- und der Waldlandindianer Nordamerikas, Seite 168–204. Er berichtet von helfenden Tieren, die bestimmte Medizinen aus Kräutern zubereiten und ein Medizinlied singen (Seite 171). Den schamanistischen ‹Geheimbruderschaften› hat auch Eliade a.a.O. Seite 301–309 ein Kapitel gewidmet.*

38 McGregor a.a.O., Seite 259–260

39 So berichtet z. B. McGregor a.a.O., Seite 301–302. *Das ‹Buch der Hopi› von Frank Waters ist 1980 bei Eugen Diederichs herausgekommen. Auch bei den Hopi bedeutet kiva ‹unterirdische Zeremonienkammer› (Seite 364) und sipápuni, ‹kleines Loch im Boden der*

kiva, stellt den Ort des Aufstiegs dar› (Seite 368). Ausführlich berichtete über kiva und sipapu auch die Kachina Ausstellung aus der Studiensammlung Horst Antes, Katalog Seite 25.

40 Joan M. Vastokas: The Shamanic Tree of Life, Seite 137

41 *Nach C. G. Jung ist das Mandala (Sanskrit = Kreis) das älteste Symbol des Menschen. Er schreibt darüber: «Die ersten Mandala-Darstellungen stammen aus der Alt-Steinzeit, lange vor der Erfindung des Rades: es sind kreisförmige Felsritzungen, die meist als Sonnenräder gedeutet werden. Ihr Alter wird bis zu 25 000 oder 30 000 Jahren geschätzt.» (Aus C. G. Jung: Bild und Wort, Seite 77) Wir verweisen auch auf Manfred Lurker: Der Kreis als Smybol im Denken, Glauben und künstlerischen Gestalten. Solche Felsbilder aus Nordamerika bringt Wellmann: Muzzinabikon, Seite 21, 25, 31, 46, 61 und 65.*

42 Zum Beispiel Joan Halifax, Seite 11–12

43 Peter T. Furst: Flesh of the Gods, Seite IX. *Vom gleichen Autor gibt es einen deutschen Bildband: Mexiko, die Kunst der Olmeken, Mayas und Azteken.*

44 Johannes Wilbert: Tobacco and Shamanistic Ecstasy, Seite 81–82

45 Ruth F. Benedict: The Concept of the Guardian Spirit, Seite 67

46 *Über diese Schutzgeister oder Hauptgeister in Sibirien berichten Adolf Friedrich und Georg Buddruss: Schamanengeschichten aus Sibirien, unter diesen Stichwörtern. (Bibliographie unter ‹Friedrich›) Über das ‹Nagual› als Zaubergestalt schreibt Eduard Seler: a.a.O. unter diesem Stichwort, im Wort- und Sachregister (Bd. 6) zu finden. Siehe auch Hans Peter Duerr: Traumzeit, Seite 83–89 und Register. Und Castaneda nennt Don Juan den Nagual, auf dessen Aufgaben er insbesondere im dritten Teil seines 6. Bandes eingeht: Die Gabe des Adlers.*

47 *Über dieses ‹alter ego› bei den Schamanen in Sibirien berichten A. Friedrich und G. Buddruss ebenfalls unter diesem Stichwort. Castaneda nennt es im 6. Band auch den ‹Doppelgänger› oder ‹der Andere› (Seite 27), ‹Parallel-Wesen› (Seite 301). Villasenor spricht vom ‹Zwillingsich› auf Geistreise in ‹Mandalas im Sand›, Seite 85 f. Paulson/Hultkrantz: Die Religionen Nordeurasiens und der amerikanischen Arktis, sprechen von der Doppelgängerseele, Seite 113, 257, 373.*

48 Harner: Hallucinogens and Shamanism, 1973

49 George Devereux: Dream Learning and Individual Ritual Differences in Mohave Shamanism, Seite 1036

50 Harner: The Jívaro People of the Sacred Waterfalls, Seite 134–169, oder: The Sound of Rushing Water.

51 Ake Hultkrantz: A Definition of Shamanism, Seite 31. Harner geht im Anschluß an das Gedicht ‹Schamanentrommeln› (siehe Inhaltsverzeichnis) auf die unterschiedlichen Frequenzen bei leichter und tiefer Trance ein. *Ausführlich kann man sich über diese Gehirnfrequenzen im Kosmosband Nr. 286 unterrichten: Josef Schurz – Unser Gehirn, schematische Darstellung dieser Wellen auf Seite 33.*

52 W. E. H. Stanner: The Dreaming (1956), Seite 161

53 Hultkrantz 1973, Seite 28 und 31

54 Eliade a.a.O., Seite 215

55 Hultkrantz 1973, Seite 28

56 Johan Reinhard: Shamanism and Spirit Possession, Seite 20. *Hierher gehört aber auch das in deutscher Übersetzung erschienene Werk von Charles T. Tart: Transpersonale Psychologie, darin 1. Kap.: Wissenschaft, Bewußtseinszustände und spirituelle Erfahrungen: Die Notwendigkeit bewußtseinszustands-orientierter Wissenschaften, Seite 21–98.*

57 Elkin (1945), Seite 59

58 Elkin (1945), Seite 74–75

59 Darüber berichtet zum Beispiel E. D. Wittkower: Trance and Possession States, Seite 156–157

60 Nach Vilmos Diószegi: Tuva Shamanism, Seite 162–163. *Ähnliche Beispiele bringen Friedrich/Buddruss a.a.O., Seite 303ff.: Die Belebung der Trommel. Eliade a.a.O. geht ab Seite 431 auf das Pferd in Mythologie und Ritual der Schamanen ein. Peter Michael Hamel: Durch Musik zum Selbst, widmet der Trommel zwei Abschnitte.*

61 Andrew Neher (1962): A Physiological Explanation of Unusual Behaviour in Ceremonies Involving Drums, Seite 152. Harner verweist auch auf das Buch von Neher von 1961: Auditory Driving Observed with Scalp Electrodes in Normal Subjects.

62 Neher 1962: Seite 152–153

63 Wolfgang G. Jilek: Salish Indian Mental Health and Culture Change, Seite 74–75

64 S. M. Shirokogoroff: Psychomental Complex of the Tungus, Seite 326–327 und 329.

65 *Restak: Geist, Gehirn, Psyche, berichtet Seite 292 über Laboruntersuchungen an dem YOGI RAMANAND, der seinen Herzschlag nach Belieben verlangsamen oder zum Stillstand bringen kann.*

66 Edmund Nequatewa: Truth of a Hopi, Seite 133–134; *wir verweisen auch auf Frank Waters: Das Buch der Hopi, Seite 371: Das Hopi-Modell des Universums.*

67 *Der Rorschach-Test wurde 1921 von Hermann Rorschach (1884–1922) entwickelt und gelangte in den dreißiger und vierziger Jahren besonders in den USA zu hoher Blüte. Er ist ein projektives, psychodiagnostisches Verfahren, das der Erfassung der Gesamtpersönlichkeit dienen soll. Er ist auch als Klecksographie bekannt geworden. Näheres siehe Brockhaus Enzyklopädie, wo auch ausführliche Literatur angegeben ist.*

68 David Cloutier: Spirit, Spirit: Shaman Songs. Incantations. Seite 32–33; frei bearbeitet durch Bogoras: The Chukchee, Seite 281. *Nach Hamel a.a.O., Seite 96 war der ausgehöhlte Baumstamm die Urform der Trommel.*

69 Zum Beispiel berichtet von Richard A. Gould: Yiwara: Foragers of the Australian Desert, Seite 106; W. E. H. Stanner: The Dreaming (1965); W. Lloyd Warner: A Black Civilization: A Social Study of an Australian Tribe, Seite 511.

70 Wolfgang G. Jilek a.a.O., Seite 71; Walter Cline: Religion and World View, Seite 144.

71 Jilek wie vor, Seite 71.

72 Willard Z. Park: Shamanism in Western North America, Seite 83.

73 Harner: The Jívaro: People of the Sacred Waterfalls, Seite 138–139

74 Elkin (1945) a.a.O., Seite 114; *wir erinnern aber auch an Franz von Assisi (1182–1226), der mit den Tieren sprach. Siehe Walter Nigg: Große Heilige, Seite 84–91, und Mario von Galli: Gelebte Zukunft: Franz von Assisi, bringt die Vogelpredigt, Fresko von Benozzo Gozzoli, Seite 102–103. Beide Biographien bringen auch seinen ‹Sonnengesang›, Nigg Seite 86–87 und Galli Seite 212ff.*

75 Castaneda: Reise nach Ixtlan – die Lehre des Don Juan, Seite 237–242.

76 Lame Deer/Erdoes: Tahca Ushte – Medizinmann der Sioux, Seite 155

77 Spencer/Gillen a.a.O., Seite 400

78 Elkin (1945) a.a.O., Seite 97
79 Eliade a.a.O., Seite 101
80 Edwin M. Loeb: Pomo Folkways, Seite 337
81 A. L. Kroeber: Handbook of the Indians of California, Seite 200
82 Harner: The Role of Hallucinogenic Plants in European Witchcraft, Seite 140–145.
83 Giovanni Battista Porta: Natürliche Magie, 1. deutsche Ausgabe 1562 zu vier Büchern, die er 1589 auf 20 Bücher erweiterte. Er verfaßte auch Schriften über den Dampfdruck, das Fernrohr, die Quadratur des Kreises, Metereologie und Handlesekunst und schrieb außerdem Komödien und Tragödien. Seine ‹Magia naturalis› erlebte bis ins 18. Jh. zahlreiche Neuauflagen und Übersetzungen.
84 Zitiert von Harner in seinem Buch: Hallucinogens and Shamanism, Seite 125–150, ferner in dem Kapitel: The Role of Hallucinogenic Plants in European Witchcraft, Seite 142.
85 Castaneda: Die Lehren des Don Juan – ein Yaqui-Weg des Wissens, Seite 134–144; Castaneda: Eine andere Wirklichkeit – neue Gespräche mit Don Juan, Seite 86.
86 Eliade a.a.O., Seite 132–133; insbesondere nach Friedrich Andres: Die Himmelsreise der karibischen Medizinmänner, Seite 331–342
87 Jilek a.a.O., Seite 25–26
88 Jilek wie vor, Seite 92
89 Franz Boas: Tsimshian Mythology, Seite 563; *weitere Tsimshian Sagen hat Franz Boas in seinem Buch: Indianische Sagen, Seite 272–305 gebracht.*
90 David Cloutier a.a.O., Seite 57; frei bearbeitet nach John R. Swanton: Tlingit Myths and Texts, Seite 392.
91 Kenneth M. Stewart: Spirit Possession in Native America, Seite 331–332
92 Bunzel a.a.O., Seite 531–532
93 La Flesche: The Osage Tribe: The Rite of Vigil, Seite 209. Im ursprünglichen Lied wird jede Strophe einmal wiederholt.
94 Kenneth M. Stewart a.a.O., Seite 331, der R. Beals zitiert. *Solche Kachina-Masken wurden 1981/82 in Deutschland und in der Schweiz gezeigt, der Katalog dazu von Horst Antes zusammengestellt. (Bibliographie unter Antes)*

95 Joyce A. Wike: Modern Spirit Dancing of Northern Puget Sound, Seite 13

96 Eliade a.a.O., Seite 104

97 Lame Deer/Erdoes a.a.O., Seite 144

98 Castaneda: Eine andere Wirklichkeit, Seite 178–181

99 Eliade a.a.O., Seite 105–106

100 George M. Foster: Nagualism in Mexico and Guatemala, Seite 88–89

101 Castaneda: Der Ring der Kraft, Seite 206; Harner verweist auch auf Foster a.a.O., Seite 89

102 Castaneda: Der Ring der Kraft, 2. Teil: Das Tonal und das Nagual, Seite 115–230.

103 Beispielsweise Castaneda: Der Ring der Kraft, Seite 119–124, 129, 136–137; ferner Jacques Soustelle: So lebten die Aztekten am Vorabend der spanischen Eroberung, Seite 140: Schicksal und Zeichen. Siehe auch Seler a.a.O., Registerband, Stichwort: Tonalli. *Jacques Soustelle: Die Olmeken, geht auf die Ursprünge der mexikanischen Hochkulturen ein und bringt Mensch-Tier-Gott-Verwandlungen, insbesondere in Kap. IX: Die Zeit und die Götter: Symbolik und Schrift. Über den Unterschied zwischen Tonal und Nagual berichtet Peter Balin: Der Flug der gefiederten Schlange, ab Seite 30.*

104 Foster a.a.O., Seite 85–86 und 95

105 James Teit: The Thompson Indians of British Columbia, Seite 354; Eells a.a.O., Seite 672–673

106 Harner: The Jívaro, Seite 136

107 Siehe Ruth F. Benedict: The Concept of the Guardian Spirit

108 Walter Cline: Religion and World View, Seite 141

109 von Walter Cline berichtet

110 Walter Cline a.a.O., Seite 142

111 *Hier wird uns die ganze Bedeutung des Sonnengesangs von Franz von Assisi (Anm. 74) klar; wir werden aber auch an den Sonnenhymnus Echnatons aus dem 14. Jh. vor unserer Zeit erinnert, der wie folgt beginnt:*
Schön erhebst du dich
Am Horizonte des Himmels,
Lebender Aton (= Sonne),
Mit dem alles Leben beginnt.
Bei deinem Aufgang im Osten
Erfüllest jedes Land du

Mit Schönheit . . .
Auf einer frühen Darstellung dieser Sonnenanbetung bringen Echnaton und seine Gemahlin Nofretete Opfergaben dar, während ihre drei Töchter die Rasseln schütteln. Diese Szene erhält durch den Bezug zum Schamanismus eine wesentlich tiefere Bedeutung. Die Rassel, auch Sistrum genannt, war das Attribut der Göttin Hathor, später Isis genannt. (Sonnengesang siehe Cyril Aldred: Echnaton, Seite 203, und Abbildung dazu Tafel 105 in diesem Buch)

112 *Wie Biologen festgestellt haben, macht der aus Samenfaden und Ei entstehende Mensch sämtliche Entwicklungsstufen der Materie durch, anlagemäßig gespeichert in unserem noch immer dreigeteilten Gehirn, dessen innerster sog. R-Komplex (R von Reptil) vom limbischen Gefühlshirn umschlossen wird, welches wiederum das menschliche Großhirn umhüllt. Über deren Funktionen schreibt Restak a.a.O.: (Seite 43) «Die drei Hirne entsprechen drei zusammengeschalteten biologischen Computern, von denen jeder seine eigene Intelligenz, seine eigene Subjektivität, seinen eigenen Sinn für Zeit und Raum, sein eigenes Gedächtnis und noch andere Funktionen besitzt.» Hier im R-Hirn liegt wohl der Grund dafür, daß wir uns im schamanischen Bewußtseinszustand auch als Tiere fühlen können. Noch unentwickelt sind bei den meisten Menschen die beiden Stirnlappen (nach Hoimar von Ditfurth: Der Geist fiel nicht vom Himmel, Seite 252) die der Geistmensch der Zukunft ausbilden wird als 4. Hirnteil, welche Vierteilung des Gehirns Harner in Kap. I beschreibt.*

113 Herman K. Haeberlin: ‹SBeTeTDA'Q, a Shamanistic Performance›, Seite 249; George A. Dorsey: The Dwamish Indian Spirit Boat, Seite 234–236.

114 Haeberlin wie vor, Seite 250

115 Jilek a.a.O., Seite 71

116 Dorsey a.a.O.; Leo J. Frachtenberg: Eschatology of the Quileute Indians; Haeberlin a.a.O.; T. T. Waterman: The Paraphernalia of the Duwamish ‹Spirit Canoe› Ceremony.

117 Haeberlin a.a.O. und Waterman a.a.O.

118 Waterman a.a.O., Seite 137, 543

119 Haeberlin a.a.O.

120 Haeberlin wie vor

121 Eliade a.a.O., Seite 339–345

122 John Cawte: Medicine is the Law etc., Seite 64; Gerardo Reichel-Dolmatoff: Amazonian Cosmos, Seite 172–174.

123 Charles Wagley: Welcome of Tears, Seite 181, 185–186
124 Eliade a.a.O., Seite 71
126 So berichtet von Elkin a.a.O., Seite 96, 143n; ferner Cline a.a.O., Seite 133
127 Rasmussen a.a.O., Seite 114
128 Cloutier a.a.O., Seite 67–68, frei ausgearbeitet nach Marius Barbeau: Medicine-Men on the North Pacific Coast, Seite 53
129 Robert L. Oswalt: Kashaya Texts, Seite 219–221
130 Eliade a.a.O., Seite 245
131 Cloutier a.a.O., Seite 58–59, ausgearbeitet nach Marius Barbeau: Tsimshyan Songs, Seite 122
132 Popov a.a.O., Seite 138–139
133 Cline a.a.O., Seite 136
134 Beispielsweise Willard Z. Park: Paviotso Shamanism, Seite 104
135 Harner: The Jívaro, Seite 140; Cline a.a.O., Seite 145
136 Toivo V. Lehtisalo: Entwurf einer Mythologie der Jurak-Samojeden, Seite 161
137 Kenneth M. Kensinger: Banisteriopsis Usage Among the Peruvian Cashinahua, 12n
138 Walter Cline a.a.O., Seite 145
139 Warner a.a.O., Seite 511; Wilbert a.a.O., Seite 63
140 Warner a.a.O., Seite 511
141 Wahrscheinlich die geschickteste Ausführung dieser Technik gab es bei den Irokesen. Siehe F. C. Wallace: Dreams and Wishes of the Soul: A Type of Psychoanalytic Theory Among the Seventeenth Century Iroquois.
142 *Es gibt einen klassischen Fall aus der Antike, nämlich Sokrates, dessen Schutzgeist nach seiner Verurteilung zum Giftbecher nicht mehr zu ihm sprach, woraus Sokrates schloß, daß er sich dem Giftbecher nicht durch Flucht entziehen dürfe. (Platon, Apologie 40b). Bis dahin hatte sein Schutzgeist ihn immer beraten. (Plutarch: Über den Schutzgeist des Sokrates)*
143 *Wie eine Fernsehsendung des Südfunks Stuttgart am 23. 11. 81 zeigte, gibt es in England bereits ein traditionelles Heiler-Programm unter Leitung von Diana Craig von der Nationalen Heilervereinigung England und auch ein Krankenhaus in Plymouth unter Dr. med. Alec Forbes, wo sog. Heiler auf Wunsch der Patienten zur Behandlung zugelassen sind. Am 30. 11. 81 brachte derselbe Sender um 20.20 Uhr: Heiler in Deutschland – Veranstalter beider Sen-*

dungen Michael Pakleppa –, wo solche Heiler, ohne einen Heilberuf auszuüben, nicht ‹geistig› heilen dürfen, noch nicht. Wir verweisen auch auf den Bericht über diese beiden Sendungen im Magazin STERN Nr. 2/82, Seite 14–22. Siehe auch Anmerkung 196.

144 Elkin a.a.O., Seite 52–53

145 Jilek a.a.O., Seite 64–65

146 Park a.a.O., Seite 103

147 Siehe z.B. Stewart Culin: Games of the North American Indians; ferner Alexander Lesser: The Pawnee Ghost Dance Hand Game: Ghost Dance Revival and Ethnic Identity.

148 Elkin a.a.O., Seite 44, 103, 120

149 Elkin a.a.O., Seite 44; Jerome Meyer Levi: Wii'ipay: The Living Rocks, Seite 43, 46

150 Levi a.a.O, Seite 42; *an vier Sonntagabenden im Januar 1982 zeigte das Westdeutsche Fernsehen ‹Höhlenabenteuer› von Michel Siffre und Gerald Favre, darunter auch die berühmten Kristallhöhlen im Süden der USA und Guatemala wie auch Mexiko.*

151 Elkin a.a.O., Seite 42, 48

152 Levi a.a.O., Seite 49

153 Elkin a.a.O., Seite 97

154 Elkin a.a.O., Seite 29–30, 32–33, 47–48, 92, 94, 103, 122–125, 140

155 Elkin a.a.O., Seite 94

156 Wilbert (1972) a.a.O., Seite 65

157 Wilbert (1973/1974): The Calabash of the Ruffled Feathers, Seite 93

158 Peter T. Furst: The Roots and Continuities of Shamanism, Seite 55; Prem Das: persönliche Mitteilung an Harner, 1980

159 Ebendort

160 Elkin a.a.O., Seite 44

161 Elkin a.a.O., Seite 107–108

162 *Als ‹hardware› des Computers bezeichnet man laut Duden 1977 ‹alle technisch-physikalischen Teile einer Datenverarbeitungsanlage unter dem speziellen Gesichtspunkt der unveränderlichen konstruktionsbedingten Eigenschaften›.*

163 Zum Beispiel Levi a.a.O., Seite 50

164 *Über das Kristallsehen von der Antike bis in die Jetztzeit berichtet Bonin in seinem ‹Lexikon der Parapsychologie›, Seite 288–289*

165 Elkin a.a.O., Seite 103

166 Barbeau: Medicine-Men on the North Pacific Coast, Seite 73
167 Elkin a.a.O., Seite 108
168 Elkin a.a.O., Seite 110
169 Barbeau a.a.O., Seite 71
170 Levi a.a.O., Seite 50
171 Levi a.a.O., Seite 47
172 Castaneda: Reise nach Ixtlan a.a.O., Seite 196
173 Dabei wurde der große Quarzkristall benutzt, den Isabel Kelly: Coast Miwok, Figur 5, zeigt. Ich verdanke David Peri die Einzelheiten über Praxis und Glauben der Küsten-Miwok und deren Quarzkristalle.
174 Castaneda: Reise nach Ixtlan a.a.O., Seite 233–242
175 Persönliche Mitteilung von David Finkelstein, 1980. Ich möchte an dieser Stelle Joan Halifax für ihre Unterstützung danken, da sie mir bei der Erlangung dieser Auskunft geholfen hat.
176 *Furst: Mexiko, bringt in der Einführung Seite 9 die Erklärung, daß Pflanzen und Tiere als dem Menschen gleichwertig angesehen wurden. Alle Naturerscheinungen dachte man sich im Besitz einer Lebenskraft oder ‹Seele›.*
177 Popov a.a.O., Seite 144
178 Eliade a.a.O., Seite 221; *ein solcher Fall wird unter dem Begriff der Absorption auch von Dion Fortune beschrieben: Selbstverteidigung mit PSI, Seite 213ff.*
179 Dieser Film steht zur Verfügung bei den University Extension Films, University of California, Berkeley, CA 94720. *Er ist laut Auskunft des Film-Eigentümers William R. Heick vom 12. 2. 82 hauptsächlich in der Pomo-Sprache abgefaßt und enthält nur wenige englische Erklärungen.*
180 V. M. Mikhailowskii: Shamanism in Siberia and European Russia, Seite 141
181 Lame Deer/Erdoes a.a.O., Seite 152
182 Cloutier a.a.O., Seite 64–65, frei nachgedichtet nach Barbeau (1958), Seite 51–52
183 *Die Geschichte des Apollonpriesters Laokoon, der von Schlangen getötet wurde, steht mit Abbildung der berühmten Marmorgruppe, auf die hier angespielt wird, im Löwe/Stoll: Die Antike in Stichworten, Seite 200–201*
184 Peri/Wharton: Sucking Doctor – unveröffentlichtes Manuskript

185 Wie Spott und Kroeber beim Schamanismus der Yurok von Nordkalifornien herausgefunden haben, ist es oft schwierig, in Berichten von Eingeborenen zwischen Traum und Trance-Erfahrungen zu unterscheiden. (Spott und Kroeber: Yurok Narratives, Seite 155) Oft neigen Schamanen und andere Visionäre der Naturvölker dazu, diese beiden Bewußtseinszustände zusammen dem normalen Wachbewußtsein gegenüberzustellen.

186 Essie Parrish war sowohl Seherin (= Prophetin) als auch Schamanin.

187 Essie Parrish war einige Zeit Leiterin der örtlichen Kirche der Heiligen der Letzten Tage und brachte als Meisterschamanin einige christliche Vorstellungen in ihren Schamanismus ein.

188 Oswalt a.a.O., Seite 223, 225, 227, 229, 231. Frau Parrish gab an, daß «einige andere Medizinmänner die Krankheit mit den noch lebenden Mikroben ausspuckten» (daselbst Seite 231n).

189 Pamela Amoss: Coast Salish Spirit Dancing: The Survival of an Ancestral Religion

190 Richard Katz: The Painful Ecstasy of Healing, Seite 82

191 Katz wie vor, Seite 86

192 Norman Cousins: Der Arzt in uns selbst, Seite 71–72

193 *Biofeedback ist nach der Brockhaus Enzyklopädie Bd. 25 mit ‹Rückkoppelung› zu übersetzen. Bonin: Lexikon der Parapsychologie, erklärt dieses Stichwort als Verfahren, bislang als unkontrollierbar geltende Körperfunktionen bewußt zu steuern, was bereits durch schnelleres oder langsameres Mitzählen des Pulsschlages möglich ist. Dadurch erklärt sich die Verringerung der Frequenzen des Bewußtseins durch Rasseln und Trommeln beim Schamanen. Auf die Bedeutung des Biofeedback bei der ‹Selbstverwirklichung› geht Stangl in seinem Buch: Lebenskraft, Seite 248–254, ein. Beispiele bringt auch Restak a.a.O., Seite 284–304.*

194 *Laut Duden 1977 ist der Hypothalamus der außerhalb des Thalamus (= Sehhügel) liegende Teil des Zwischenhirns.*

195 *Mit dieser ‹Visualisierung› als der ‹aktiven Imagination› (Buchtitel von A. N. Ammann) hat sich seit 1916 C. G. Jung auseinandergesetzt. Ammann bringt in diesem Buch diese Methode auch in Abgrenzung gegenüber anderen Meditationspraktiken.*

196 *Nach Rotraut von Karnap, Leiterin des Vereins zur Förderung und Erforschung geistiger Heilweisen e. V., 8058 Erding, «gibt es auch in Deutschland Heiler, aber sie arbeiten im Verborgenen, im privaten*

Bereich und selbstverständlich kostenlos» (Sendung Südfunk vom 30. 11. 81, siehe Anm. 143). Denn nach § 5 des Deutschen Heilpraktikergesetzes von 1939 (!) ist die unerlaubte Heilbehandlung strafbar: jeder, der geistig heilt und keinen Heilberuf ausübt, riskiert eine Geld- und Gefängnisstrafe, selbst wenn er es gratis und aus Nächstenliebe tut. In § 1 dieses Gesetzes ist der Begriff ‹Heilkunde› genau definiert. Gezeigt wurde in der genannten Sendung aber auch die höchst interessante Arbeitsweise von Marie-Luise und Dr. Anton Stangl, welch letzterer das Buch geschrieben hat: Heilen aus geistiger Kraft.

197 Barbeau 1958: Seite 48

198 Persönliche Mitteilung an Harner von Carl Simonton 1980. *ESOTERA Nr. 9/81 brachte ein Interview mit Dr. med. Carl Simonton, Seite 794–801.*

199 Simonton, O. Carl: Stephanie Matthews-Simonton und James Creighton: Getting Well Again: A Step-by-Step-Help Guide, Seite 194–197.

200 Persönliche Mitteilung von Carl Simonton an Harner 1980

201 Simonton u. a. wie Anm. 199, Seite 204

202 A. H. Gayton: The Orpheus Myth in North America; Friedrich Andres: Die Himmelsreise der caraïbischen Medizinmänner. *Mit Orpheus als Schamanen setzt sich auseinander Robert Böhme: Orpheus, der Sänger und seine Zeit (Stichwort). Andres zitiert in seinem Artikel auch Wilhelm Bossuet: Die Himmelreise der Seele. Die Himmelreise des karibischen Schamanen bespricht auch Eliade a.a.O., Seite 131–135, wo er auch den o. a. Aufsatz von Friedrich Andres erwähnt.*

203 Waldemar Jochelson: Religion and Myths of the Koryak, Seite 47–54

204 Abgedruckt mit der freundlichen Genehmigung der Autorin Josie Tamarin.

205 Popov a.a.O., Seite 143

206 *Auf die in diesem Lied verwandte Sonnensymbolik des Adlers bei den Indianern wird im ‹Lexikon der Symbole› eingegangen (Bauer/ Dümotz/Golowin/Röttgen): Indianische Symbole: Vogel – Schlange – Federschlange, Seite 104–110, mit Abbildungen und Literaturangaben. Speziell auf die Schlange als Sonnensymbol – auch bei den Indianern – geht Rudolf Engler ein: Die Sonne als Symbol: Die Schlange, Seite 135–149, ebenfalls mit Abbildungen. Der ‹Gabe des*

Adlers› hat Castaneda seinen tiefschürfendsten sechsten Band gewidmet: Die Kunst des Pirschens.

207 Alan P. Merriam: The Hand Game of the Flathead Indians, Seite 315–319

208 Raymond Boley: Schallplattenaufnahme eines Stockspiels während des Arlee Pow Wow im Flathead-Indianer-Reservat Montana im Juli 1972. Vertrieb Canyon Records, Phoenix, Arizona.

Schlußwort des Übersetzers

«Waren die Griechen tatsächlich so völlig blind für die Bedeutung nichtrationaler Faktoren in der Erfahrung und im Verhalten des Menschen, wie es gemeinhin von ihren Verteidigern sowohl wie von ihren Kritikern angenommen wird?» Diese Frage steht am Anfang der Entstehung einer Vorlesungsreihe an der Universität von Berkeley, Kalifornien, im Herbst 1949, gehalten von Erich Robertson Dodds unter dem Titel: Die Griechen und das Irrationale. (Deutsche Ausgabe Darmstadt 1970, Seite 1) Da wir deutschsprechenden Völker unsere Kultur immer noch auf Griechenland zurückführen, geht uns diese Frage nach dem Irrationalen direkt an. Die Antwort Dodds ist der «Weg des Schamanen», der in allen Erdteilen mit der Verehrung der Sonne als Lebensspenderin einhergeht, wie es uns Harner in seinem Buch immer wieder nachweist. und im Sonnengesang am Schluß des Nachwortes seinen Höhepunkt findet.

Diese *«religiöse Erfahrung schamanistischen Typs ist individueller, nicht kollektiver Art»,* erklärt Dodds (Seite 78) weiter; das heißt, jede Erfahrung der anderen Wirklichkeit ist persönlicher Art: es kann daraus kein Dogma wie auch immer abgeleitet werden. Wir haben es hier mit dem zu tun, was der alte Sokrates mit dem Nichtwissen über die innere Wirklichkeit jedes anderen bezeichnet hat; doch kann man die Menschen auf den richtigen Weg bringen, wie es Sokrates durch die sog. «Hebammenkunst für Männer» (Theaitetos 150 b) getan hat.

Das will auch Harner mit seinem Buch: Wegweiser zum inneren Schamanismus sein. Er beschreibt zunächst seine eigenen Einweihungen bei den Conibo und Jivaro ganz schonungslos sich selbst gegenüber, darunter sein tiefstes und erschütterndstes Erlebnis als Atheist, daß er Bilder aus der Johannes-Offenbarung erfährt. Das wurde dann für ihn zum äußeren Anlaß, so schreibt er selbst in Kap. I, *«alles nur Mögliche über Schamanismus»* zu lernen.

Der Drang aus der materiellen Welt heraus zur Irrationalität bzw. Übersinnlichkeit – Castaneda spricht von der nichtalltäglichen Wirklichkeit – ist nicht nur bei der heutigen Jugend groß, sondern auch bei vielen denkenden Menschen, die sich mit dem Leben in den Tag hinein und dessen endgültigem Ziel im Tod nicht zufrieden geben wollen, sondern hinter den wunderbaren Ordnungskräften der Natur einen erkennbaren Sinn vermuten. Den Weg zu diesem anderen Sein haben die Wissenden aller Zeiten als Schamanismus bezeichnet. Wie Herder es bereits ausgedrückt hat: *«Wenn Arion, Orpheus und Amphion gelebt haben, so sind sie edle griechische Schamanen gewesen.»* (Werke ed. Suphan 9, 534) Die orphische Reise in die Unterwelt ist noch heute wesentlicher Teil des Schamanismus, wie Harner in seinem Nachwort kurz andeutet, aber auch hinzufügt: Teil der fortgeschritteneren schamanischen Techniken.

Daß dieser Weg auch ohne Drogen gleich welcher Art gegangen werden kann, ist ein wesentlicher Punkt dieses Buches, ja, die Anfangserfahrungen können sogar ohne jegliche Unterstützung durch Lehrer individuell gemacht werden. Der Verfasser zeigt die Hilfen auf und erklärt die einzelnen Stufen, deren Reihenfolge jedoch genau eingehalten werden sollte, wie er dazu ausdrücklich erklärt. Durch Beispiele werden die stufenweisen Erfahrungen erläutert, die aber ebenso im Freundeskreis erlebt werden können, jedoch niemals als Gemeinschaftserfahrung, sondern auch dann individuell unterschiedlich.

Als wesentliches Ziel aber stellt Harner bereits im Untertitel seines Buches fest, daß der Weg des Schamanen zu körperlicher und seelisch-geistiger Gesundheit führt. Dabei wird keinerlei Glaube an übersinnliche Kräfte vorausgesetzt, sondern an der anderen Seite des Spiegels – ein orphisches wie auch paulinisches Bild – sehen wir die Wirkkräfte der Welt, manifestiert in uns bekannten Formen, und zwar individuell abgewandelt gemäß dem persönlichen Entwicklungszustand des betreffenden Menschen: Pflanzen- und Tierwelt bis hin zu kosmischen Bildern, wie der Indianer Schwarzer Hirsch sie in seiner Berufungsvision beschreibt: *«Dann stand ich auf dem höchsten von allen diesen Bergen, und ringsum unter mir in der Tiefe lag der ganze Erdkreis. Und während ich dort stand, sah ich mehr als ich sagen kann, und ich verstand mehr, als ich sah; denn ich schaute auf heilige Weise die Gestalten aller Dinge im Geiste, und die Gestalt aller Gestalten, wie sie zusammen leben müssen, gleich wie EIN Wesen. Da sah ich, daß der heilige Ring meines Volkes einer von vielen Ringen war, die einen Kreis bildeten, weit wie Tageslicht und wie Sternenlicht. In der Mitte aber wuchs ein üppig blühender Baum zum Schutze all der Kinder einer Mutter und eines Vaters. Und ich er-*

kannte all dies als heilig.» (Schwarzer Hirsch: Ich rufe mein Volk, Walter Verlag Olten, 1955, Seite 50 f.)

Doch Harner bringt zu seinen eigenen Erfahrungen als Schamane und Leiter von Training-Workshops auch ausführliche schamanistische Literatur aus allen Erdteilen. Wir haben uns bemüht, so weit vorhanden, die deutschen Ausgaben zu bringen, vor allem auch hinsichtlich der Thematik der einzelnen schamanistischen Stufen. In Zweifelsfällen aber kann man sich vertrauensvoll an die im Anhang A von Harner angegebene Anschrift wenden. Harner will, wie er angedeutet hat, vielleicht auch noch ein zweites Buch über die fortgeschritteneren Techniken des Schamanismus schreiben.

Wir meinen, die Welt ist auch im Westen für den von Harner aufgezeigten, in Wirklichkeit uralten Weg des Schamanen bereit.

Brühl, am 1. März 1981

Agnes Klein

Bibliographie

Aldred, Cyril: ECHNATON – Gott und Pharao Ägyptens, Gustav Lübbe Verlag, Bergisch Gladbach, 1968

Ammann, A. N.: Aktive Imagination – Darstellung einer Methode, Walter Verlag Olten und Freiburg i. Br., 1978

Amoss, Pamela: Coast Salish Spirit Dancing: The Survival of an Ancestral Religion. Seattle: University of Washington Press, 1978

Andres, Friedrich: Die Himmelsreise der caraïbischen Medizinmänner, aus: Zeitschrift für Ethnologie, 70. Bd., Heft 3/5, 1939, Seite 331–342

Antes, Horst: Kachina-Figuren der Pueblo-Indianer Nordamerikas, Katalog und Ausstellung Badisches Landesmuseum Karlsruhe, 1980–1982 (bis 26. 4. 82 in München)

Ashaninga, Kecizate: ‹The Chain of the Worlds.› As told to Fernando Llosa Porras. 2(3): 58–62, 1977

Balin, Peter: Der Flug der gefiederten Schlange – Maya Tarot und Schamanismus, Sphinx Verlag Basel, 1981

Ballard, Arthur C.: Mythology of Southern Puget Sound. University of Washington. Publications in Anthropology 3(2): 31–150, 1929

Barbeau, Marius: Tsimshyan Songs. In: The Tsimshian: Their Arts and Music (Viola E. Garfield et al.), American Ethnological Society Publication 18, 1951

Barbeau, Marius: Medicine-Men on the North Pacific Coast. National Museum of Canada Bulletin No. 152 (Anthropological Series No. 42). Ottawa: Department of Northern Affairs and National Resources. 1958

Bauer/Dümotz/Golowin/Röttgen: Lexikon der Symbole, Fourier Verlag, Wiesbaden, 1980

Benedict, Ruth F.: The Concept of the Guardian Spirit in North America. Memoirs of the American Anthropological Association, 29. Menasha, Wisconsin, 1923

Biesele, Marguerite Anne: Folklore and Ritual of !Kung Hunter-Gatherers. Ph.D. dissertation in anthropology, Harvard University, Cambridge, Mass., 1975

Boas, Franz: Indianische Sagen von der Nord-Pacifischen Küste Amerikas, Sonder-Abdruck aus den Verhandlungen der Berliner Gesellschaft für Anthropologie, Ethnologie und Urgeschichte 1891–1895, Berlin, 1895

Boas, Franz: The Mythology of the Bella Coola Indians. Memoirs of the American Museum of Natural History, Vol. 2: 25–127, 1900

Boas, Franz: Tsimshian Mythology. Bureau of American Ethnology, Thirty-first Annual Report, 1909–1910. Washington Smithsonian Institution, 1916

Böhme, Robert: ORPHEUS – der Sänger und seine Zeit, Francke Verlag Bern und München, 1970

Bogoras, Waldemar: The Chukchee. Memoirs of the American Museum of Natural History, Vol. 11 (Franz Boas ed.). Reprints from Vol. 7 of the Jesup North Pacific Expedition, 1904–1909. Leiden: E. J. Brill, 1909

Boley, Raymond: (Recording) Stick Game Songs: A Live Recording of a Stick Game in Progress during the Arlee Pow Wow, Flathead Indian Reservation, Montana, July, 1972. Phoenix, Arizona: Canyon Records, 1973

Bonin, Werner F.: Lexikon der Parapsychologie und ihrer Grenzgebiete, Wissenschaftliche Buchgesellschaft Darmstadt, 1976

Bousset, Wilhelm: Die Himmelsreise der Seele, Wissenschaftliche Buchgesellschaft, Darmstadt, 1971

Bunzel, Ruth L.: Introduction to Zuni Ceremonialism. Bureau of American Ethnology, Forty-seventh Annual Report, 1929–1930, Seite 467–544. Washington: Smithsonian Institution, 1932

Castaneda, Carlos: Die Lehren des Don Juan – ein Yaqui-Weg des Wissens, Fischer-Taschenbuch Nr. 1457

Castaneda, Carlos: Eine andere Wirklichkeit – neue Gespräche mit Don Juan, Fischer-Taschenbuch Nr. 1616

Castaneda, Carlos: Reise nach Ixtlan – die Lehre des Don Juan, Fischer-Taschenbuch Nr. 1809

Castaneda, Carlos: Der Ring der Kraft – Don Juan in den Städten, Fischer-Taschenbuch Nr. 3370

Castaneda, Carlos: Der zweite Ring der Kraft, Fischer-Taschenbuch Nr. 3035

Castaneda, Carlos: Die Kunst des Pirschens, S. Fischer Verlag, Frankfurt am Main, 1981

Cawte, John: Medicine is the Law: Studies in Psychiatric Anthropology of Australian Tribal Societies. Honolulu: University Press of Hawaii, 1974

Cline, Walter: Religion and World View. In The Sinkaietk or Southern Okanagon of Washington (Leslie Spier, ed.), Seite 133–182. General Series in Anthropology, No. 6 (Contributions from the Laboratory of Anthropology, 2) Menasha, Wisconsin: Banta, 1938

Cloutier, David: Spirit, Spirit: Shaman Songs, Incantations. Versions based on texts recorded by anthropologists. Providence, Rhode Island: Copper Beech Press, 1973

Cousins, Norman: Der Arzt in uns selbst – Anatomie einer Krankheit aus der Sicht des Betroffenen, Rowohlt Verlag GmbH, Reinbek bei Hamburg, 1981

Culin, Stewart: Games of the North American Indians. Bureau of American Ethnology Annual Report 24: 29-809. Washington: Smithsonian Institution, 1907

David-Neel, Alexandra: Heilige und Hexer – Glaube und Aberglaube im Lande des Lamaismus, F. A. Brockhaus, Wiesbaden 1981

De Mille, Richard: Die Reisen des Carlos Castaneda, Morzsinay Verlag Bern, 1980

Devereux, George: Dream Learning and Individual Ritual Differences in Mohave Shamanism. American Anthropologist 59: 1036–1045, 1957

Dion Fortune: Selbstverteidigung mit PSI – Methoden der Verteidigung gegen PSI-Angriffe, ANSATA-Verlag Schwarzenburg, 1979

Dioszegi, Vilmos: Tuva Shamanism: Intraethnic Differences and Interethnic Analogies. Acta Etnographica 11: 143–190, 1962

Dodds, Eric Robertson: Die Griechen und das Irrationale, Wissenschaftliche Buchgesellschaft Darmstadt, 1970

Dorsey, George A.: The Dwamish Indian Spirit Boat and Its Use. Free Museum of Science and Art Bulletin 3 (4): 227–238. Philadelphia, 1902

Duerr, Hans Peter: Traumzeit – über die Grenze zwischen Wildnis und Zivilisation, Syndicat Autoren- und Verlagsgesellschaft, Frankfurt am Main, 1978

Duerr, Hans Peter: Der Wissenschaftler und das Irrationale, 1. Band: Beiträge aus Ethnologie und Anthropologie, 2. Band: Beiträge aus

Philosophie und Psychologie, Syndicat Autoren- und Verlagsgesellschaft, Frankfurt am Main, 1981

Eells, Myron: The Twana, Chemakum, and Klallam Indians, of Washington Territory. Annual Report of the Smithsonian Institution for Year Ending 1887. Part I, Seite 605–681. Washington, 1889

Eliade, Mircea: Schamanismus und archaische Ekstasetechnik, Rascher Verlag Zürich und Stuttgart, 1954 (auch als Suhrkamp Taschenbuch Wissenschaft erschienen)

Elkin, A. P.: Aboriginal Men of High Degree. The John Murtagh Macrossan Memorial Lectures for 1944, University of Queensland. Sydney: Australian Publishing, 1945 (2. Auflage New York: St. Martin's Press, 1977)

Engler, Dr. H. Rudolf: Die Sonne als Symbol – der Schlüssel zu den Mysterien, Helianthus-Verlag, Küsnacht-Zürich, 1962

Foster, George M.: Nagualism in Mexico and Guatemala. Acta Americana 2:85-103, 1944

Frachtenberg, Leo J.: Eschatology of the Quileute Indians. American Anthropologist 22: 330–340. 1920

Friedrich, Adolf und **Buddruss,** Georg: Schamanengeschichten aus Sibirien, Otto Wilhelm Barth-Verlag GmbH, München-Planegg, 1955

Furst, Peter T.: The Roots and Continuities of Shamanism. Artscanada, Nos. 184–187. Thirtieth Anniversary Issue, Stones, Bones and Skin: Ritual and Shamanic Art: 33–60, 1973/1974

Furst, Peter T. (ed.): Flesh of the Gods: The Ritual Use of Hallucinogens. New York: Praeger, 1972

Furst, Jill Leslie und **Furst,** Peter T.: MEXIKO – die Kunst der Olmeken, Mayas und Azteken, Hirmer Verlag München, 1981

Gayton, A.H.: The Orpheus Myth in North America. Journal of American Folklore 48: 263–293, 1935

Gould, Richard A.: Yiwara: Foragers of the Australian Desert. New York: Scribner's 1969

Haeberlin, Hermann K.: SBeTeTDA'Q, a Shamanistic Performance of the Coast Salish. American Anthropologist 20 (3): 249–257, 1918

Halifax, Joan: Die andere Wirklichkeit der Schamanen – Erfahrungsberichte von Magiern, Medizinmännern und Visionären. O.W. Barth Buch im Scherz Verlag, Bern und München, 1981

Hamel, Peter Michael: Durch Musik zum Selbst – wie man Musik neu erleben und erfahren kann, Scherz Verlag, Bern – München – Wien, 1976

Harner, Michael J.: The Sound of Rushing Water. Natural History 77 (6): 28–33; 60–61, 1968

Harner, Michael J.: The Jívaro: People of the Sacred Waterfalls. Garden City: Doubleday/National History Press, 1972

Harner, Michael J.: The Sound of Rushing Water. In: Hallucinogens and Shamanism (Michael Harner ed.), Seite 15–27. New York: Oxford University Press. Ursprünglich 1968 veröffentlicht. 1973a

Harner, Michael J.: The Role of Hallucinogenic Plants in European Witchcraft. In: Hallucinogens and Shamanism (Michael Harner ed.), Seite 125–150. New York: Oxford University Press, 1973b

Harner, Michael J. (ed.) Hallucinogens and Shamanism. New York: Oxford University Press, 1973c

Harner, Michael und **Meyer,** Alfred: Kannibalen, Moewig Verlag, München 1981

Holl, Adolf: Religionen, Deutsche Verlags-Anstalt GmbH, Stuttgart, 1981

Howitt, A. W.: The Native Tribes of South-East Australia. London: Macmillan. 1904

Hultkrantz, Ake: A Definition of Shamanism. Tenemos 9: 25–37, 1973

Hultkrantz, Ake: The Religions of the American Indian. Translated by Monica Setterwall from the 1967 Swedish edition and revised. Berkeley and Los Angeles: University of California Press, 1979

Hultkrantz, Ake/**Paulson,** Ivar/**Jettmar,** Karl: Die Religionen Nordeurasiens und der amerikanischen Arktis, 1962, Kohlhammer

Jilek, Wolfgang G.: Salish Indian Mental Health and Culture Change: Psychohygienic and Therapeutic Aspects of the Guardian Spirit Ceremonial. Toronto and Montreal: Holt, Rinehart and Winston of Canada, 1974

Jochelson, Waldemar: Religion and Myths of the Koryak. Memoirs of the American Museum of Natural History, Vol. 10. Leiden: E. J. Brill; New York: G. E. Stechert, 1905

Jung, C. G.: Bild und Wort, Walter Verlag, Olten und Freiburg i. Br., 1977

Katz, Richard: Education for Transcendence: !Kia-Healing with the Kalahari !Kung. In: Kalahari Hunter-Gatherers: Studies of the !Kung Sang and their Neighbors (Richard B. Lee and Irven DeVore, eds), Seite 281–301. Cambridge: Harvard University Press, 1976a

Katz, Richard: The Painful Ecstasy of Healing. Psychology Today (December): Seite 81–86, 1976b

Kelly, Isabel: Coast Miwok. In: Handbook of North American Indians, Vol. 8, California (Robert F. Heizer, vol. ed.; William C. Sturtevant, gen. ed.), Seite 414–425. Washington: Smithsonian Institution, 1978

Kensinger, Kenneth M.: Banisteriopsis Usage Among the Peruvian Cashinahua. In: Hallucinogens and Shamanism (Michael J. Harner ed.), Seite 9–14. New York: Oxford University Press, 1973

Kettler, Walter: Narren, Drachentöter und andere Heilige – alte Legenden und neue Einsichten, Verlag J. Pfeiffer, München, 1976

Kroeber, A. L.: Handbook of the Indians of California. Bureau of American Ethnology Bulletin 78. Washington: Smithsonian Institution, 1925

La Flesche, Francis: The Osage Tribe: The Rite of Vigil. Bureau of American Ethnology, 39. Jahresbericht 1917–1918, Seite 31–630. Washington: Smithsonian Institution, 1925

Lame Deer, John (Fire)/**Erdoes,** Richard: Tahca Ushte (= Lame Deer), Medizinmann der Sioux, List Verlag München, 1979

Las Casas: Bericht von der Verwüstung der Westindischen Länder, insel Taschenbuch 553

Leary, Timothy/**Metzner,** Ralph/**Alpert,** Richard: Psychedelische Erfahrungen – ein Handbuch nach Weisungen des Tibetanischen Totenbuches, Otto Wilhelm Barth Verlag, Weilheim/Obb., 1971

Lehtisalo, Toivo V.: Entwurf einer Mythologie der Jurak-Samojeden. Mémoires de la Société Finno-Ougrienne, 53. Helsinki, 1924

Lesser, Alexander: The Pawnee Ghost Dance Hand Game: Ghost Dance Revival and Ethnic Identity. Madison: University of Wisconsin Press. Originally published 1933. 1978

Levi, Jerome Meyer: Wii'ipay: The Living Rocks – Ethnographic Notes on Crystal Magic Among some California Yumans. Journal of California Anthropology 5 (1): 42–52, 1978

Lewis, I. M.: Ecstatic Religion. Harmondsworth: Penguin, 1971

Lindig, Wolfgang: Geheimbünde und Männerbünde der Prärie- und der Waldlandindianer Nordamerikas – untersucht am Beispiel der Omaha und Irokesen, Franz Steiner Verlag, Wiesbaden, 1970

Loeb, Edwin M.: Pomo Folkways. University of California Publications in American Archaeology and Ethnology, Vol. 19, Seite 149–405. Berkeley, 1926

Löwe, Gerhard/**Stoll,** Heinrich Alexander: Die Antike in Stichworten, VMA-Verlag Wiesbaden, 1976 (4)

Lowie, Robert H.: Primitive Religion. New York: Grosset and Dunlap. Erstveröffentlichung 1924, neu 1952

Lowie, Robert H.: Beiträge zur Völkerkunde Nordamerikas, im Selbstverlag des Museums für Völkerkunde und Vorgeschichte, Hamburg, 1951

Ludwig, Arnold M.: Altered States of Consciousness. Im gleichnamigen Buch, Herausgeber Charles T. Tart, zweite Auflage, Seite 11–24. New York: Anchor/Doubleday, 1972 (siehe auch unter TART)

Lurker, Manfred: Der Kreis als Symbol – im Denken, Glauben und künstlerischen Gestalten der Menschheit, Rainer Wunderlich Verlag Hermann Leins, Tübingen, 1981

Mandell, Arnold J.: The Neurochemistry of Religious Insight and Ecstasy. In: Art of the Huichol Indians (Kathleen Berrin, ed.), Seite 71–81. New York: Fine Arts Museum of San Francisco/Harry N. Abrams, 1978

Mason, Bernard S.: How to Make Drums, Tomtoms, and Rattles: Primitive Percussion Instruments for Modern Use, New York: Dover Publications, 1974. Erstveröffentlichung 1938 durch A. S. Barnes.

McGregor, John C.: Southwestern Archaeology. New York: John Wiley, 1941

Merriam, Alan P.: The Hand Game of the Flathead Indians. Journal of American Folklore 68: 313–324, 1955

Mikhailowskii, V. M.: Shamanism in Siberia and European Russia. Journal of the Royal Anthropological Institute of Great Britain and Ireland 24: 62–100, 126–158. Übersetzt aus dem russischen Original von 1892. 1894

Neher, Andrew: Auditory Driving Observed with Scalp Electrodes in Normal Subjects. Electroencephalography and Clinical Neurophysiology 13 (3): 449–451, 1961

Neher, Andrew: A Physiological Explanation of Unusual Behaviour in Ceremonies Involving Drums. Human Biology 34 (2): 151–160, 1962

Nequatewa, Edmund: Truth of a Hopi. Flagstaff, Arizona: Northland. Erstveröffentlichung als Museum of Northern Arizona Bulletin 8 in 1936, Neu 1967

Nigg, Walter: Große Heilige, Buchclub EX LIBRIS, Zürich o. J.

Oswalt, Robert L.: Kashaya Texts. University of California Publications in Linguistics, Vol. 36. Berkeley and Los Angeles, 1964

Park, Willard Z.: Paviotso Shamanism. American Anthropologist 36: 98–113. 1934

Park, Willard Z.: Shamanism in Western North America: A Study of Cultural Relationships. Northwestern University Studies in the Social Sciences, No. 2. Evanston and Chicago: Northwestern University, 1938

Paulson, siehe Hultkrantz (3)

Peri, David, und **Wharton,** Robert: Sucking Doctor – Second Night: Comments by Doctor, Patient, and Singers. Nichtveröffentlichtes Manuskript.

Plutarch: Über den Schutzgeist des Sokrates, in: PLUTARCH: Über Gott und Vorsehung, Dämonen und Weissagung, Artemis-Verlag Zürich und Stuttgart, 1952

Popov, A. A.: How Sereptie Djaruoskin of the Nganasans (Tavgi Samoyeds) Became a Shaman. In: Popular Beliefs and Folklore Tradition in Siberia (V. Diószegi, ed), Seite 137–145. 1968

Porta, Giovanni Battista: Natural Magick, übersetzt nach der deutschen Übersetzung von 1562. Reproduktion der 1658 englischen Ausgabe. New York: Basic Books 1957

Rasmussen, Knud: Intellectual Culture of the Iglulik Eskimos. Report of the Fifth Thule Expedition 1921–24, Vol. 7, No. 1. Copenhagen: Gyldendalske Boghandel, Nordisk Forlag, 1929

Rasmussen, Knud: Die große Schlittenreise, Matthias-Grünewald Verlag Mainz, 1958 (Nachdruck 1980 bei Engelbert)

Ray, Verne F.: Primitive Pragmatists: The Modoc Indians of Northern California. Seattle: University of Washington Press, 1963

Reichel-Dolmatoff, Gerardo: Amazonian Cosmos: The Sexual and Religious Symbolism of the Tukano Indians. Translated by the author from the original 1968 Spanish language edition. Chicago: University of Chicago Press, 1971

Reinhard, Johan: Shamanism and Spirit Possession. In: Spirit Possession in the Nepal Himalayas (John Hitchcock and Rex Jones, eds.), Seite 12–18. Warminster: Aris and Phillips. 1975

Restak, Richard M.: Geist, Gehirn und Psyche – Psychobiologie: Die letzte Herausforderung, Umschau Verlag Frankfurt am Main, 1981

Schurz, Josef: Unser Gehirn – Bewußtsein und Unbewußtes, Kosmos Franckh'sche Verlagsbuchhandlung, Stuttgart, 1975

Schwarzer Hirsch/Neihardt, John G.: Ich rufe mein Volk, Walter Verlag Olten und Freiburg i. Br., 1956

Seler, Eduard: Gesammelte Abhandlungen zur Amerikanischen Sprach- und Altertumskunde, Akademische Druck- u. Verlagsanstalt, Graz, 1960, 6 Bände

Shirokogoroff, S. M.: Psychomental Complex of the Tungus. London: Kegan Paul, Trench, Trubner, 1935

Simonton, O. Carl/**Matthews-Simonton,** Stephanie/**Creighton,** James: Getting Well Again: A Step-by-Step-Help Guide to Overcoming Cancer for Patients and Their Families. Los Angeles: J. P. Tarcher; New York: St. Martin's Press, 1978

Soustelle, Jacques: So lebten die Azteken am Vorabend der spanischen Eroberung, Deutsche Verlags-Anstalt Stuttgart, 1957 (2)

Soustelle, Jacques: Die Olmeken – Ursprünge der mexikanischen Hochkulturen, Atlantis – Edition Antike Welt, 1980

Spencer, Walter Baldwin/**Gillen,** F. J.: The Arunta: A Study of a Stone Age People. 2 Bände. London: Macmillan, 1927

Spott, Robert/**Kroeber,** A. L.: Yurok Narratives. University of California Publications in American Archaeology and Ethnology 35: 143–256. Berkeley and Los Angeles, 1942

Stangl, Anton und **Stangl,** Marie-Luise: Lebenskraft – Selbstverwirklichung durch Eutonie und Zen, Econ Verlag Düsseldorf – Wien, 1978

Stangl, Anton: Heilen aus geistiger Kraft – ein ECON-Ratgeber zur Aktivierung innerer Energien, Econ Verlag Düsseldorf – Wien, 1980

Stanner, W. E. H.: The Dreaming. In: Reader in Comparative Religion: An Anthropological Approach (William A. Lessa and Evon Z. Vogt, eds.), 2. Aufl. Seite 158–167. New York: Harper and Row. Erstveröffentlichung 1956 in: Australian Signpost (T.A.G. Hungersford, ed.) Seite 51–65. Melbourne: F. W. Cleshire, 1965

Stewart, Kenneth M.: Spirit Possession in Native America. Southwestern Journal of Anthropology 2: 323–339, 1946

Sverdrup, Harald U.: With the People of the Tundra. Oslo: Gyldendal Norsk Forlag, 1938

Swanton, John R.: Tlingit Myths and Texts. Bureau of American Ethnology Bulletin 39. Washington: Smithsonian Institution, 1909

Tart, Charles T.: Transpersonale Psychologie, Walter Verlag Olten und Freiburg im Breisgau, 1978

Teit, James: The Thompson Indians of British Columbia. Anthropology 1, the Jesup North Pacific Expedition. Memoirs of the American Museum of Natural History, Vol. 2, No. 4, New York, 1900

Vastokas, Joan M.: The Shamanic Tree of Life. Artscanada, Nos. 184–187. Thirtieth Anniversary Issue, Stones, Bones and Skin: Ritual and Shamanic Art: 125–149, 1973/1974

Villasenor, David V.: Mandalas im Sand – vom Wesen indianischer Sandmalerei, Irisiana Verlag Haldenwang, 1974

Von Ditfurth, Hoimar: Der Geist fiel nicht vom Himmel – die Evolution unseres Bewußtseins, Hoffmann und Campe Verlag, Hamburg, 1976

Von Galli, Mario: Gelebte Zukunft: Franz von Assisi, Verlag C. J. Bucher, Luzern und Frankfurt/M., 1977

Wagley, Charles: Welcome of Tears: the Tapirapé Indians of Central Brazil. New York: Oxford University Press, 1977

Wallace, Anthony F. C.: Dreams and Wishes of the Soul: A Type of Psychoanalytic Theory Among the Seventeenth Century Iroquois. American Anthropologist 60 (2): 234–248, 1958

Warner, W. Lloyd: A Black Civilization: A Social Study of an Australian Tribe. Revised edition. New York: Harper, 1958

Waterman, T. T.: The Paraphernalia of the Duwamish ‹Spirit-Canoe› Ceremony. Indian Notes, Museum of the American Indian 7: 129–148; 295–312; 535–561, 1930

Waters, Frank: Das Buch der Hopi – nach den Berichten der Stammesältesten aufgezeichnet von Kacha Hónaw, Eugen Diederichs Verlag, Düsseldorf–Köln, 1980

Wellmann, Klaus F.: MUZZINABIKON – Indianische Felsbilder Nordamerikas aus fünf Jahrtausenden, Akademische Druck- u. Verlagsanstalt, Graz-Austria, 1976

Wike, Joyce A.: Modern Spirit Dancing of Northern Puget Sound. M. A. thesis in anthropology, University of Washington, Seattle, 1941

Wilbert, Johannes: Tobacco and Shamanistic Ecstasy Among the Warao Indians of Venezuela. In: Flesh of the Gods: The Ritual Use of Hallucinogens (Peter T. Furst, ed.), Seite 55–83. New York: Praeger, 1972

Wilbert, Johannes: The Calabash of the Ruffled Feathers. Artscanada Nos. 184–187. Thirtieth Anniversary Issue, Stones, Bones and Skin: Ritual and Shamanic Art: 90–93, 1973/1974
Wittkower, E. D.: Trance and Possession States. International Journal of Social Psychiatry 16 (2): 153–160.

Namenregister
einschließlich Namen der Indianerstämme

Sachregister
einschließlich geographischer Bezeichnungen

Register der Schamanentiere